中华现代学术名著丛书

中国宗教思想史大纲

(校订版)

王治心 著
赵建功 校订

2019年·北京

图书在版编目(CIP)数据

中国宗教思想史大纲/王治心著.—北京:商务印书馆,2015(2019.12 重印)
(中华现代学术名著丛书)
ISBN 978-7-100-10014-4

Ⅰ.①中… Ⅱ.①王… Ⅲ.①宗教史—思想史—中国 Ⅳ.①B929.5

中国版本图书馆 CIP 数据核字(2013)第 121378 号

权利保留,侵权必究。

中华现代学术名著丛书
中国宗教思想史大纲
王治心 著
赵建功 校订

商 务 印 书 馆 出 版
(北京王府井大街 36 号 邮政编码 100710)
商 务 印 书 馆 发 行
北京通州皇家印刷厂印刷
ISBN 978-7-100-10014-4

2015 年 12 月第 1 版　　开本 880×1240　1/32
2019 年 12 月北京第 2 次印刷　印张 9⅞　插页 1
定价:29.00 元

王 治 心

(1881—1968)

中国宗教思想史大纲封面

出版说明

百年前,张之洞尝劝学曰:"世运之明晦,人才之盛衰,其表在政,其里在学。"是时,国势颓危,列强环伺,传统频遭质疑,西学新知亟亟而入。一时间,中西学并立,文史哲分家,经济、政治、社会等新学科勃兴,令国人乱花迷眼。然而,淆乱之中,自有元气淋漓之象。中华现代学术之转型正是完成于这一混沌时期,于切磋琢磨、交锋碰撞中不断前行,涌现了一大批学术名家与经典之作。而学术与思想之新变,亦带动了社会各领域的全面转型,为中华复兴奠定了坚实基础。

时至今日,中华现代学术已走过百余年,其间百家林立、论辩蜂起,沉浮消长瞬息万变,情势之复杂自不待言。温故而知新,述往事而思来者。"中华现代学术名著丛书"之编纂,其意正在于此,冀辨章学术,考镜源流,收纳各学科学派名家名作,以展现中华传统文化之新变,探求中华现代学术之根基。

"中华现代学术名著丛书"收录上自晚清下至20世纪80年代末中国大陆及港澳台地区、海外华人学者的原创学术名著(包括外文著作),以人文社会科学为主体兼及其他,涵盖文学、历史、哲学、政治、经济、法律和社会学等众多学科。

出版说明

出版"中华现代学术名著丛书",为本馆一大夙愿。自1897年始创起,本馆以"昌明教育,开启民智"为己任,有幸首刊了中华现代学术史上诸多开山之著、扛鼎之作;于中华现代学术之建立与变迁而言,既为参与者,也是见证者。作为对前人出版成绩与文化理念的承续,本馆倾力谋划,经学界通人擘画,并得国家出版基金支持,终以此丛书呈现于读者面前。唯望无论多少年,皆能傲立于书架,并希冀其能与"汉译世界学术名著丛书"共相辉映。如此宏愿,难免汲深绠短之忧,诚盼专家学者和广大读者共襄助之。

商务印书馆编辑部
2010年12月

凡 例

一、"中华现代学术名著丛书"收录晚清以迄20世纪80年代末,为中华学人所著,成就斐然、泽被学林之学术著作。入选著作以名著为主,酌量选录名篇合集。

二、入选著作内容、编次一仍其旧,唯各书卷首冠以作者照片、手迹等。卷末附作者学术年表和题解文章,诚邀专家学者撰写而成,意在介绍作者学术成就、著作成书背景、学术价值及版本流变等情况。

三、入选著作率以原刊或作者修订、校阅本为底本,参校他本,正其讹误。前人引书,时有省略更改,倘不失原意,则不以原书文字改动引文;如确需校改,则出脚注说明版本依据,以"编者注"或"校者注"形式说明。

四、作者自有其文字风格,各时代均有其语言习惯,故不按现行用法、写法及表现手法改动原文;原书专名(人名、地名、术语)及译名与今不统一者,亦不作改动。如确系作者笔误、排印舛误、数据计算与外文拼写错误等,则予径改。

五、原书为直(横)排繁体者,除个别特殊情况,均改作横排简体。其中原书无标点或仅有简单断句者,一律改为新式标点,专名号从略。

六、除特殊情况外,原书篇后注移作脚注,双行夹注改为单行夹注。文献著录则从其原貌,稍加统一。

七、原书因年代久远而字迹模糊或纸页残缺者,据所缺字数用"□"表示;字数难以确定者,则用"(下缺)"表示。

目录

陈序 ··· 1
自序 ··· 4
第一章　绪论 ··· 6
　第一节　何谓宗教思想 ································ 6
　　一　宗教思想与宗教 ·································· 6
　　二　宗教思想与哲学 ·································· 7
　　三　宗教思想与伦理 ·································· 7
　　四　宗教思想与民族生活 ····························· 8
　　五　其他 ·· 8
　第二节　中华民族与宗教 ······························ 9
　　一　汉族的来源 ······································· 9
　　二　中华民族的特性 ································· 10
　　三　中华民族对于宗教的态度 ······················ 11
　第三节　中华民族宗教的起源 ······················· 13
　　一　图腾崇拜 ·· 13
　　二　庶物崇拜与群神崇拜 ··························· 15
　　三　开辟的神话 ····································· 19
　　四　感生的神话 ····································· 22
　　五　巫觋与卜筮 ····································· 25
第二章　三代时的宗教思想 ···························· 30

第一节　宗教生活概况 …………………………………… 30
　一　神示鬼彰的崇拜 …………………………………… 30
　二　宗教思想的变迁 …………………………………… 33
　三　宗教思想的两条路 ………………………………… 33

第二节　夏商的宗教 ……………………………………… 35
　一　对天的虔祀 ………………………………………… 35
　二　祀天的整顿 ………………………………………… 36
　三　夏禹的得天眷 ……………………………………… 38
　四　祀祖的起源 ………………………………………… 39
　五　殷人的信鬼 ………………………………………… 41

第三节　周代宗教思想的变迁 …………………………… 43
　一　明堂制度与宗教 …………………………………… 43
　二　天道观念的变迁 …………………………………… 52
　三　春秋战国学者的宗教思想 ………………………… 55
　四　祭祖的意义与改变 ………………………………… 62
　五　宗教思想的伦理化 ………………………………… 69
　附录　（一）《中庸》中的宗教思想 …………………… 72
　　　　（二）《楚辞》中的宗教思想 …………………… 76

第三章　秦汉时的宗教思想 …………………………… 79

第一节　宗教生活概况 …………………………………… 79
　一　迷信的产生 ………………………………………… 79
　二　佛道的影响 ………………………………………… 80

第二节　制度宗教与迷信 ………………………………… 81
　一　佛教的输入与传布 ………………………………… 82
　二　道教的产生与分派 ………………………………… 86
　三　谶纬学与迷信 ……………………………………… 92

第三节　厌世思想的发端 ………………………………… 97

一　厌世思想与老庄 …………………………………… 97
　　二　厌世思想与佛教 …………………………………… 99
　　三　厌世思想与当时文学家 …………………………… 101

第四章　魏晋南北朝时的宗教思想 ……………………… 104

第一节　宗教生活概况 …………………………………… 104
　　一　东汉以后思想转变的原因 ………………………… 104
　　二　道佛思想的发展 …………………………………… 105
　　三　南北朝的风气 ……………………………………… 106

第二节　魏晋的人生观 …………………………………… 108
　　一　清谈派的影响 ……………………………………… 108
　　二　纵乐人生的倾向 …………………………………… 109

第三节　佛教的特兴 ……………………………………… 111
　　一　佛徒的翻译事业 …………………………………… 111
　　二　帝王的信佛 ………………………………………… 116
　　三　佛道的混合 ………………………………………… 118
　　四　佛道的争端 ………………………………………… 120

第四节　佛教思想的影响 ………………………………… 122
　　一　灵魂存灭的讨论 …………………………………… 122
　　二　三教同源说 ………………………………………… 125
　　三　佛教宗派的产生 …………………………………… 128

第五章　唐宋元的宗教思想 ………………………………… 132

第一节　宗教生活概况 …………………………………… 132
　　一　外来宗教的影响 …………………………………… 132
　　二　佛道的继续传布 …………………………………… 134

第二节　景教的输入与传布 ……………………………… 135
　　一　景教为何种宗教 …………………………………… 135

二　景教与基督教 …………………………………… 137
　　三　景教与佛教的关系 ……………………………… 143
　　四　景教在中国的传布情形 ………………………… 145
第三节　回教的输入与影响 ……………………………… 151
　　一　回教的创始与入华 ……………………………… 151
　　二　回教的教义 ……………………………………… 155
　　三　回教在中国的影响 ……………………………… 161
第四节　儒佛道的相互关系 ……………………………… 167
　　一　对天的讨论 ……………………………………… 167
　　二　辟佛的言论与反驳 ……………………………… 171
　　三　理学与佛教的关系 ……………………………… 177
　　四　佛教的全盛与高僧 ……………………………… 184
　　五　帝王与道教 ……………………………………… 191
第五节　也里可温教的传布 ……………………………… 193
　　一　也里可温与景教的关系 ………………………… 193
　　二　也里可温兴盛的一斑 …………………………… 197
　　三　也里可温与佛道的争端 ………………………… 200

第六章　明清及近代的宗教思想 …………………………… 204
第一节　宗教生活概况 …………………………………… 204
　　一　佛道的衰落 ……………………………………… 204
　　二　基督教的宣传 …………………………………… 206
　　三　思想解放与趋势 ………………………………… 210
第二节　耶稣会的输入与传布 …………………………… 211
　　一　耶稣会的输入 …………………………………… 212
　　二　教士的著作与事业 ……………………………… 213
　　三　教士在科学上的贡献 …………………………… 216
　　四　非教风潮与天主教的衰落 ……………………… 217

第三节　基督新教百年来的情形 …… 222
一　马礼逊的来华 …… 222
二　基督新教的扩充 …… 224
三　反教的风潮 …… 225
四　最近基督教的事业与影响 …… 227

第四节　太平天国与宗教 …… 232
一　太平天国的兴起 …… 232
二　太平军队的宗教化 …… 234
三　太平天国的失败 …… 238

第五节　宗教思想的变迁 …… 241
一　秘密社会中的宗教 …… 241
二　科学思想与宗教 …… 246
三　反宗教运动 …… 250
四　宗教思想的新趋势 …… 252

王治心先生学术年表 …… 王兴　254

提要钩玄　高屋建瓴
——王治心先生《中国宗教思想史大纲》读后
…… 赵建功　264

陈序

我们研究中国学术思想的时候，常常感到本国的各种记载虽然不少，但大都是断片的，又往往缺乏系统与组织。以致治学的人每苦于漫无头绪，不易入手；甚或费时费力，犹得不着一个明晰的知识。近年，整理国故呼声起后，一般学者应用新的方法和新的眼光来探讨，才有了彰明的成绩。别的不及细数，即如中国宗教思想，素来视为淆混难理的，现在也有王治心先生的新著出现于学林了。

他这一部中国宗教思想史，系贯串今古，作综合的系统的研究，一扫从前某宗某派零碎记述的缺点，而又能驭繁就简，纲举目张，来说明历史的演化，使我们翻阅一遍，便可了然于中国宗教思想的大概情形。这是一部新的有价值的著作。

原来宗教思想的初期，世界各民族互相类似，不过大同小异罢了。以后民智发展，文化进步，各民族因其所处的环境相殊，宗教思想乃渐渐愈趋愈远，所以形成世界上种种不同的宗教。这种种不同的宗教，各有它演进的历史的背景，若不从历史上研究一番，是难于得着它的真象的。例如我国，素有非宗教国家之称，同时却又是多宗教的国家，如此矛盾的现象，照表面上看，似乎可怪，若从事于思想历史的考察，就会爽然知道它并非矛盾，而且有必然的理由存在着。

除却外来宗教，中国固有的宗教思想发展的经过，大概可约分为三个时期：

一、神与人异的时期。

二、神人相似的时期。

三、人拟神的时期。

在第一时期是幼稚的宗教思想，可说是纯是迷信时期，所表现的如日月风雨，雷电山川，动物植物……等崇拜，均非人类的神，神的行为也与人绝不相似。我们在古籍上及世界初民宗教思想上，得到很多的证据，此处不俟列举了。

第二时期便进步一点，所崇拜诸神，居然有人的性质了；固然，以前崇拜之神之属于自然界、动物界、植物界的，仍然大都保存着，但是对于这些神们，却已重新估定，加上人的成分，如诸神的等级、职权和行为，逐渐明显而趋于固定，与前所崇拜的神，形似而实非，名同而义别；因为诸神经过选择及粉饰的手续，便已人格化了。

到第三时期，思想愈有新的变化，往日把高高在上的神与芸芸在下的人，视为只有关系而不容易位以处的，现在竟以人升而为神，加以崇拜起来，所谓以祖先配天，以圣神英雄为神——甚至大憝巨恶，亦分得神国的一席，这样思想的进步，比较初期，何啻天渊之别。

在这几个宗教思想蜕化的历程中，它的内容外型及构成此项思想的原素，当然是社会背景及经济结构种种复杂的反应，不是片言两语所能解释详尽的；即时期的画分，也不是说此起彼灭，界限判然，仅是就方便说明的假定而已。我们检阅中国宗教思想，当可明白有这么一回事。

由汉魏以来至今千有余年，许多外来宗教传入中土，由此中国宗教思想大受其影响,其中第一要算是佛教了。佛教的影响不止限于宗教思想方面,且摇动到学术方面与国人生活上去,我们若治中国宗教思想史,它是第一个重要机键。至耶稣教盛行于近代,虽然有太平天国之役的关系,可是它与国人宗教思想的波震,还远不及佛教。这是值得思考的。

总而言之,宗教这东西,是带有想像的感情的性质,又夹杂些理智的成分,任高级的宗教思想与低级的宗教思想程度千差万别,其共同原则,不外是某种信仰超自然的力量而已。①

不管人们现在信不信宗教,与宗教思想是否可以立即扑灭,却是它盘踞在人类生活上已有悠久的历史和它复杂而伟大的力量。②我们不愿戴着有色眼镜来改换史实,又不能否认宗教思想的从未存在,那么,我们来研究它,整理它,把它编成明洁的历史,供给学人们参考,难道作者是"落伍"而本书"定遭唾弃"咧?③

这书在态度上组织上都能应用新法,很有精彩的部分,读者当能有目共赏,无须我来介绍。承王先生远道将稿本寄来,并许我参加些愚见,故于先睹为快之余,就拉杂写些外行话,附于卷末,这是我所引为欣幸的。

盐城陈钟凡叙于暨南大学

---

① 某种信仰:似当作"信仰某种"。
② 却是它:似当作"它却是"。
③ 咧:似当作"吗"。

自序

宗教是文化的一部分，从宗教的进化途径上，可以看出民族文化进展的痕迹。例如从游牧社会所崇拜的庶物，进到农业社会所崇拜的山川社稷，再进到封建社会所崇拜的天祖，都足以看出社会文化递进的情形。另一方面，从生活神的崇拜，变而为伦理神的崇拜，再变而为社会群众化神的崇拜；或者由群神而变为超神，再由超神而变为泛神或一神或无神。都是研究社会文化思想变迁的材料。

原始宗教的产生，大概由于日常生活上有一种不能了解的部分，而认为神秘的，便产生出一种崇拜的动作，再由这种动作，产生出宗教的信仰与思想，这样，所谓宗教思想，似乎产生得最后的。但是我在这里把原始人类的动作与信仰，都包括起来统叫它是宗教思想，读者当能明白这里所说的思想，不是指着理智的分析，乃是含着原来的自然意识，例如上古时代的图腾崇拜、庶物崇拜，当然不能在思想界上占得什么地位，但也可以觇得古人简单思想的一斑。

同时，我个人研究这个问题，纯用客观的态度来考察过去的思想变迁，并不含着主观的提倡或宣传的意味，力求避免畸轻畸重的偏见，容许有因材料的关系，详略不很匀称，但这不是作者故意如此。

本书从上古以迄近今,共分六章叙述,注重在周秦以后思想上的变迁,在周秦以前所采取的史料,认为比较不可置信的,概不列入;间有引用古书之处,亦以怀疑态度出之,聊以供阅者的参考而已。

自问学识谫陋,本不敢冒昧发表,幸得暨大陈钟凡院长、燕大吴雷川校长、陈援菴教授、岭大谢扶雅教授、青年协会范丽诲孝廉、教育会缪秋笙博士……等的指导;自十七年秋起,编辑讲义,为协大同学演讲,并一度为沪大暑校演讲,几经修改,始成此稿,挂漏错谬,自知仍不能免,希赐匡正!

民国二十年十二月于福建协和大学

第一章 绪论

第一节 何谓宗教思想

一 宗教思想与宗教

我们一提起"宗教",便会联想到巍峨的庙宇,高耸的礼拜堂,以及一切有制度有组织的物质方面;殊不知那种有形式的物质宗教,都是根源于无形式的精神而来。这种无形式的精神,我们便可以叫它宗教思想。所以宗教思想,不必定有任何组织,任何制度,在原始人类以至于现代文明人中,日常生活所表现出来的崇拜与神秘思想,都是属于它的范围之内。虽不必人人都有宗教的信仰,却不能说人人都没有宗教思想;即极端的唯物主义者,也有他对于某主义的信仰,这种信仰,也就是宗教思想的别一表现。本来 Religion 这个名词,它的意义,不是单指着有制度的组织而言,乃是包含一切人类心能中的崇敬。但是一译成"宗教"这个名词,便把原来的意义缩小了;所以一提到"宗教",就变成有形式的组织,为一部分人所专有的了。现在我们所提起的"宗教思想",是普遍的,无论哪一种民族哪一种人类都是具有的。例如中国古代的庶物崇拜、天祖崇拜以及一切命运祸福的信仰,虽没有现在那样流行的宗教形式,却不能不说是一种宗教思想的自然表现。

二 宗教思想与哲学

任何人都能把哲学与宗教分别出一条界线来,就是说:"宗教是感情的,哲学是理智的。"但是我们假使研究到原始的时代,而它们俩不独是没有什么界线可分,简直是出于一个来源,而有母子的关系。后来,哲学虽然从宗教的母亲怀里宣告了自立,究竟还是有互相连贯的血统关系。在宗教思想中有属于哲学的问题,在哲学中也有宗教思想的质素。例如,对于本体问题的探讨与认识,虽有名词上的歧异,而所欲了解的对象却是一样的。再如,对于人生问题的解决,也是名异而实同。不过宗教思想只能知其然,而哲学则欲求其所以然,所以宗教还是感情的产物,先于哲学而有的。因为这种感情,是人类先天所固有的,就是从原始以来蕴藏在人类心灵中的崇拜精神,不是凭着理智和思考可以分析得出的。迨至人类的理智发展起来,不但宗教思想依着时代而有不断的变迁,更是由此分别出独立的哲学领域来,哲学与宗教便有显著的界线了。

三 宗教思想与伦理

人类对于自然所发生的宗教意识,大概含有伦理的意味,所以可以说伦理思想与宗教思想是一而二、二而一的;前者为人与人的正当关系,后者为人与大宇宙的正当关系。在原始宗教之中,本没有伦理道德可言,只知道祈山川以免水旱之灾,祭天神以求收获之丰;甚至杀孩以媚天神,祀天以求杀敌。厥后思想进步,宗教便从自私自利的动机中变为利人的伦理；于是认天帝为父，认人类为兄弟，对于一切自然现象，更研究其因果关系，分别善恶为正谊人道的标准。宗教思想既日益进步，伦理观念亦日益提高，乃把至高道德的标准，归之于所崇拜的对象；以为这个所崇拜的对象，便是一切伦理道德所从出的渊源。我们从历史上所见到的那些"杀身成仁、舍生取义"的人，以及一切"动天地泣鬼神"的伟大事业，在伦理道德上有伟大价值的，莫不以宗教思想为其最大的原动力。故可以说宗教思想就是一切伦理道德的根源。

四　宗教思想与民族生活

世界各民族因空间的关系，乃至有大同的生活；又因为生活不同的缘故，精神上的需要乃亦不能无别，所以一民族便有一民族的宗教了。而且一民族的宗教，正是其民族精神的表现：有强毅的阿拉伯民族，便会产生出富有团结和抵抗的回教；有物产富裕的印度民族，便会产生出神秘玄想的婆罗门与佛教；有屡受他民族压迫的希伯来民族，便会产生出信赖一神的摩西教与耶稣教；有宗法制度极发达的中华民族，便会产生出天祖崇拜的二神宗教。依此类推，即可知一民族的宗教思想，是与一民族的生活有不可分离的关系。换句话说，宗教思想乃是产生于一种生活的要求而来。

五　其他

如果我们要把宗教思想与各方面的关系一样一样地举出来，说来的话未免太多，又不是本书的主要问题；好像宗教思想与文化、与艺术、与政治、与学术等等,①都虽有密切的关系,在这里我们只好付诸阙如了。

末了,有一个紧要问题,我们应当了解的,就是到底"什么叫宗教思想?"现在可以用简单的话来说明一下:

所谓宗教思想者,就是"人们对于精神生活的要求,而表出自然的崇拜行为;从无意识的动作,进而至于理智的分析。"假使这个定义可以成立,那末,我们便可以研究到这种思想的起源和进步了。原始人们思想本极简单,对于自然界一切不可思议的现象,便视为神而崇拜之。人类的智识既渐渐进步,思想亦渐渐改变,对于自然界精神界从前所不能了解的问题,也渐渐地明白起来,遂产生出世界不同的宗教,即同一宗教亦以时代的关系而有不同的理论。这可以证明宗教思想是依时代而进步的,研究这种进步的思想,那便是本书所注重的中心问题,所以称它为宗教思想史。

第二节　中华民族与宗教

一　汉族的来源

汉族为中华民族文化的倡导者,谁也不能否认的。但是汉族究竟来自何方? 却是研究民族文化必须解决的一个问题,宗教是文化的一部分,所以应当先研究到汉族的来源。对于这个问题,讨论的人很多,有人承认是从帕米尔高原来的。所谓帕米尔高原,在

---

① "学术"后原有省略号,今删。他处径删。

新疆之西,就是喜马拉雅山、昆仑山、阿尔泰山诸大山脉发源之处,为中央亚细亚屋巅,《穆天子传》所称为"群玉之山",《遁甲开山图》说"天皇被迹柱州昆仑下",皇甫谧谓"伏羲生于成纪",成纪按即甘肃秦州。根据这种理由,断定汉族的来自西方,①像屠孝实的《汉族西来考证》(见《国故论丛》)、陈文涛的《先秦自然学概论》里,都是这样说法。但现在却有人发生怀疑,对于汉族西来说加以根本的否认。不过从宗教思想上考察起来,印度的婆罗门,犹太的摩西教,有许多相同的地方;尤其可怪的,世界一切伟大的宗教,大多发源于中央亚细亚。厥后同源异流,传布于东方的,与传布于西方的,遂分为不同的两大支流。讲到中国,汉族既蕃殖于黄河流域,受了气候及地势的影响,成为独树一帜的中华宗教。

二 中华民族的特性

一种民族特性的造成,莫不受地理、生活、气候的影响。中华民族既蕃殖于黄河流域,在这种气候严寒土地瘠薄的环境之中,非勤劳耐苦不足以图存,非谦逊柔和不足以相处,便造成一种注重唯生生活的民族特性;且因此而产生一种实践伦理的思想,屏绝杳渺玄想的生活。故在宗教思想方面,不若印度的虚玄,阿拉伯的强毅,②希伯来的自尊,而成为中华民族独有的伦理化宗教。

原始人民的生活,仅藉天然的鸟兽果实,逐水草而居;厥后由游牧而渐事耕稼,生活异常艰难,故诸夏民族的宗教思想,都切合

---

① "的"字似当删。
② 拉:原作"剌"。他处径改。

于实际生活,而不入于抽象玄奥的范围。祀皇天后土所以祈物产的丰收,祀日月风雷所以祈免水旱的凶灾,一切崇拜的神明,大多关于农事者居多。迨至领土日渐扩大,淮水流域的东夷民族、江汉流域的荆蛮民族等东南玄理思想与佛教的虚无主义,侵入到原有思想之中,遂渐渐由纯粹的生活神崇拜而趋向到形而上的范围。不过这种原始生活神崇拜的宗教思想,至今犹有一部分的存留,这也可以证明中华民族的特性与宗教思想的关系。

三　中华民族对于宗教的态度

中华民族是不是宗教的民族?历来有两种不同的论调:第一,说中国是个非宗教国。以为中国虽号称有儒、释、道三教,但都算不得宗教;梁任公尝说:"儒教之教,乃教育之教,非宗教之教。"儒家所宗的孔子,本不是宗教的教主,是春秋时一个大教育家。他生平所揭橥的学说,只限于现实的人生,并没有讨论到形而上的本体。而且他所说的天与道,修正了遗传的神权思想不少,表示他对于天的怀疑。

至于一般人所称的道教,创始于汉代的张陵,依托老子之名,其实老子本不是宗教家,他的五千言《道德经》,纯粹是一种哲学的发挥。他的本体观念,虽然走入到不可思议的境界,但他却是一个唯物论者。他所提出的"自然"是属于机械的,并不承认天地间有什么有意志的上帝和神明。张陵戬着老子的招牌,用符箓来愚民,做黄冠逐食的法门。后来虽有许多派别,总其名曰道教,终究不过是一种法术,算不得纯粹的宗教。

佛教是外来的,虽曾占有中国历史上的长时间,影响于人民生活非常之大,但是近今的大乘学者,却不承认它是一种宗教。欧阳竟无曾经说:"佛法非宗教,亦非哲学。"因为佛教并没有宗教必具的四种条件:(1)崇仰教主,(2)信从圣经,(3)谨守信条,(4)宗教仪式。这种高深的理论,普通钝根人原不会懂得;不过那些崇隆的庙宇,晨钟暮鼓的僧侣,是不是一种宗教的仪式呢?现在也不必去论它。但是佛教是外来的,算不得中国固有的宗教。

第二,说中国是个多宗教国。这派的意见,与上说适成反比例。以为中华民族对于宗教信仰是极浓厚的,不独恪守着固有的自然崇拜,尤其宏量地接受外来的宗教。① 全体人民,莫不崇信天鬼;而且儒教的孔庙,佛教的庵院,道教的寺观,几乎无处不有。虽数十户集居的小村落,亦必有一混合式的庙宇,如近今所谓道德社、同善社等等,尤足为多宗教的思想表现。即普通家庭之中,亦各含多宗教的气味,一举一动,莫不带着宗教的色彩。所以说中国是个多宗教的国家。

上面的两种说头,在表面看来固然截然不同,但是从实际上观察,却可以说是一事的两面。譬如言天罢,在前一派人看来,用抽象的理气心性来估定它,偏重在主观方面。在后一派人看来,用具体的鬼神观念来承认,偏重在客观方面。两派的观念虽不同,而天之所以为天,却还是万古如斯的。我们从历史上考察,汉以前本没有具体的宗教,迨自佛教输入,道教创立,遂有制度的宗教出现。但是无论如何,宗教思想却是人人所同具的先天属性,原始人类即有不约而同的崇拜,从虞舜"肆类于上帝,禋于六宗,望于山川,遍

---

① 地:原作"的"。

于群神"(《尚书·舜典》)等记载看来,①即可以知道这些都是古代庶物崇拜的遗传,认为在一切自然现象之中,各有神灵为之主宰,于是有所谓群神,而群神之中又有天帝为之主宰,这是很显著的宗教根性,是无可讳言的。现在且看一看中华民族在宗教思想上的特点:

1. 中华民族在宗教思想上没有入主出奴的成见,信仰有绝对的自由,所以没有宗教上信仰的争端,外来的任何宗教,莫不宏量地容纳。②

2. 中华民族不很注重宗教上的限制,纯凭各个人的自由信仰;所以一个人可以同时信仰几种不同的宗教,没有教权集中的流弊。

3. 中华民族政教分离得很早,古代政治虽不免含着神权的色彩,但政由天启的思想,在周代已经打破了。

4. 中华民族的宗教信仰,不受崇拜仪式所拘束,祭礼的规定,虽不免有徒重形式的流弊,但是儒家设礼,多含着政治和伦理的作用,与祈祷礼拜等宗教仪式不同。

5. 中华民族对天的信仰,虽有若干不同的见解,但是大多数人的心理,莫不承认天为至高无上的精神主宰,为一切伦理道德的根源。

第三节　中华民族宗教的起源

一　图腾崇拜

图腾教(Totemism)是由印第安族的语言而来的,并不是一种

---

① 舜典:原作"尧典"。
② 地:原作"的"。

有组织的宗教,乃是一种野蛮人中自然的迷信。他们信仰一类物质的东西或动物,是与社会及个人有密切的关系的。① 有宗族的图腾与个人的图腾的分别。所谓宗族的图腾者,即某一种族的人类,认其祖宗是出于某一种图腾,或即是某一种图腾的化身。其图腾为蛇为熊,或为牛为龟,则其族人必崇拜蛇、熊、牛、龟等物,而奉之为神。例如希伯来族当摩西出埃及后,其族人在旷野中造作金牛而崇拜之,承认牛就是他们的神。在野蛮的土人中,如印第安人、非洲人中,至今尚有这种崇拜。我们中华民族,在古书中虽然找不见多少材料,但是伏羲氏所本以画八卦的河图,与夏禹所本以作九畴的洛书,说是出于龙马灵龟。而且古书中记那些古帝王的形像,往往有什么蛇身人首、马首人身之类,是承认古代帝王是蛇或是马一类的东西变来的。即就古帝王的名氏,像尧、舜、禹,都是带点图腾的意味。又中国边境各省的名称,像闽、粤、猺等类,也有同样意味。《玄女兵法》说:"黄帝讨蚩尤,西王母以符授之"(见马骕《绎史》卷五所引)。这里所说的符,也是一种图腾的记号。后世以符为驱鬼而悬贴佩挂,都是这种图腾的遗传,好像中国人都以八卦为避祸的记号一样,有画八卦图于门上,有佩带《易经》于小孩身上,把八卦看作一种神灵,可以保护宗族及个人。这种普遍的思想,不能不说是古代图腾的遗物。

讲到个人的图腾,我们一读江绍原所著的《须发爪》,不独看见中华民族的许多迷信,更是可以懂得这种宗教思想近于古代的图腾崇拜。好像个人的生肖:譬如生于子年的,其生肖属鼠,则以鼠为其保护神;生于巳年的,其生肖属蛇,则以蛇为其保护神:不独不

---

① 句末"的"字原无。

敢伤害鼠或蛇,且将虔诚地崇拜之。北方人每多祀狐,南方人每多祀蛇,未始不是这种图腾之遗传。或者将初生之孩,寄名于蛇神或其他兽神的,认此孩乃属于蛇神或兽神,而有血统及亲戚的关系,便可以得其神的保护而易于长育。所以有欲表明这种信仰,题他的名字叫做阿猫阿狗之类。这样的思想在中国人民中极其普遍,我们现在也不暇枚举。

再看古代的伟人,都有他所属的星宿:说某人属虎,则其人临死时必有虎出现;说某人属龙的,则其人生平必与龙有特别关系。孔子获麟,《春秋》绝笔,知死期的将至;汉高斩蛇举义,老妪痛哭,有"赤帝子诛白帝子"的话;而且史迁记汉高之生,太公见其妻与龙交。凡此种种,未始非图腾思想的遗物。

二 庶物崇拜与群神崇拜

世界宗教的起源,总逃不了图腾的崇拜,庶物的崇拜,而渐进于群神与天神的崇拜,演成为有组织的宗教。中国也自然不能例外。不过在中国关于这种材料不很多,而且许多记载古代事迹的书,大多数是不很靠得住的,现在我们姑且从历代相沿的祭祀中,略考见古代崇拜的情形。

(一)崇拜日月

《礼记·祭义》篇中说:"郊之祭,大报天而主日,配以月;夏后氏祭其暗,殷人祭其阳,周人祭日以朝及暗。"这可见三代都是崇拜日月的,时间在夏正,就是春之始,因为春天生养万物,其功甚大,所以行郊祭以报答之。但是为甚么不祭天而祭日月呢?注谓:"天无形体,县象著明,以日为百神之王,配之以月。"可见古代的崇拜注重有形的物象。夏尚黑,故在昏黑时;殷尚白,故在日中;周尚文,故礼多而祭在朝夜。

《祭义》又说:"祭日于坛(春分),祭月于坎(秋分),祭日于东(外祭),祭月于西(内祭)。"可见祭日配月,是三代通行的方法。但是三代的祭礼并不是三代独创的,当然是从古遗传下来的;虞舜时已有所谓"禋于六宗",什么叫六宗?贾逵说:"天宗三——日月星,地宗三——河海岱。"除了春秋二分特祭日月以外,又尝于郊祭、时祭、蜡祭、霜雪风雨不时之祭中附祭日月。

(二)崇拜星辰

《周礼·春官·大宗伯》:"以实柴祀日月星辰。"大宗伯是掌管祭祀天神地示人鬼之礼的,用牛置柴上焚烧,周人尚臭,取其烟气之臭以薰神明,这与犹太古代焚牛焚羊献祭耶和华相同。这样的祭祀,一年中有好几次举行:或于冬至郊祭的第二天,或在孟冬之月祈求来年的时候,或在霜雪风雨不时的时候,都祭日月星辰。日月星辰,古称为三光,从中国的文字看来,凡属于崇拜或祭祀的字,都是从"示"字,这是什么意思呢?示字从二(即上字)从川(三垂),三垂就是表明日月星三光。可见崇拜在上的三光,乃是中国崇拜的起头。

现在我们单从祭祀星辰一方面来讲,它的祭坛名字叫"幽宗",因为星辰是夜里出现的,所以叫做"幽"。它的祭名叫做"布",布是遍满的意思,星辰是遍满于天空的,所以叫做"布"。在无数的星辰之中,又祭"司命"、"司中"、"司禄"等特别的星,这几个星是居于文昌宫星中第四、第五、第六的地位,合称为三台,是为天柱。

《周礼》中又有掌管祭祀星辰的专官,名叫保章氏的,他尝命令九州封域各祭其所属之星,如南方祭大火星荧惑、西方祭参星之类;掌王马之政的校人,他在小满节叫人祭房驷星。这都可以证明古代祭祀星辰的风尚。

(三)崇拜风雨等物

《周礼·大宗伯》中有"以槱燎祀司中、司命、飌师、雨师"的话,①风师叫箕星,雨师叫毕星。《洪范》里说"星有好风,星有好雨。"注曰:"箕星好风,毕星好雨。"由此看来,祭风祭雨,还是属于祭星的范围。不过还有一些分别,在祭礼上有大祀、次祀、小祀的不同,大祀用玉帛牲牷,次祀用牲币,小祀用牲;祀天为大祀,祀日月星为次祀,祀司中风雨为小祀。这种分别原不十分清楚,现在我们只能知道古代有风雨的崇拜,而且在风雨崇拜之外,又有云神、雷神的祭祀,云神、雷神又叫做丰隆屏翳,国家也设立专官管理这样的事情。

(四)崇拜寒暑

《周礼·春官》中有籥章的一等官,于"中春昼击土鼓、龡《豳诗》以逆暑,②中秋迎寒亦如之"。籥是一种乐器,有两种:一种叫吹籥,似笛而短;一种叫舞籥,似笛而长。土鼓也是一种乐器,以瓦为匡,两面布以革。在迎寒逆暑的祭祀中,籥章这一等官,一面吹籥击鼓,一面歌唱《豳风·七月》之诗;所以在《豳风·七月》篇有"持籥而歌以迎暑神,仲秋之夜以迎寒神"等词句。③

(五)崇拜社稷

社稷是土谷之神。古代每二十五家建一社,名叫书社,书其社的人名于籍。百家为里社,二千五百家为州社,各植相宜之树以为

---

① 以槱:原作"橾",此据《周礼》通行本改。
② "于"字原在引号内,当移出。龡:古"吹"字。
③ 《诗经》通行本《豳风·七月》篇无此句。

神。《论语》记"哀公问社于宰我,宰我对曰:'夏后氏以松,殷人以柏,周人以栗'"(见《论语》卷三)。《庄子·人间世》篇中也有记庞大的社树为社神所寄托的事。可见古代祭祀社神,是一件极普遍的事。大概在立春及立秋之五戊日祭之,春祈丰年,秋祀报赛。一社中有社长,谋全社共同的利益,① 用祀神的方法来联络,到现在还有好些乡村保存这种风俗的。起初不过是自然崇拜中的一种,到了周朝,就有右社稷左宗庙的祭祀,把句龙配社,而为后土之神,把弃配稷,而为农业之神,便变为祭祀已死的人灵了。后来在政治上把这种祭祀看得非常重要,以为国家存亡,全关系于这种祭祀。下文当再详述之。

(六)崇拜山川

《周礼·小宗伯》说:"兆山川丘陵坟衍,各因其方。""兆"是为坛以祭的名称,祭日月星海称为四类,祭五岳四渎称为四望,这种祭祀也是起源得很早,《尚书》记虞舜巡狩四岳:"岁二月东巡守,至于岱宗,柴。望秩于山川……五月南巡守,至于南岳,如岱礼;八月西巡守,至于西岳,如初;十一月北巡守,② 至于北岳,如西礼。"又说:"望于山川,遍于群神","肇十有二州,封十有二山,浚川"(见《尚书·舜典》)。③ 可见祭祀名山大川是天子诸侯等分内之事,所以《史记》引《管子》的话说:"古者封泰山、禅梁父者七十二家"。(见《史记·封禅书》)《礼记·祭法》中亦以山林川谷丘陵是人民取财用的地方,所以列为祀典。《尔雅》称祭山之名曰"庪县",祭川之名曰"浮沉",《周礼》总称其名曰"貍沈",所谓"以貍沈祭山林

---

① 共:原作"公"。
② 十一月北《尚书》通行本作"十有一月朔"。
③ 浚:原作"濬",此据《尚书》通行本改。

川泽"。可见祭祀山川也是认为一种重要的典礼。

上列各种祭祀,都是古代庶物崇拜的遗传,是原始宗教思想的表现。《礼记·祭法》中有两段话可以拿来包括它:

"埋少牢于泰昭,祭时也;相近于坎坛,祭寒暑也;王宫,祭日也;夜明,祭月也;幽宗,祭星也;雩宗,祭水旱也;四坎坛,祭四方也;山林川谷丘陵,能出云为风雨见怪物,皆曰神。有天下者祭百神,诸侯在其地则祭之,亡其地则不祭。"

"王为群姓立七祀:曰司命,曰中霤,曰国门,曰国行,曰泰厉,曰户,曰灶……诸侯为国立五祀:曰司命,曰中霤,曰国门,曰公厉……大夫立三祀:曰族厉,曰门,曰行……适士立二祀:曰门,曰行。庶士庶人立一祀,或立户,或立灶。"

这两段话给我们一种印象,不但是崇拜庶物与群神,更是在崇拜上分出阶级来。这是政教不分的缘故,政治上既分阶级,宗教也附带的分阶级了。① 惟天子可以祭天,所以天子不但是政治的首领,也是宗教的祭司长——教皇了。

三 开辟的神话

世界各民族的历史第一页,大都记着天地开辟的一段神话,尤其是在宗教的载籍中,开辟说占着重要的部分。像《旧约·创世记》开头就有"上帝创造天地"的故事。关于这种神话的专书,有黄

---

① 的:当作"地"。

石所译的《神话》,及所著的《神话学 ABC》,是记载世界各国的神话,而不是专载中国的神话。商务印书馆所出的一本儿童丛书《中国神话》,也不过搜集了子书中的几十条,并没有及到开辟的传说。惟玄珠所著《中国神话研究 ABC》,搜罗较为完全。神话是宗教思想的产物,并且占宗教思想的重要部分;而神话之中尤以天地开辟占着第一章。中国古籍中虽没有这一类的具体描写,但从秦汉以后,也发生出这些传说来。例如《太平御览》引证《三五历纪》,及任昉《述异记》(《述异记》题为梁任昉撰,但据《四库提要》所论,断定为后人伪托)中,有同样说到盘古氏开辟天地的话。不过《述异记》说盘古为"天地万物之祖",认盘古在天地之先,而《三五历纪》则说盘古在天地之中:

"天地混沌如鸡子,盘古生其中,万八千岁,天地开辟,清阳为天,浊阴为地;盘古在其中,一日九变,神于天,圣于地。天日高一丈,地日厚一丈,盘古日长一丈,如此万八千岁,天数极高,地数极厚,盘古极长。"(见《太平御览》卷二天部下引徐整《三五历记》)

"清阳为天,浊阴为地"、"一日九变"等说,似根源于《易经》的阴阳变化而来,与《列子》"一变而为九"之说相同,可见此种传说发生极迟。吴楚间俗说:阴阳是盘古氏夫妻(见《述异记》卷首)。① 盘古这个名字,在古书中没有见过,在宋罗泌所撰《路史》称之为浑敦氏,或者是槃瓠的变音。《后汉书·南蛮传》说槃瓠为南蛮之祖,

---

① 阴阳是盘古氏夫妻:当作"盘古氏,夫妻阴阳之始也"。卷首:当作"卷上"。

在广西南海有盘古墓,桂林有盘古祠(并见《述异记》第一第二节),①或者把南蛮人天地开辟的神话认为中国的根据。所以这种传说至早当在汉以后才发生的。

任昉《述异记》开端即说:

"昔盘古氏之死也:头为四岳,目为日月,脂膏为江海,毛发为草木。秦汉间俗说:盘古氏头为东岳,腹为中岳,左臂为南岳,右臂为北岳,足为西岳。先儒说:盘古泣为江河,气为风,声为雷,目瞳为电。古说:盘古氏喜为晴,怒为阴。"

《五运历年记》说:

"元气濛鸿,萌芽兹始,遂分天地,肇立乾坤,启阴感阳,分布元气,乃孕中和,是为人也,首生盘古,垂死化身,气成风云,声为雷电,左眼为日,右眼为月,四肢五体为四极五岳,血液为江河,筋脉为地理,肌肉为田土,发髭为星辰,皮毛为草木,齿骨为金石,精髓为珠玉,汗流为雨泽,身之诸虫,因风所感,化为黎甿。"(见马骕《绎史》卷一所引)

可见他们把宇宙间一切自然现象都托之于盘古,仿佛《旧约·创世记》天地万物都由上帝创造一样,盘古便成为中国神话中的上帝了。又有"女娲搏黄土为人"(见《太平御览》人事部一引《风俗通》语)之说,与《旧约·创世记》上帝抟土造人同一意义。

---

① 第一第二节:当作"卷上"。

继盘古而后的又有所谓三皇：

"天皇十三头,号曰天灵,治万八千岁,被迹在柱州昆仑山下。地皇十一头,治八千岁,兴于熊耳龙门山。人皇九头,兄弟各三百岁,起于形马山提地之国。"(见《太平御览》皇王部三所引)

这里所说一头,大约就是一代,十二头就是十二代的意思。《周礼》中虽也有三皇五帝之名,但决不是这里所说的天皇、地皇、人皇,因为这里所说的天皇、地皇、人皇,不是一个人,乃是一个神人,所以他们的形像与人不同,有什么蛇身兽足呀,什么牛头人身呀。他们都有人所不能的神通,像女娲氏可以"炼五色石以补苍天,断鳌足以立四极",像后羿可以射去九个太阳,像伏羲可以受河图,夏禹可以得洛书,以及其他古帝王可以与天交通,施行奇事。这些都是荒渺的神话,王充《论衡·谈天、说日、感虚》等篇中,早已把这些神话一条一条地驳斥了。不过这些神话确也是一种宗教思想的表现。

四　感生的神话

除了开辟的神话以外,还有感生的神话,这也是宗教思想中的一点,如谓佛祖释迦由胁下而生,耶稣基督由童女而生等类。中国历史上也有这一类的记载,且略举之：①

---

① 以下皆非严格引用,而是意引。此书多为如此,一般不再出注。

伏羲氏之母华胥氏,感履苍帝灵威仰之迹,有虹绕之而生伏羲。(见王嘉《拾遗记》卷一)

神农氏之母任姒,感华阳有神龙首而生神农。(见《绎史》卷四引《帝王世纪》与《春秋·元命苞》语)

黄帝之母附宝,感大电绕北斗枢星光照郊野而生黄帝。(同上卷五)

少昊氏之母皇娥,感太白之精下流华渚而生少昊。(见王嘉《拾遗记》卷一)

颛顼氏之母女枢,感瑶光之星如蜺贯月、其色正白而生颛顼。(见《绎史》卷七引《诗纬·含神雾》)

尧母庆都,感三河之赤龙负图而出,与之合昏而生尧。(见《绎史》卷九引《春秋·合诚图》)

舜母握登,感大虹而生舜。(见《宋书·符瑞志》)

禹母修己,感命星贯昴,梦接而生禹。(见《绎史》卷十一引《吴越春秋》、《帝王世纪》、《宋·符瑞志》等书)

契母简狄,感吞燕卵而生契。(见《史记·殷本纪》)

弃母姜嫄,感履巨迹而生弃。(见《史记·周本纪》)

这些都是感生的上古帝王及伟人,在我们现在的人看来都觉得荒诞不经,但在古人不但不觉得奇怪,且因而增加那个帝王或伟人的尊崇,以为天生伟人,必有其特异之处,故三百篇明堂乐歌之中,尚存有"天命玄鸟,降而生商"(《诗经·商颂》)的话。即历代崇拜的大圣如老子、孔子,亦有感生的传说:《神仙传》记老子之母感大流星而有娠,在母怀七十二年,剖母左腋而出(见葛洪《神仙传》卷一）。① 又有人说："有玄妙玉女，年八十而未字，老子化为玄黄弹丸，适玉女昼寝流入口中，吞之而孕。"又有人说："当太阳将出，玉女手攀李树，对日凝思，良久，日精渐小，从天下坠，化为流星，如五色珠，飞至口边，捧而吞之，忽裂左腋而生婴孩，甫生即行九步。"这些神话，完全抄袭佛教而来。佛教记释迦历史，说佛母摩耶，感日而孕，在无忧树下，从右胁而生，生时即行七步。道教中人欲将老子抬高过于释迦，所以说老子为日所化，在李树下从左腋生，生而行九步，甚至说释迦是老子的化身。这实在穿凿得非常可笑。

　　孔子是儒教的大圣人，但是《家语》里说："孔母颜徵在祷于尼山，梦黑帝而生孔子。"《春秋·演孔图》也是这样说法，说："孔母徵在游于大泽之陂，梦黑帝而生孔子。"司马迁做《史记》，是一部正式的历史，也有"野合而生孔子"的话（见《孔子世家》）。什么叫野合？《史记正义》则释为："男子过六十四岁而婚姻，谓之野合。"《史记索隐》则释为："一老一少，不合礼仪，谓之野合。"究竟司马迁所说的野合是什么意思？我们不得而知，总是有与寻常不同的意义在内，或者也就是现在所说的私生子。记孔子的诞生还不算奇怪，记他本朝的开国皇帝——汉高祖，这是何等郑重的一回事，但是他说："刘媪尝息大泽之陂，梦与神遇，是时雷电晦冥，太公往视，则见蛟龙于其上，已而有身，遂生高祖。"（见《高祖本纪》）他竟以高祖不是太公的儿子，乃是蛟龙的儿子。章太炎曾以奸夫假装雷神的故事来挖苦汉高的私生（见《国学概论》）。在当时人并不以为亵渎，反认为是尊荣，天子是龙种，所以说汉高是赤帝子。这

---

① 仙：原误作"常"。《神仙传》通行本无"老子"，此当据《太平广记》所引。

可以见得古人思想的一斑了。

上面所历举的感生神话,在我们现在看来,固不值识者一笑;但在古人思想中,以为一个伟人产生,非有特异的奇迹,不足以表示他的伟大,像耶教中认耶稣必由童女所生方能成为耶稣,一样的道理。这都是古代人的宗教思想,原也不足为怪的。

五　巫觋与卜筮

原始宗教之中往往含着带有魔术性的巫术,中国自亦不能例外。如果欲把中国的巫术从历史上加以搜集和说明,数十万言也不能尽,因为我们一读中国的古籍,无论是经、子、史,无一不有关于巫术的色彩。《易》的阴阳,《书》的五行,《礼》的明堂,《诗》的五际,以及二十四史中的五行方技术数,子集中的鬼神因果,尤其是汉代的谶纬,与汉以后的佛道诸籍,莫不充满着许多神奇怪诞的巫术。现在我们只能缩小范围,单从几种经籍来简短地提起,藉以觇古代宗教思想的一斑罢了!

（一）巫觋与卜筮的起源

巫觋,是专门代人祈祷神明、以求神明降福的人,仿佛犹太古代的祭司一样,祈祷时尝用一种舞蹈与其他仪式,男的叫做觋,女的叫做巫,他们在原始宗教上占着重要的地位。古代有两种官,一种叫史,一种叫祝,巫就是祝的一类,所以《说文》说:"巫,祝也,能齐肃事神明者,在男曰觋,在女曰巫。"《国语·楚语》中也是这样说。可见巫觋是古代的官,故《周礼》于大祝、小祝之外,有司巫、男巫、女巫,国家有什么大事,都要靠他们的祭祀和祈祷。

说到卜筮,也是巫觋的一种,他们专门替人决疑惑、断吉凶,伏羲画八卦,所以定天下之吉凶,《洪范》说九畴,有"明用稽疑"之条;《周礼》有太卜、龟人、卜师、占人、簭人、占梦等官;《史记·荀卿传》言"营于巫祝,信礼祥"。可见卜筮起源得早了。①

(二)巫觋与卜筮的意义

巫觋、卜筮虽可以分为两种,但合起来就可以叫做巫术。巫术的范围包括得非常复杂:大概史籍中所列关于祭祀的明堂、合宫、封禅、祠祀,及兵家的权谋、形势、阴阳、技巧,术数的天文、历谱、蓍龟、五行、杂占、形法,方技的医经、医方、房中、神仙,②等等,都可以包括在内。本来巫觋的责任是专管祭天的事,他们可以代表人民及国家祈求天佑,以为国家一切安宁和发达全在祭天的虔诚,所以古代特立巫史等官管理这件事情,但是从少皞氏以后,九黎乱德,家为巫史,巫的责任就紊乱了(见《国语·楚语》)。春秋以降,淫祀渐兴,诅祝多有,前此专事祭天的巫,至是乃演为民间普通的迷信,以至有所谓桑田之巫、梗阳之巫及楚之范巫等等名目。汉朝更有巫蛊的事发生,六朝更盛;唐玄宗之封东岳,甚至命老巫阿马婆以礼岳神;王玙竟分遣女巫于各州县,所到横索金帛(见《旧唐书》卷一百三十《王玙传》);棣王琰之二孺人争宠,③密求巫者置符于琰履中(见《旧唐书》卷一百七《玄宗诸子列传》),④几奉巫觋为神明,无论医病祈福祈雨以及个人祸福,都惟巫觋是问。巫觋之迷信深中于人心,历数千年而不衰。卜筮亦然,初用龟蓍,《书传》所谓:

---

① 起源得早了:原作"起的源早了"。
② 此后原有省略号,今删。
③ 棣王琰:当作"棣王李琰"。
④ 宗:原作"宋"。

"龟之为言久也,千岁为灵,①禽兽而知吉凶者也;②蓍之为言耆也,百年一本生百茎,此草木之寿知吉凶者也。"

《易·系辞》说:

"定天下之吉凶,成天下之亹亹者,③莫善乎蓍龟。"(见《易经·系辞上》第十一章)

用蓍龟以卜吉凶,决疑惑,是古代极普通的事,所以《尚书》里说:

"汝则有大疑,④谋及卿士,谋及庶人,谋及卜筮。"(见《尚书·洪范》篇)

即老子亦尝有"能无卜筮而知吉凶乎"(见《庄子·庚桑楚》篇)。《史记·龟策传、日者传》以及史册中之五行、方技、术数等志,关于这种巫术的记载实属不胜枚举。

(三)巫觋与卜筮的流传

八卦为此种巫术的渊源,《易·系辞》说:

"《易》有圣人之道四焉:以言者尚其辞,以动者尚其变,以制器者尚其象,以卜筮者尚其占。"(见《易经·系辞上》第九

---

① 为:当作"而"。
② "禽"字前当有"此"字。
③ 亹亹:原作"亶亶"。
④ 此后当有"谋及乃心"。

章）

由此而演为象数，列为占兆，孔子作《十翼》以赞《易》，有"以通神明之德"的话；秦始皇焚书坑儒，《易经》列为卜筮，得免火厄。春秋战国之时，以星象占卜闻名的，则如鲁之梓慎、郑之裨灶、晋之卜偃、宋之子韦、楚之甘公、魏之石申等人，当时莫不奉以为先知。一切战事婚娶立嗣等等大事，都要卜之于鬼神，像曹刿论战，有祝史正辞之言（见《左传·庄公十年》）；晋侯战败，因愎谏违卜之故（见《左传·僖公十五年》）；懿氏卜妻于敬仲（见《左传·庄公二十二年》）；毕万筮仕于晋国（见《左传·闵公元年》）；晋献卜骊姬为夫人（见《左传·僖公四年》）。这一类的事非常之多，可见这种巫术非常的普遍。汉武崇尚儒学，立五经博士，而京房《易》的重灾异，孟喜《易》的说卦气，郑玄注经，都取其说。降及宋儒，乃有图数之学，汉宋学者之于巫术，莫不推波而助澜。阴阳五行，神仙方术，流传于社会之间，不独为下级人们所深信，即上流人物亦往往惑而不返，遂使三千年来的中国社会，尽支配于巫术之下，这不是很可叹的吗？

（四）中国巫术发达的原因

（1）因为民智的幼稚。对于自然界所发生的现象，不能了解其中的原理，巫术得因以产生。人民为求生活的满足起见，自易受其蛊惑，流传既久，相习成风，祭鬼祭神，虽圣贤豪杰，亦奉行不替，蓍龟、杂占、医方、风水，尤占生活中的大部分。（2）因为帝王的信仰。史册所载，帝王大臣的信仰巫术者，几乎无代不有。古代无论矣，设官分职，列为国典，一读《周官》，便可知道了。春秋，楚弃疾灭陈，史赵以为岁在析木之津，犹将复由（见《左传·昭公九年》）；吴用师于越，史墨以为越得岁而吴伐之，必受其凶（见《左传·昭公三十二年》）；五石六鹢，宋襄问于叔与（见《左传·僖公十六年》）；孟絷始生，孔成筮于史朝（见《左传·昭公八年》）；晋献嫁伯姬，占诸史苏（见《左传·僖公十五年》）；赵简子占梦于史墨（见《左传·昭公三十一年》）。始皇之信徐市，汉武之信栾大，光武以赤符受命，鼓扇谶纬。凡此皆历代帝王大臣对于巫术的深信。（3）因为学者的倡导。老庄孔孟虽无显著的巫术提倡，而道家书中，如《金匮》记："丁侯不朝，太公画丁侯射之，丁侯病困"（见《绎史》卷二十引《太公金匮》），《管子》记："以时事天，以天事神，以神事鬼，故国无罪而君寿，而民不杀"（见《管子·侈靡》篇），这都带着巫术的意义。老庄以后的方士道教，神怪之说叠起，导引飞升，丹鼎符箓，流传尤广。儒家经籍中的《易》、《礼》，《易》有："兴神物以前民用"（见《系辞上》第十章）、"幽赞于神明而生蓍"（见《说卦》第一章）的话，①《礼》有"三代明王，皆事天地之神明，无非卜筮之用"、"无卜筮则礼乐不兴"、"居则观其象而玩其辞，动则观其变而玩其占"（见《礼记·表记》）的话。② 子思、孟、荀继承孔学，亦重祭祀而信礼祥。墨家尤甚，尊天明鬼，以为人生一切行动之中，莫不有鬼神阴相，其学说与鬼神派、兵家派相同。总之，道家阴阳五行之说，儒家郊祭祠祀之礼，墨家尊天明鬼之义，都足以影响于一般人民的巫术信仰。因为这种缘故，中国社会的巫术化，谁也不能否认的了。

---

① 章：原作"节"。"于"字原无，据《易经》通行本补。
② "用"字后的两句话不见于《礼记·表记》，"居"下两句见于《周易·系辞上》。

第二章　三代时的宗教思想

第一节　宗教生活概况

一　神示鬼魃的崇拜

这时候的人民,继承古代遗传的群神崇拜,而信神示鬼魃。所谓神,即天神,在天神之中,以昊天上帝为最尊,其次则有五帝:东方苍帝,主木,其名曰灵威仰;南方赤帝,主火,其名曰赤熛怒;中央黄帝,主土,其名曰含枢纽;西方白帝,主金,其名曰白招拒;北方黑帝,主水,其名曰叶光纪。《礼记》有祀昊天与祀五帝的规定。这种思想纯由尊王的观念而来,凭人世国家的组织,描写天国的情状,昊天上帝好像天国中的君王,其余五帝群神好像天国中的王侯及臣宰,为昊天上帝所使役。世间君王也是昊天上帝所差遣而来五帝的化身,替天行道的。汉高祖斩蛇起义,妪哭曰:"吾子白帝子,今为赤帝子所斩",明明说汉高是赤帝的化身。

天神之中,又有司中、司命、风师、雨师、雷神、云神以及日月星辰之神,各司其在天之职守。

天神之外,又有一种人神,《国语·周语》里记着:"有神,人面,白毛,虎爪,执钺,是为蓐收,天之刑神也。"蓐收是秋神,《礼记·月令》:"孟秋之月,其帝少昊,其神蓐收。"因为秋令主杀,故曰刑神。《墨子·明鬼》篇里也记着:"有神,鸟身,素服三绝,面正方,曰:'予为勾芒。'"勾芒为司木之神,属于春,故《礼记·月令》有"孟春之月,其神勾芒"之说。伏羲蛇身人首,女娲亦蛇身,神农为牛首,这些奇怪的形状都是人神之类。

次言示,示就是地示,社稷五祀五岳山林川泽四方百物之神,都是地示。地示之中以社稷为重要,社稷是土谷之神,有德者可以配食。《左传》说:"共工氏之子曰勾龙,为后土;烈山氏之子曰柱,为稷。"(见昭公二十九年)《祭法》说:"厉山氏之有天下也,其子曰农,能殖百谷。夏之衰也,周弃继之,故祀以为稷。"土与谷,是民生的重要问题,所以凡不能奉祀社稷之君,便为无道之君,就必失国。葛伯不祀,汤始征之,武王数纣之罪曰"昏弃厥肆祀",因为他们不祀,所以要"变置社稷",变置社稷就是亡国。① 此外所祀五祀五岳之神,据《山海经》所列数目,多至数百。《楚辞》屈原《九歌·湘君》篇有所谓湘水之神,或称为湘夫人,秦博士则谓即尧之二女——娥皇、女英。《抱朴子》谓冯夷渡河溺死,封为河伯。屈原、庄周都有同样的说法。又有所谓雒嫔,也是水神,曹子建有《洛神赋》,就是指这神的。诸如此类,不胜枚举。

再次言鬼,鬼本来是归的意思,《说文》"人所归为鬼",《释言》"鬼之为言归也",故古人谓死人为归人,《礼运》谓:"形气归于天,形魄归于地。"可见古人深信在现世以外,另有一鬼世界,人死就是从现世界归到鬼世界,所以在现世有冤怨的事,可以到鬼世界中去

---

① 此说不确。"变置社稷"似应为《易经·革·彖》所言"汤武革命"之"革命"之意。

图报复。这样的事，我们单从《左传》里可以看见许多，像庄公八年："齐侯田于贝邱，见大豕，从者曰：'公子彭生也。'"僖公十年："狐突适下国曲沃，遇太子，①太子曰：'帝许我罚有罪矣。'"文公二年：跻僖公先于闵公，夏父弗忌曰"吾见新鬼大，故鬼小"，新鬼指僖公，故鬼指闵公。宣公十五年：魏颗与秦将杜回战，"见老人结草以亢杜回，杜回踬而颠，故获之；夜梦之曰：'余，而所嫁妇人之父也。'"此外，如颍考叔索命于子都，郑人相惊以伯有，在《左传》中很多这类的记载。《墨子·明鬼》篇中更有许多果报的事：如周宜王杀杜伯不辜，杜伯挟朱矢射王而死；燕简公杀庄子仪不辜，庄子仪荷朱杖而击之，殪之车上；还有什么观辜、中里徼等等，都是说到鬼的索命，像是实有其事的。

再说到彪，彪是一种怪物，魑魅魍魉一类的东西。《周礼·夏官》有方相氏，蒙熊皮，黄金四目，玄衣朱裳，执戈扬眉，以殴石木之怪曰方良；《秋官》中有庭氏，专门射妖鸟。方良、妖鸟都是彪的一类。《管子》记："涸泽之精曰庆忌，若人，长四寸，衣黄衣，冠黄冠，戴黄盖，乘小马，好疾驰，可使千里外一日返报。涸川之精曰蚼，一头而两身，其形若蛇，长八尺，呼其名，可取鱼鳖。"（见《管子·水地》篇）这些都是物彪。夏禹铸其形于九鼎，使民知神奸，可知古人皆深信有这些东西。

对于这些神示鬼彪，由莫测而畏惧，由畏惧而崇拜，国家且特设专官，如《周礼·春官》大宗伯，专管天神人鬼地示的礼，冬至祭天神人鬼，夏至祭地示物彪，认为是国家隆重的典礼。

---

① "国"字和"沃"字后原皆有破折号。

二　宗教思想的变迁

本来天帝是神圣的,鬼神是可怕的,只许崇拜,不许怀疑。到了周代,那些诗人看见时代的纷扰,干戈的相寻,便渐渐发生出怀疑的思想来,所以在他们的诗里有这种怀疑的表示。历来不是说天是爱人的吗?但是为什么有许多水旱天灾使人民死于无辜呢?历来不是说天是厌乱的吗?但是为什么有许多战争的惨剧使人民死于刀兵呢?那些流离死亡的人民究竟犯了什么大罪呢?所以有"昊天不惠,降此大戾"、"昊天不弔"、"天之方虐"等一类的疑问。当我们读到《诗经》的时候,看见许多这样的句子,这可见当时在宗教思想上有显明的改变了。

还有,在春秋战国的时候,学术朋兴,思想解放,大多数学者都发表他自由的思想,自由的言论,对于古代思想都加以价值的重估。像老子极端否定天的意志,予遗传的宗教思想以极大打击;孔子虽不明明推翻天的意志,但也表示出他的怀疑。只有一个墨子,独独死守着天鬼的信仰,做古代宗教思想上的一个忠臣。可见在学者方面,在宗教思想上已经有很显著的变迁了。

三　宗教思想的两条路

从春秋战国一般学者的言论发表以后,在宗教思想上就分出了两条路向来:一条是怀疑的路向,一条是迷信的路向。走怀疑路向的大概是所谓智识阶级,他们把前人所肯定的信仰轻轻地把它推翻,并且从怀疑的道路走入到反对的地步。老子的思想可以说是做了思想革命的先锋,他把有意志的天变成了一个抽象的道,道是自然,用机械的观念来估定它的价值,所以说:"天地不仁,以万物为刍狗","天网恢恢,疏而不失"。继老子而起的庄子,也是这样看法。抱中庸态度的孔子,也有"天何言哉?四时行焉,百物生焉,天何言哉"与"敬鬼神而远之"等话。四时行,百物生,是天道的自然,可见孔子思想也是以自然为归。鬼神既然要敬,何以又要远它呢?因为要远它,就不应当敬它;要敬它,就不应当远它。这就可以明白孔子的思想了。从此以后,在智识阶级一方面,就抱着这种怀疑的思想,去对付古代遗传的宗教信仰。

但是大多数的平民,不但是走那一条古代信仰的路,迷信天神人鬼,更是加上后来许多道教佛教的迷信东西,格外地变本加厉了!这些古代遗传的天鬼信仰,为什么没有给老子、孔子推翻呢?我看有两样大缘故:第一,老子的话太高深,普通人民都不能懂得;孔子的话太模棱,也不能使人明白他的真意义。第二,有墨子那些保守的人出来提倡,说天说鬼,颇能迎合普通人民的心理。所以不独古代群神崇拜的宗教思想还是深植在普通社会之中,而且后来汉代的什么谶纬学说,与符箓丹鼎的道教产生,使原有的天鬼信仰上加添了许多迷信,一直流传到现在,还不能完全破除。这便是中国宗教思想两条很显著的路向。

第二节 夏商的宗教

一 对天的虔祀

祀天是起于封禅,《管子》说七十二家封禅,历举无怀、伏羲、神农、黄帝、尧、舜以至于禹、汤、成王等,以明其起源的古。什么叫封禅?在泰山上筑坛祭天叫做封,在梁父除地祭地叫做禅。古代易姓而王天下的时候,必行这种典礼。后来,这种祭祀不必一定到泰山上去,就在京城的外面举行,这就叫作郊社之祭。《中庸》所说的:"郊社之礼,所以事上帝也。"《诗序》里说:"郊祀天地。"古时冬至祀天于南郊,夏至祀天于北郊。郊祀天地者,即祀天地间的上帝,所以《月令》有"孟春之月,天子乃以元日祈谷于上帝",《郊特牲》又说"郊之祭也,迎日长之至也",可见郊祭的一件事,在一年之中有好几次举行。不过这种祭祀只有天子可以主祭,其余的人都不能冒滥祭天的。到了夏朝,祭天格外虔诚,孔子赞美夏禹说:"禹,吾无间然矣:菲饮食而致孝乎鬼神,恶衣服而致美乎黻冕,卑宫室而尽力乎沟洫。"(见《论语》卷八)黻冕是祭天的礼服,自奉非常俭约,而祭天的礼服却十分讲究,可见那时祭天的虔诚了。商朝、周朝对于祭天的注重也是如此。商朝在祀天之外,又很信鬼,周朝自周公制礼作乐,对于祀天的礼节格外隆重。这都可以见得当时祀天的虔诚了。

二　祀天的整顿

在《尚书》里记着一件事，叫我们非常希奇的，就是《吕刑》里一道"绝地天通"的命令，这道命令只有两句话：

"乃命重、黎，绝地天通，罔有降格。"

孔颖达疏解这一件事说道：

"三苗乱德，民神杂扰，帝尧既诛苗民，乃命重、黎二氏，使绝天地相通，令民神不杂，于是天神无有下至地，地民无有上至天，言天神地民不相杂也。"

孔氏这段解释是不是正确？我们也无从断定。但是在《国语·楚语》中却有一段记载解释这个问题的：

"昭王问于观射父曰：'《周书》所谓重黎实使天地不通者，何也？若无然，民将能登天乎？'"

这是楚昭王读了《尚书》所发生的疑问，这个问题我们也要问的，但观射父怎样回答呢？

"对曰：非此之谓也！古者民神不杂，民之精爽不携贰者，而又能齐肃衷正，其智能上下比义，其圣能光远宣朗，其明能光照之,其聪能听彻之,如是,则神明降之,①在男曰觋,在女曰巫……"

这是说,天神下降只凭觋巫,因为他们的智圣明聪,可以感召神明。到后来不一定是智圣明聪的人也做起巫觋来,所以弄得纷乱了。故又说:

"及少皞之衰也,九黎乱德,民神杂糅,②不可方物,夫人作享,家为巫史,无有要质,民匮于祀,而不知其福,烝享无度,民神同位,民渎齐盟,无有严威,神狎民则,不蠲其为,嘉生不降,③无物以享,祸灾荐臻,莫尽其气。"

这是说巫职淆乱,神明不肯降福,因为不当作巫觋的人也冒充巫觋,所以人民虚费了祭享的礼物,得不到什么福气,反而因此耗费财物,田事也荒废了,这是九黎乱德的罪孽,所以要加以整顿了。怎样整顿呢?

"颛顼受之,乃命南正重司天,以属神;命火正黎司地,以属民,使复旧常,无相侵渎。是谓绝地天通。"

这里方才说出它的缘故来,但是我们从《国语》、《尚书》两处记载,看出有几点不同的地方:(1)《尚书》说重黎即羲和,是尧所命的,

---

① 神明:或作"明神"。
② 糅:原作"揉"。
③ 降:原作"祥"。

尧命羲和世掌天地四时之官,使人神不扰。《国语》则说是颛顼所命,重黎乃是羲和的祖宗,郑玄以为自"皇帝哀矜庶戮之不辜"以下至"罔有降格",都是说颛顼的事体,"皇帝清问下民"以下,方是说尧的事体。(2)《孔疏》谓三苗乱德,《国语》谓九黎乱德,在少皞之时。《楚语》又说:"三苗复九黎之德",则知三苗为九黎之后。(3)《孔疏》谓天神无有下至地,地民无有上至天,足以引起人的误会;《国语》谓司天以属神,司地以属民,方才把神事民事分别出一个界限来。

总之,这一件故事,不能不说是中国古代宗教上一大公案,其原因由于祭祀冒滥,违反古代"各以其职当祭之神"的定例。原来古代祭祀的权限分别得很严,不能有丝毫僭冒,到了春秋还是如此,所以季氏旅于泰山,孔子便斥他僭礼;桓公欲行封禅,管仲竭力加以劝阻。而且在这段故事里看出神事民事的分别,又好像是一种政教分离的主张。

三　夏禹的得天眷

虔诚祀天的人,天必定眷顾他,这是古代牢不可破的宗教信仰。夏禹是一个虔诚祀天的人,所以他就得到天的特别眷顾,《洪范》里记箕子的话说:

"我闻在昔,鲧陻洪水,汩陈其五行,帝乃震怒,不畀洪范九畴,彝伦攸斁;鲧则殛死,禹乃嗣兴,天乃锡禹洪范九畴,彝伦攸叙。"

九畴,是夏代的九条治国宪法,在政治上有重大关系的,天帝把它来做赏功的奖品。天怒鲧治水无功,所以不给他;天喜禹治水有功,所以给他这九条奖品。这奖品又好像是做皇帝的记号。"帝乃震怒","天乃锡禹",明明写出一个有意志而施赏罚的上帝,他的赏罚是以人的行为做标准,而人的行为又以能否随顺自然之理为标准。鲧不能随顺自然之理,乃至汨陈其五行,天于是震怒而罚他。五行,金木水火土,古代认为是宇宙的原理:把五行扰乱了,宇宙间人类便不能安居而生活,是一种违反天理扰乱宇宙秩序的大罪。所以后来启伐有扈,他的誓师理由也是因为"有扈氏侮慢五行",可见五行是夏朝特别注重的一点,列为国宪中第一条。禹能懂得五行的道理,所以能顺水性,使泛滥无归的洪水流到江海之中——"瀹济漯而注之海,决汝汉,排淮泗而注之江",十三年的苦心经营,竟能把这样的巨大的工程在短时间内做成,好像不是他的力量,乃是天帮助他成功的,所以时人顾颉刚不承认有禹这个人,认其是九鼎上的一个虫,①因为用十三年的短时间来治平洪水,是不可能的事(见《古史辨》)。但是在《洪范》这篇书里描写出天的眷顾,由于虔诚祀天的缘故。这种天启的神权政治,确是古人宗教思想中的一幕。

四 祀祖的起源

祀祖这一件事,也是起源得很早,《纪年》所记:

---

① "认其"二字原无,据文义补。

"黄帝崩,其臣左彻取衣冠几杖而庙飨之。"(见《绎史》卷五引《纪年》及《博物志》语)①

这便是祀祖的滥觞了。从此以后,历代的帝王便根据这种意义,而发生祖宗的祭祀,像《国语》所记:

"有虞氏禘黄帝而祖颛顼,郊尧而宗舜。夏后氏禘黄帝而祖颛顼,郊鲧而宗禹。商人禘舜而祖契,郊冥而宗汤。周人禘喾而郊稷,祖文王而宗武王。"(见《国语·鲁语上》)

《祭法》里也说:

"有虞氏禘黄帝而郊喾,祖颛顼而宗尧。夏后氏禘黄帝而郊鲧,祖颛顼而宗禹。殷人禘喾而郊冥,祖契而宗汤。周人禘喾而郊稷,祖文王而宗武王。"

祖与宗,原是一种祭祀的名称,所谓"祖有功,宗有德"是也。郑玄注:"有虞氏以上尚德,禘郊祖宗,配用有德者而已;自夏已下,稍用其姓氏之先后次第。"这是说,最初的祀祖,并不以血统为标准,乃是以功德为标准。试观有虞氏所祖宗的人,不是有虞氏血统上的亲属,若照血统讲,舜父是瞽瞍,祖是桥牛,何以不宗瞽瞍而独宗尧,不祖桥牛而祖颛顼呢?其尚功德而不尚血统可知。到夏后氏以后,方始祖宗血统,"郊鲧而宗禹",周代也"祖文王而宗武王"

---

① 绎:原误作"泽"。飨:原作"祀"。

了。从此对于祖宗的祭祀,看得非常重要,甚至与祭天并列,所谓"万物本乎天,人本乎祖",便成为中国古代的二神宗教,即宗教的二元论了。

不过当时的祀祖,还有阶级上的限制,规定天子祭七庙、一坛、一墠,考庙,王考庙,皇考庙,显考庙,祖考庙,远庙①;诸侯五庙,大夫三庙,适士二庙,官师一庙,庶士庶人无庙,只能荐之于寝(见《礼记·祭法》),《王制》说:"庶人荐于寝。"可见当时的祀祖是有阶级上的限制的。到周朝的末了,时局纷乱起来,这些有限制的礼节,便为自由的空气冲破了。

这种祀祖与祀天并重的风尚,便成了中国宗法社会的骨干。藉祭祖的方法来亲睦九族,结成一个宗法团体,在古代社会思想中未始不有相当的价值。流传既久,失去了祭祖的原意,固守着狭隘的家族观念,其流弊所及,就是减杀了人民的爱国思想。爱宗族胜于爱国家的思想,至今还没有打破,南方人民中常闻有两姓械斗的惨剧,认一宗族的羞辱,非牺牲性命去报复不可!这都是由于宗法社会所演成的结果,尤以祭祖为其主要的原因。

五 殷人的信鬼

《礼记·表记》里有一段话,是描写殷人信鬼的情形的,就是说:

"夏道尊命,事鬼敬神而远之,近人而忠焉……殷人尊神,

---

① "远庙"后原为破折号。

率民以事神,先鬼而后礼……周人尊礼尚施,事鬼敬神而远之,近人而忠焉。"

夏与周皆远鬼神而近人,惟殷人则先鬼而后礼,什么叫先鬼而后礼呢?郑玄解释这句话,说是"内宗庙,外朝廷"。什么叫内宗庙?重在鬼治;什么叫外朝廷?重在人治。夏与周都是内朝廷而外宗庙的,惟殷人则内宗庙而外朝廷,可见殷人的政治是依据鬼神做标准的。我们看盘庚迁都,他布告中的理由,并不说地理的形势与民生的关系,倒是说到天的意旨,说道:我以卜之于天,"今不承于古,罔知天之断命","天其永我命于兹新邑",①"肆上帝将复我高祖之德……用永地于新邑"(见《尚书·盘庚》)。这便是迁都的唯一理由了。

还有一桩可笑的事,就是因为武乙做了一个木偶的天神玩着游戏,便算为戮辱了天神,以致触犯天怒,给暴雷打死了。这一件事在《史记·殷本纪》里写着,算为殷代历史上的重要事实。可见殷人神鬼信仰,比夏朝更要厉害,他们把一切政治都属之于鬼神,甚至把一切人民的生活,都是好像为鬼神的缘故。人为什么要做好人?是为了要得鬼神的祝福,可以延承祖宗的血统,使祖宗的庙祀烝尝不致缺乏。推而至于人的生活,处处以鬼神为前提,无论一举一动,莫不有鬼神在那里阴相;所以最要紧的事,要博得鬼神的欢喜,这就是殷人内宗庙的意义。假使我们从殷墟甲骨文中去研究,可以从一类属于祭祀的文字中,见得殷人的鬼神信仰确是如此。

---

① "我"字原无,据《尚书》通行本补。

第三节　周代宗教思想的变迁

一　明堂制度与宗教

明堂是古代政治宗教教育上的一种制度,我们研究宗教思想,不能不把它说个明白,但却不很容易,因为在古书中讲到明堂很不一致,而且汉以后的讨论,言人人殊,很难得其真相。现在且根据古书所载:像《周官·考工记》、《大戴礼记》、《月令》、《明堂位》等,以及历代讨论明堂的重要作品,如蔡邕《明堂论》、李谧《明堂制度论》、朱熹《明堂说》,及清代惠栋《明堂大道录》、任启运《朝庙宫室考》①、焦循《群经宫室图》、阮元《揅经室集》等,②加以系统的叙述,证明古代明堂与宗教的关系。

(一)明堂的起源

《大戴礼·盛德》篇说:"明堂者,古有之也",权舆于伏羲的《易》义,蔡邕谓:"《易》曰:离也者,明也……圣人南面而听天下,乡明而治……故虽有五名而主以明堂也。"《淮南子·主术训》、桓谭《新论》,皆言起自神农。《主术训》说:

"昔者神农之治天下也,岁终献功,以时尝谷祀于明堂,明堂之制,有盖而无四方,风雨不能袭,寒暑不能伤。"

---

① "朝庙"二字当删。
② "等"字前原有破折号,今删。

所谓"以时尝谷祀于明堂",与《礼记·月令》所说"天子居明堂,以时尝谷之始"正同。《新论》说:"神农氏祀明堂,有盖而无四方。"与《淮南》之说无异,可见当时必有其他古籍做根据的。此后历黄帝而尧舜而夏、殷、周,都以这制度为王者行政的要事,所以齐宣王欲毁明堂时,孟子劝他"王欲行王政,则勿毁之矣"(见《孟子》卷一)。在政治上占了重要的地位,所以历代帝王都很看重它。不过历代的名称并不一样,而且制度也是由简而繁了。据《尸子》及《考工记》所载:

>"神农曰天府,黄帝曰合宫,陶唐曰衢室,有虞曰总章,夏曰世室,殷曰阳馆,又曰重屋,周曰明堂。"

明堂有五室:东曰青阳,南曰明堂,西曰总章,北曰元堂,中曰太室,亦曰太庙。名称虽不同,而其为古帝王行政之所则一,其起源之古,似不可否认的。

(二)明堂的制度

明堂制度由简而繁,有古明堂与后世明堂之不同。神农之世,宫室制度未备,仅有盖而无四方,黄帝时亦如之,《汉书·郊祀志》与《史记·封禅书》记武帝欲治明堂,济南人上《黄帝图》说:

>"上欲治明堂奉高旁,未晓其制度,济南人公玉带上黄帝时《明堂图》,明堂中有一殿,四方无壁,以茅盖,通水,圜宫垣为复道,上有楼,从西南入,名曰昆仑,天子从之入,以拜祀上帝焉。"

又《素问·五运行大论》说:"黄帝坐明堂,始正天纲,临观八极,考建五常。"惠栋谓:"五常,五气行天地之中。"桓谭曾说:"明堂,尧谓之五府。"郑玄注《大传》谓即大室之义,"大室者,明堂之中央室也。"可见自黄帝以后,明堂分为五室。《尧典》说:"正月上日,受终于文祖。"郑注:"文祖者,五府之大名,犹周之明堂。"又可见尧时凡举行大典,必在明堂。五室相通,故当时称为衢室,取古制四面无壁之意。《尚书》记舜巡狩归来,格于艺祖,马融训艺为祢,郑玄谓艺祖犹周之明堂。《祭法》谓"有虞氏禘黄帝而郊喾,祖颛顼而宗尧",郑注:"祭五帝五神于明堂,曰祖宗。"是则明堂为祭祀祖宗之所,故称之曰文祖或艺祖。当时又称为总章或总期,《尸子》说"观尧舜之行于总章",张衡《东京赋》"有虞总期"。总章总期,意即总享,总享天神,以祖宗配之,这种大典亦必于明堂行之。

及至夏、殷、周之世,制度渐备,《考工记·匠人》说:

"夏后氏世室,堂修二七,广四修一,五室,三四步,四三尺,九阶,四旁两夹,窗白盛,门堂三之二,室三之一。殷人重屋,堂修七寻,堂崇三尺,四阿重屋。周人明堂,度九尺之筵,东西九筵,南北七筵,堂崇一筵,五室凡室二筵。"

这是说三代明堂的制度,我们觉得不很清楚,惟惠栋《明堂大道录》引《大戴礼·盛德》篇所记较为详细:①

"明堂者,古有之也,凡九室,一室而有四户八牖,(《大戴

---

① 明堂大道录:原误作"明道大道录"。盛德:当作"明堂"。

记》此处有"凡"字）三十六户，七十二牖，以茅盖屋，上圜下方……其外水名辟雍……明堂月令，赤缀户也，白缀牖也，二九四，七五三，六一八；堂高三尺（《大戴记》作堂高三丈），东西九筵，南北七筵，上圜下方，九室十二堂，室四户，户二牖，其方三百步。(此下据《通典》补入)堂方百四十四尺，坤之筴也；屋圜径二百一十六尺，乾之筴也；太庙明堂方三十六丈，通天屋径九丈，阴阳九六之变，圜盖方载，六九之道，八闼以象八卦，九室以象九州，十二宫以应十二辰，三十六户七十二牖，以四户八牖乘九室之数也。① 户皆外设而不闭，示天下不藏也；通天屋高八十一尺，黄钟九九之实也；二十八柱列于四方，亦七宿之象也；堂高三尺以应三统，四乡五色，各象其行，外博二十四丈，以应节气也。(此下据《隋书·宇文恺传》补入)凡人民疾、六畜疫、五谷灾者，生于天道不顺；天道不顺，生于明堂不饰。故有天灾则饰明堂也。"

此外如《逸周书·明堂》、②《孝经·援神契》、阮谌《三礼图说》，③皆有关于制度的说明，大旨与上述相同。据此，我们可以知道它的变迁，前为五室制，后为九室制，《考工记》言五室，《大戴礼》言九室十二堂，历来对于这点也有不少讨论，但不若夏炘之说为明白，其言曰：

"以中央之室言之曰五室，兼四隅言之曰九室，又兼左右

---

① 乘：原作"桼"。
② "逸"字原无。
③ "说"字当删。

个虚数言之曰十二室,其实一也。"(《学礼管释》卷六)

阮元《明堂论》解释尤为详尽:

"明堂者,天子所居之初名也。是故祀上帝则于是,祭先祖则于是,①朝诸侯则于是,养老尊贤教国子则于是,飨射献俘馘则于是,治天文告朔则于是,抑且天子寝食恒于是。此古之明堂也。黄帝尧舜氏作,宫室乃备,洎夏商周三代,文治益隆,于是天子所居,在邦畿王城之中,三门三朝,后曰路寝,四时不迁,路寝之制,准郊外明堂,四方之一,乡南而治,故路寝犹袭古号曰明堂。若夫祭昊天上帝,则有圜丘,②祭祖考则有应门内左之宗庙,朝诸侯则有朝廷,养老尊贤教国子献俘馘则有辟雍学校。其地既分,其礼益备,③故城中无明堂也。然而圣人事必师古,礼不忘本,于近郊东南别建明堂,以存古制,藏古帝治法册典于此,或祀五帝,布时令,朝四方诸侯,非常典礼乃于此行之……此后世之明堂也。"(《揅经室集·明堂论》)

这一段把古今明堂制度分别得很清楚,可见古代事务简单,凡一切关于政治、宗教、教育,都于一明堂中举行;后世人事渐繁,便分为若干独立的部分,所以严杰辑《经义丛钞·明堂解》中有曰:

"镐京之明堂,文王庙也;洛邑之明堂,是周公朝诸侯之地也;太山之明堂,是古天子巡狩朝诸侯之处。"

---

① 先祖:原作"祖先"。
② 丘:原作"丠"。
③ 益:原作"愈"。

这明明有几个明堂了。

（三）明堂的应用

惠栋说："明堂为天子太庙，禘祭、宗祀、朝觐、耕耤、养老、尊贤、飨射、献俘、治历、望气、告朔、行政，皆行于其中，故为大教之宫。"蔡邕也曾说："取其宗祀之貌，则曰清庙；取其正室之貌，则曰太庙；取其尊崇，则曰太室；取其堂，则曰明堂；取其四门之学，则曰太学；取其四面周水圜如璧，则曰辟雍：异名而同事，其实一也。"颖容《春秋释例》则云①："太庙有八名，其体一也。"义亦相同（上引俱见《明堂大道录》）。这样，我们可以知道，古代明堂乃一切行政的中心，现在我们可以归纳做三个大纲，就是听政、施教和祭祀。这里先把前二纲说明：

关于听政的方面，郑玄注《孝经》则曰："明堂者，天子布政之堂。"《大戴礼·少闲》篇："成汤作八政，命于总章。"但究竟所行何政？据《大传》所云有五："一曰治亲，二曰报功，三曰举贤，四曰使能，五曰存爱。"《明堂月令》亦云："每月当行之政，施惠于百姓，养老存孤，尊贤折狱，整饬农事，论国典"，等等。除此之外，又注重治历，"古诸侯朝于天子，受月令以归，每月告朔朝庙，出而行之"，郑注《周礼·春官》则曰："天子颁朔于诸侯，诸侯藏之祖庙。"可见明堂为天子颁朔、听朔、告朔之所，所以《唐会要》有"每月于明堂行告朔之礼"的话。王方庆释之曰："人君以礼告庙，则谓之告朔，听视此月之政，则谓之视朔，亦曰听朔"（见《旧唐书·礼乐志》）。《周礼·太宰》曰："正月之吉……县治象之法于象魏，使万民观治象，挟日即敛之。"贾疏："县治象之法于雉门象魏，从甲至甲凡十日，敛

---

① 颖容：原作"颖子容"，似皆可。

藏之明堂,月月受而行之,谓之告朔也。"象魏是什么？说是两观的阙处,即在明堂外南面墙上,悬历数以告诸侯,其重视治历如是。

明堂又为诸侯朝觐之所,《逸周书·明堂》篇:"大会诸侯明堂之位……明堂者,明诸侯之尊卑也。"与《礼记·明堂位》说略同,惟《礼记》则标明"周公朝诸侯"之所。故古有天子按月居明堂的规定,孟春居青阳左个,仲春居青阳太庙,季春居青阳右个,以次及于明堂总章元堂的左右个,一年适轮居一周,每逢闰月,则居寝门,就是所谓路寝之中。这样,明堂与路寝同在一处,而为天子住宿听政之所。

关于教育的方面,《大戴礼·盛德》篇说:"明堂外水曰辟雍。"辟雍者,天子所设的大学。《祭义》有"天子设四学",四学即东学、南学、西学、北学。《大戴礼·保傅》篇曰:"帝入东学,上亲而贵仁……帝入南学,上齿而贵信……帝入西学,上贤而贵德……帝入北学,上贵而尊爵……帝入大学,承师问道,此五义者既成于上,①则百姓黎民化辑于下。"(《尚书大传》同)荀子所以有"下以教诲子弟,上以事祖考"的考语(见《荀子·成相》篇)。推此义以教天下,所以明堂称为大教之宫。《祭义》又曰:

> "祀乎明堂,所以教诸侯之孝也;食三老五更于大学,所以教诸侯之弟也;祀先贤于西学,所以教诸侯之德也;耕耤,②所以教诸侯之养也;朝觐,所以教诸侯之臣也:五者,天下之大教也。"

---

① "义"字或作"学"字,原无。
② 耤:《礼记》通行本作"藉"。

可知明堂是教育道德之所，大学辟雍尤为特立的教育部分，这种制度原为古代相传的成法，至周而大备。《王制》曰：

"有虞氏养国老于上庠，养庶老于下庠；夏后氏养国老于东序，养庶老于西序；殷人养国老于右学，养庶老于左学；周人养国老于东胶，养庶老于虞庠，虞庠在国之西郊。"

上庠、东序、右学、东胶，皆历代大学的名称，亦即上述四学以外的大学，所以说"大学者，中学明堂之位也"（见魏文侯《孝经传》），①亦总其名曰辟雍。《王制》说："天子曰辟雍，圜如辟，雍以水……诸侯曰泮宫，半有水，半有宫也……夏天子曰重屋，诸侯曰广宗；殷天子曰大庙，请侯曰世室；周天子曰辟雍，诸侯曰泮宫，乡曰庠，里曰序"（见《明堂大道录》卷六杂引）。此皆历代学校的名称。此种学校注重道德的教育，养老之外，又有习射、耕耤的事。习射为尚武教育，耕耤为农事教育，孔广森有《辟雍四学解》，阮元有《辟雍解》（见《经义丛钞》），②叙述得非常详细，这里无庸赘述了。

（四）祭祀③

现在我们来讲祭祀的一层，就是关于宗教的问题，这是明堂制度中最重要的意义，也是本篇中注重的一点。据《明堂大道录》所叙述的明堂历史，说从神农首创明堂，即以尝谷致祀为首务；黄帝

---

① "侯"字原误作"俟"。
② "雍"原作"雝"。
③ 标题"祭祀"原无。

合宫,亦有拜祀上帝于昆仑之文,所谓:"黄帝接万灵于明廷。"厥后尧称五府,所以聚五帝之神,故《书纬·帝命验》说:"五府皆祀五帝之所。"舜受尧禅,一则曰"受终于文祖",再则曰"归格于艺祖",郑释皆为明堂之称。后来祀祖配天,称祭五帝于明堂曰祖宗。所以总明堂祭祀之礼,可分为三类:即祀昊天,祀五帝,祀祖宗。明堂是法天而治的,所以古天子祭天,或禘或郊,皆于明堂中行之。刘歆《七略》有曰:

"王者师天地,体天而行,是以明堂之制,内有太室,象紫微宫,①南出明堂,象太微。"②

《大戴礼》也说:"明堂,天法也。"《御览》也说:"明堂者,天道之堂也。"故以昊天为首祀(上引俱见《明堂大道录》)。③

其次即祀五帝五神,金鹗《求古录礼说·五帝五祀考》说④:"五帝为五行之精,佐昊天化育,其尊亚于昊天。"《明堂月令》说:

"春,其帝太皞,其神勾芒;夏,其帝炎帝,其神祝融;中央,其帝黄帝,其神后土;秋,其帝少皞,其神蓐收;冬,其帝颛顼,其神元冥。"

在天为五帝,在地为五神,天子祀之,谓之五祀;明堂祀五帝,

---

① "宫"字原无。
② 见《文选》卷十三注引。
③ "明堂"原误作"明道"。
④ "礼说"二字原无,五帝五祀:原作"明堂"。

合之昊天,则谓之六天。古代祀昊天五帝,注重在时令,时令为农业上重要的事,故其出发点是建筑在农业社会思想之上。古书关于这一点的说明很多,这里不多引证了。

其次莫要于祀祖宗,这是中国宗法社会的根据,所以应当特别注意的。关于祀祖的起源与意义,已有另篇说明,此可不赘,惟祀祖配天大约起于周代,盖周以前尚不从血统上祀祖,周以后始有"宗祀文王于明堂以配上帝"的事。《诗·周颂·我将·序》"我将,祀文王于明堂也"的话,可以证明是从武王周公起头的。故《大戴礼·盛德》篇有"明堂者,文王之庙也"的话,以明堂大室为宗祀之所。蔡邕《明堂论》有曰:"以清庙论之,鲁太庙皆明堂也,鲁禘祀周公于太庙明堂,犹周宗祀文王于清庙明堂。"《左传》所谓"清庙茅屋",或即明堂以茅盖屋之义。汉武帝欲复古明堂制而建三宫,即辟雍、明堂、灵台,灵台即清庙之制,建立于长安西北,犹守古之遗制。周代礼仪繁多,故祭祀亦渐复杂,关于祭昊天、祭祖考,皆别立宫庙以专其事,便有庙室之明堂、宫坛之明堂,与国内之明堂、郊外之明堂、泰山之明堂等等的分别。

总之,明堂在宗教方面,不但是占得重要的部分,却是从宗教的意义而产生的,与古代的宗教思想实有极密切的关系(详见《明堂大道录》)。

二　天道观念的变迁

周代的宗教思想,可以分为两部分:一为西周,一为东周。西周是承袭的,东周是革新的。在承袭的西周时代,关系最大的人,要算周公这个人了;他不但在宗教思想上有极大的关系,简直是中国上古文化史上的主角。他的制礼作乐,上绍尧、舜、禹、汤、文、武之绪,下启孔孟儒术之运,承前启后,实是中国文化史上的重要人物。他所定的《周礼》六官(姚际恒《古今伪书考》谓《周礼》出于西汉之末,不是周公所著),不但在政治组织上有创造的系统,尤其为中国历代官制的根据;即就宗教一方面讲来,有许多专管祭祀的专官,祀天祭祖的二神宗教因以完成,较诸夏殷二代尤为注重,等诸犹太宗教中的摩西,原无多让。

当时所承认的天,与犹太教所承认的上帝,原无两样;以为天是赏善罚恶的主宰,一切易朝更姓的政治变迁,莫不有天意存于其间。所以当武王伐纣的时候,牧野誓师的言论中有"今予发惟恭行天之罚"的话;众人亦以"上帝临汝,无贰尔心"来鼓励武王(见《尚书·牧誓》)。周公劝戒成王,也历举天命所属为言,说道:"有命自天,命此文王,于周于京……笃生武王,保佑命尔,燮伐大商。"(见《诗经·大明》篇)后来周公摄政,讨伐管、蔡,以天命不易的道理来告诫诸侯,在《书·大诰》中说:"迪知上帝命,粤天棐忱,尔时罔敢易定,矧今天降戾于周邦?尔亦不知天命不易?"这都是承认凡事都由天定,不可勉强;应当顺从天命,修身以俟之。所以在《诗·大雅·板》篇里召穆公告诫厉王说①:"敬天之怒,无敢戏豫;敬天之渝,无敢驰驱。"又在《雨无正》及《小宛》诗里说:"凡百君子,各敬尔身","各敬尔仪,天命不又,夙兴夜寐,无忝尔所生。"这都是相信修身可挽回天意;假使不能修身,一旦遇到什么祸难,并不是天的暴虐,乃是自取其咎,所以《书·酒诰》周公戒康叔说:"天非虐,惟

---

① "篇"字前原有"之"字。

民自速辜"，《诗·大雅·荡》篇说①："匪上帝不时,殷不用旧。"因为他们认上帝是慈悲的,像《吕刑》所说"上帝监民,罔有馨香德,刑发闻惟腥",明明说上帝是欢喜善德,不欢喜刑罚,所以又说："天亦哀于四方民。"但有时天也发怒了,不过在震怒之中,仍不失其慈悲之意。像《书·金縢》篇记："周公居东,天用大风雷霆为之洗冤,等到成王觉悟了,去迎接周公回来,天就马上反风,年岁大熟。"那些史官特别把"日食"、"星陨"、"彗见"……记出来,表明上帝的示戒,要人人能够"敬天之怒"、"畏天之威"、"小心翼翼"去"昭事上帝。"这大概是西周时代对天的观念。

到了东周,时局发生变乱,人民不得安定,感受着战争及水旱的痛苦,对于天道便发生了怀疑。于是在《诗》里面表现出一般人的怀疑,像《节南山》篇里所说"昊天不傭,降此鞠讻！② 昊天不惠,降此大戾……不弔昊天,乱靡有定……昊天不平,我王不宁",《雨无正》篇里所说"浩浩昊天,不骏其德,降丧饥馑,斩伐四国","如何昊天,辟言不信？《荡》篇说③"疾威上帝,其命多辟,天生烝民,其命多谌。"这明明怀疑到向所称颂的仁慈的天,今忽这样地暴虐而无信了！这一类不平不惠不信方虐多辟等名词,从前不敢用来加在上帝之上的,今竟直爽地宣布天的罪状了。加以一般学者发表他们的自由思想与言论,所以自古相传的有意志而具人格的天,竟根本地动摇起来了。④

---

① "篇"字前原有"之"字。
② "讻"原作"凶"。
③ "篇"字前原有"之"字。
④ "地"原作"的"。

三 春秋战国学者的宗教思想

(一)道家

把古代有意志的天根本上加以否定的,要算道家的老庄一派了。他们以"自然"为宇宙的本体,"自然"是机械的。老子说:"天地不仁,以万物为刍狗"(见《老子》五章),"善闭无关楗而不开,① 善结无绳约而不可解"(见《老子》二十七章)。庄子也说:"意者其有机缄而不得已耶？意者其运转而不能自止耶？"(见《庄子·天运》篇)这都足以表明他们的机械观念。庄子又叫这种机械的运转为"天均"、"天伦"、"自生"、"自化"——自生者不得不生,自化者不得不化,这里所说的天均的天,明明不同于前面所说的昊天的天,所以老子提出一个"道"字来替代,庄子又提出一个"自"字来替代,是要表明天地不过是一部大机器,既然把它开了,便没有人把它停止,四时的运行,万物的变化,无非是这大机器行动发生的现象,并没有什么意志在中间的。寻常人以为天道的运行和变化,含着不可测的奇妙,但是在机器的本身,不过"绵绵若存"、"天长地久"地无限制无意识地运动罢了。② 所以庄子说"天道运而无所积,故万物成"(见《庄子·天道》篇),又说"万物皆种也,以不同形相禅,始卒若环,莫得其伦"(见《庄子·寓言》篇)。与老子"绳绳不可名,复归于无物"同为一种"轮化"的机械观念,是属于天演进化的思想。

---

① "楗":原误作"楗"字。
② 后一"地"字原作"的"。

他们称这个"自然"为"道",老子说:"吾不知其名,字之曰道,强名之曰大。""道"并不是一个具体的东西,"道之为物,惟恍惟惚",所以他又说一个"无"字,"无"不是"没有",乃是不可知,所以又叫它"玄牝"。但是这个不可知的"无"中,就是天下万物所从出的根源,故曰"天下万物生于有,有生于无","天法道,道法自然",那就可以知道"道等于有,自然等于无"了。这个自然,是超时间与空间的,老子说"天乃道,道乃久",是说道不受时间限制的;又说"独立而不改,周行而不殆……字之曰道,强名之曰大",是说道不受空间的限制的。一个"久"字,一个"大"字,可以做超时间空间的形容词,庄子也是这样,在这里不必再引证了。

"自然"是宇宙的实在,而不是宇宙的现象,但自然既是"无"的性质,只好从现象去推求。老子说:"万物并作,吾以观复,夫物芸芸,各复归其根。"(见《老子》十六章)庄子说:"天其运乎?地其处乎?日月其争于所乎?孰主张是?孰纲维是?孰居无事推而行是?"(见《庄子·天运》篇)庄子这一套问句,好像他在这个问题上有些弄不明白,所以他又说:"若有真宰而特不得其朕","其有真君存焉"(皆见《庄子·齐物论》)。他既然题它的名叫真宰、真君,那末,似乎他承认天地间有个有意志的上帝;其实不然,他们都不过是从现象上去观察实在,对于这个实在到底怎么样,只落到一个"恶识所以然,恶识所以不然"的结论。

总而言之,老庄所提出的道的属性是十分抽象的,不是一个超然的有意志的上帝,乃是普遍在万物中的生命元素,不但充满在有生物中,也是充满在无生物中,老子说"窈兮冥兮,其中有精,其精甚真,其中有信……以阅众甫"(见《老子》二十一章),庄子说"道无所不在,在蝼蚁,在稊稗,在瓦甓,在屎溺"(见《庄子·知北游》)。① 可见他们是一种汎神思想,而倾向于机械论的,予春秋以前的超神信仰以大打击。(参阅拙编《中国历史的上帝观》四九至一〇〇页)

(二)儒家

儒家以孔孟为代表,孔孟的态度与老庄不同。从哲学上讲:老庄是从精神中以不能见不能知的道为宇宙实际,是实在论者;孔孟是从能见能知的自然现象上推究宇宙本体,是现象论者。孔子对于宇宙本体的讨论,只有"天何言哉?四时行焉,百物生焉,天何言哉"与"逝者如斯夫,不舍昼夜"几句话,做我们研究的根据。他的宇宙观和人生观,是往者过来者续那样生生不息的,所以他对冉有、子张都曾说过这样的道理:

"冉求问于仲尼曰②:'未有天地可知邪?'③仲尼曰:'可!古犹今也。'冉求失问而退。④ 明日复见……'敢问何谓也?'仲尼曰:'……无古无今,无始无终,未有子孙而有孙子,⑤可乎?'"(《庄子·知北游》)

"子张问:'十世可知也?'子曰:'殷因于夏礼,所损益可知也;周因于殷礼,所损益可知也;其或继周者,虽百世可知也。'"(《论语》卷二)

---

① "所"字原无。据《庄子》通行本补。此处为节引。
② "求":原作"有"。
③ "邪":原作"耶"。
④ "求":原作"有"。
⑤ "孙子":或作"子孙"。

前一条是说从现在可以知往古,后一条是说从现在可以知将来。换句话说:往古来今都是不可知,只有现在是实在的;若勉强去推究往古或将来,不免凭空臆造,落得个渺渺茫茫,无可捉摸,那又何苦呢?所以他不讲"怪力乱神",罕言"性命天道",因为那些抽象的问题,与其费九牛二虎之力去讨论,仍旧落得玄之又玄,还不如置之不问,单注重到实际的现在生活之为得。所以他不讨论到天地的起源,也不讨论到死后的情形。他答子贡、子路之问说:

"子贡问孔子:'死人有知无知也?'孔子曰:'吾欲言死者有知也,恐孝子顺孙妨生以送死也;欲言无知,恐不孝子孙弃不葬祀也。赐欲知死人有知无知,死徐自知之,未为晚也。'"(《说苑·辩物》)

"季路问事鬼神,子曰:'未能事人,焉能事鬼?''敢问死?'曰:'未知生,焉知死?'"(《论语》卷十一)

读这两段书,可以知道孔子是不信"死后有知"、"人死为鬼"的道理,不过他没有明把这个闷葫芦揭破罢了!因为他觉得不应当把它揭破,他看这种鬼神信仰对于一般社会还有一部分用处,所以他用这种模棱两可的话来对付,他把这些问题都放在怀疑之列,不愿意多费时间去讨论,他自己也绝对不谈,所以子贡叹息说:"夫子之文章,可得而闻也;夫子之言性与天道,不可得而闻也。"戴东原对这段话有过一种新的解释:"自孔子言之,实言前圣所未言,微孔子,孰从而闻之?故曰不可得而闻。"(见《孟子字义疏证》)这解释虽然是创获,但是从实际上研究孔子,他的确不很讨论这些问题,偶然提起天或道,都不过是述说古人的思想,并不是自己的意见,质言之：他是不信鬼神的。他既不信鬼神，为什么又注重祭祀呢？他的注重祭祀完全是一种作用，是认为维持伦理思想的一种方法，我们只要看下列的两条话："使天下之人，斋明盛服以承祭祀，洋洋乎如在其上，如在其左右"（见《中庸》），"祭如在，祭神如神在……吾不与祭，如不祭"（见《论语》卷三）。从这里所用的几个"如"字上，就可以明白他的鬼神观念完全是主观的，而不是客观的，所以墨子有过一句很切中的批评说："无鬼而学祭礼"（见《墨子·非儒》篇），把孔子的秘密揭穿了。

我们再看孔子论到祷告的话："获罪于天，无所祷也"（见《论语》卷三），"子疾病，子路请祷。子曰：'有诸？'子路对曰：'有之！诔曰：祷尔于上下神祇。'子曰：'丘之祷久矣。'"（见《论语》卷七）为什么说"获罪于天，无所祷"？因为天是理，没有感情的，既然违背了理，祷也无用，这是他对于王孙贾媚奥媚灶的讽刺而下的断语。他拒绝子路之请，正是他不信祷能愈病，神祇不是医生，祷也无用的。有人以为"丘之祷久矣"这个久字，①正是证明孔子常常祷告的，这是误会了。

总而言之，孔子看天不过是一种流动不息的理，《易经》所谓"天行"、"阴阳不测之谓神"，就是这个理。所以他的态度是敬鬼神而远之。既然要远它，为什么又要敬它呢？那就可以知道他的敬是一种作用，并不承认有什么客观的鬼神。这种秘密，只能叫人跟着去做，不能叫人明白其中的道理，"民可使由之，不可使知之"（见《论语》卷八），正是把他的态度尽情地表显出来了。（参观拙编《中国历史的上帝观》一二八至一四〇页）

---

① "为"字原在引号内。

传孔子学派的,则有孟子、荀子两派。孟子是根源于子思的,子思所作的《中庸》,把子贡所叹为不可得闻的性与天道,特别加以发挥,以"天命之谓性"开头,以"上天之载,无声无臭"结束,中间称天称上帝称神的地方很多。所以孟子也提起天及上帝的名,说:"虽有恶人,斋戒沐浴,则可以事上帝。"(见《孟子》卷八)他以为上帝是注重人的内性,不重人的外貌,外貌虽然丑恶,但是他的天赋内性不为上帝所拒绝的,正与子思"郊社之礼,所以事上帝也"一样口吻。不过他们所体认的上帝也不是客观的,仍旧是主观的,以为人心就是上帝,所以《中庸》说:"惟天下至诚,为能尽其性……则可以与天地参矣。"孟子说:"尽其心者,知其性也;知其性,则知天矣。存其心,养其性,所以事天也。"(见《孟子》卷十四)不但如此,并且认人就是天,孟子以舜有天下为"天与",何以验之?验之于"人归",人归之即天与之,故曰:"天视自我民视,天听自我民听。"(见《孟子》卷九)可见孟子所体认的天是在民身上。(参观拙编《中国历史的上帝观》四三至一五八页)

　　至于荀子,竟直捷爽快地否定天的意志,而变为很明显的唯物论者了。他以为天是一种机械,与老庄思想差不多,他说:"天不为人之恶寒也辍冬,地不为人之恶辽也辍广……天有常道矣,地有常数矣。"(见《荀子·天论》篇)他以为国家的治乱,不由于天而由于人,所以不应当"错人而思天"。错人而思天,是无知识的小人,若君子则"敬其在己而不慕其在天"。一切自然界所生的变化,并不有什么神在中间作主,乃是天地间的自然现象,他叫它为"文",所以说:"君子以为文,而百姓以为神;以为文则吉,以为神则凶。"(上皆见《荀子·天论》篇)这与《左传》所说"国将兴,听于民;将亡,听于神"一样的意义。听于神是一种愚昧的举动,就有亡国灭身之

祸。后来汉朝的王充大概根源于他的思想。(参观拙编《中国历史的上帝观》一六一至一七一页)

蔡元培在《中国伦理学史》上有一段说:"荀子以前,言伦理者以宇宙论为基本,故信仰天人感应之理……至荀子以后,则划绝天人之关系,以人事为无与天道,而特为各人之关系。"这话非常扼要,藉此可以见荀子的宗教思想。自孔子的怀疑论出,儒家的思想都不信天地间有客观超绝的上帝,尤其是荀子,竟变为无神论者了。

(三)墨家

最明显地肯定天有意志的,厥惟墨子。他所体认的天,与宗教家所崇拜的上帝毫无两样。他认定天是造物的主宰,在《天志》篇里说:"四时调,阴阳雨露也时,五谷熟,六畜遂,疾箾疢疫凶饥则不至",[①]都是天之厚民。天的管理天地万物,正像轮匠执其规矩,确是一种超神论的认识。世界一切生死祸福,都在天的管辖之下,没有方法可以逃避的,所以说:"若处家得罪于家长,犹有邻家所避逃之……处国而得罪于国君,犹有邻国所避逃之……今人处天下而事天,将无所以避逃之者矣。"天不但执赏罚之权,而且它的赏罚是不爽毫厘的,他说:"若豪之末,非天之所为也,而民得而利之,则可谓否矣。"这就是说,无论那么小的利益,都是出于天意,因为天是兼爱的,天的爱人,正像父的爱子一样,他说:"今有人于此,欢若爱其子,[②]竭力单务以利之……今夫天兼天下而爱之,橄遂万物以利之。"(上引皆见《墨子·天志》篇)这都足以证明墨子的对天观念,

---

① 箾:原作"病"。"则"字原无。
② 欢:原作"驩",古"歡"字,简化为"欢"字。

与基督教的信仰上帝相同;他体天之爱以提倡兼爱,与基督教爱人如己的意义相同;他的明鬼,正如基督教的灵魂不灭。不过他于信天之外,又信鬼,是二神教或多神教,而非一神教。他的宗教思想,大半根源于古代的天神崇拜,影响到中国的下层社会非常之大。(参阅拙编《中国历史的上帝观》一〇四至一二一页)

四 祭祖的意义与改变

上文已经说到祭祖的起源,现在再来说到祭祖的意义。考祭祖之名有五:

一曰禘。本为时祭之一,《王制》分时祭为春礿、夏禘、秋尝、冬烝,《大传》说"禘其祖之所自出,以其祖配之。"又称为殷祭或祫祭。殷祭者,大祭也,五年举行一次,即合群庙而总祭之。祫祭则三年一次。古代以此种祭祀有关系于国家的郅治,所以《礼记》说"禘尝之义大矣,治国之本也"(见《礼记·祭统》篇),孔子说"知禘之说者,治国其如示诸掌"(见《论语》卷二)。其祭的重要可知。

二曰郊。郊本为祭天之名,有冬至祭天于南郊,夏至祭天于北郊。《中庸》说:"郊社之礼,所以事上帝也;宗庙之礼,所以祀乎其先也。"到了周朝,因尊祖的缘故,祭祖以配天,所以有"郊祀后稷以配天"的礼节,从此以后,郊祭亦变为祭祖的名称了。

三曰宗。宗也是祭祖的名称,周公宗祀文王,就是以子祭父。又称其所自出之祖曰宗,从血统上推源其祖宗,而致其祭祀。

四曰祖。凡父之父以上皆称祖,天子祖七庙,即祭其父之父以上者六代以及其始祖。

五曰报。《礼》曰:"祭先所以报本也。"所以祭祖是报本反始之意。《礼》曰:"圣人反本复始,不忘其所由生也"。(见《祭义》篇)报者谢其恩,反者归其功,所以颂扬祖宗功德的意思。

现在来讲一讲古代祭祖的方法罢!古者祭祖必立尸,《祭统》说:"夫祭之道,孙为王父尸,所使为尸者,于父者子行也,父北面事之,所以明子事父之道也。"什么叫做尸?即乔扮乃祖的形状,高坐堂上,式饮式食,可以叫做"活祖宗"。祭的人看他是真的一样,不敢怠慢,所以说:"孝子临尸而不怍。"什么人扮尸呢?乃是祭者的子行,就是子侄辈,所以表面上是儿子祭父亲,实际上变成了父亲拜儿子,不是可笑么?但是祭祀的时候有什么规矩呢?《郊特牲》里有一段记载:"祭祀之相(相即是尸),主人自致其敬,①尽其嘉,而无与让也('无与让'就是不与行揖让之礼)。举斝角,诏妥尸;古者尸无事则立,有事而后坐也(尸初进之时,举斝角以奠,尸不敢安坐,祭祝令主人拜,然后尸遂安坐而食,有事,即就食也)。尸,神象也。② 祝,将命也。"这是写出尸的动作与祭者的规矩。到底古人祭必立尸有什么意义呢?《白虎通》里有一段说明:"祭所以有尸者,鬼神听之无声,视之无形……思慕哀伤,无所写泄,故座尸以食之,毁损其馔,欣然若亲之饱,尸醉若神之醉矣"(见《白虎通》卷十二"宗庙"条)。

杜佑《通典》有"立尸义"一条,③说:

> "古之人朴质,中华与夷狄同,有祭立尸焉,有以人殉葬焉……自周以前,天地宗庙社稷一切祭享,凡皆立尸;秦汉以

---

① "自"字原无。
② 象:原作"像"。
③ 义:原作"议"。

降,中华则无矣。"(见《通典》卷四十八《礼八·吉礼七》)①

其下复加以按语说:

"后魏文成帝拓跋濬时,高允献书云:'祭尸久废,今风俗则取其状貌类者以为尸,祭之宴好;②敬之如夫妻,事之如父母,败损风俗,黩乱情礼。'又按《周、隋·蛮夷传》:巴梁间俗,③每秋祭祀,乡里美鬓面人,送迎为尸以祭之。"④

由此可知立尸这一件事,在秦汉时已经废掉了,惟在夷狄之间尚有这种遗传,随便拉一个状貌类似的或美貌的人来充当。

立尸的制度虽然废掉了,却以木主代之。木主的制度起于何时,无从查考,但是《史记》"周武王为文王木主,载以伐纣"。(见《史记·周本纪》),或即是木主的起源,后世遂沿为风俗,刻木主于家堂,犹今摄影以纪念一样的意思。

祭祖的最大用意是什么呢?乃是含着伦理作用的教孝,《祭统》所以说:"祭有十伦","礼有五经,莫重于祭","夫祭,教之本也:外则教之以尊其君,内则教之以考其亲",无非为了"孝思"。《祭统》又谓:"外则尽物,内则尽志,此祭之心也。"祭之心,即祭者的"孝思",所以《祭义》中形容祭者的孝思说道:

---

① "四十八"后原作"种礼典吉七"。
② "后"字前原有"按"字。跋:原作"拔"。"宴好"二字原无。
③ "俗"字原无。
④ 送:原作"迭"。

第二章 三代时的宗教思想

未祭之前，先斋三日。"斋之日，思其居处，思其笑语，思其志意，思其所乐，思其所嗜……祭之日，入室，僾然必有见乎其位；周还出户，肃然必有闻乎其容声；出户而听，忾然必有闻乎其叹息之声。是故先王之孝也，色不忘乎目，声不绝乎耳，心志嗜欲不忘乎心，致爱则存，致悫则著，著存不忘乎心，夫安得不敬乎？"

可见祭祖是重在孝思，就是"不忘乎心"，祖宗虽然已经死了，但是祖宗的声音笑貌还是好像活着一样，所以《祭义》又说：

"孝子之祭也，尽其悫而悫焉，尽其信而信焉，尽其敬而敬焉，尽其礼而不过失焉；进退必敬，如亲听命，①则或使之也。"

这就是所谓"事死如事生，事亡如事存"的意思，王充在《论衡》里解释得最明白：

"缘生事死，示不忘先，②五帝三王，郊宗之祭，不敢忘德，未必有鬼神审能歆享之也。"③（见《论衡·祀义》篇）

《礼记》所谓"不忘"，《论衡》所谓"不敢忘"，真是把祭祖的意思完全表出，与世界各国的悬像、立碑，有什么两样呢？但是所谓不忘与不敢忘，不独在祭祀上应当如此，也是人子终身的事，《大戴礼

---

① 亲听：原作"听亲"。
② 生：原作"先"。示不：原作"不敢"。
③ "审"字原无。

记·曾子大孝》里说：①

"一举足不敢忘父母，一出言不敢忘父母，君子跬步不敢忘孝也。"

《祭义》说：②

"君子生则敬养，死则敬享，思终身弗辱也；君子有终身之丧，忌日之谓也。"

可见君子之于父母，终身不敢忘也。

厥后在祭祖时，添出香烛纸钱等物，张亦镜在他所著的《祭先源流考》中，对于这些东西的产生有很详尽的考证，我们把他的大意节录在下面，以明祭祖风尚的变迁。

祭祀用烛，古代已有，因为古代祭祀大概在天尚未明的时候，《周礼》有"司烜氏掌共祭祀之明烛"（见《周礼·秋官》），贾公彦疏之曰："明烛以照馔陈者，谓祭日之旦，馔陈于堂东，未明，须烛照之。"自北齐武成帝令四时祭庙及元日庙庭并设庭燎二所，宋太宗时赵安易言："昨朝拜安陵永昌陵，有司止设酒脯香，以未明行事，不设烛燎，似怼于礼。"可知直至宋初，祭祀尚于天未明时举行，故须用烛。南渡以后，白日设祭，亦必用烛了，所以有"太常设烛于神位前"的话。至元朝更设立了剪烛刀、剪烛官，于是祭祀用烛的意

---

① "大戴礼记·曾子大孝"原作"祭义"。
② "说"字前原有"又"字。

义完全改变了。

至于用香,大约是从外国传入的,并不是中国固有的风俗,因为在中国古书中没有提起焚香烧香等名词。古书所说的"黍稷匪馨,明德惟馨",以及所谓"明德以荐馨香",本不是现在所焚烧的香。《西溪丛语》里说:①

"行香起于后魏及齐梁间,每燃香薰手,或以香末散行,谓之行香。唐初因之,文宗朝,崔蠡奏'设斋行香,事无经据',乃罢。宣宗复释教,行其仪。"(见《西溪丛语》卷下)

可见焚香之俗,得之于佛教。《晋书·佛图澄传》有烧香礼拜等字样,说:

"石勒召澄,试以道术。澄即取钵盛水,②烧香咒之,须臾,钵中生青莲花。"

"患旱,澄烧安息香敕龙取水,三日水至。"

"澄遣弟子向西域市香,澄告弟子曰:'买香弟子遇劫垂死',因烧香遥护救之。后弟子归,述遇盗状,闻香气,盗遁。"

在他的传里,这一类的话说得很多,但同时在鸠摩罗什的传记里,并没有烧香的字样,好像那个佛图澄不是佛教徒而是基督教徒了,因为在他的传里有"天神呼我"、"立寺奉神"等话,不说佛而说

---

① 语:原作"话"。他处径改。
② "试以道术"和"即"五字原无。钵:原作"砵。"下一"钵"字同。

神,是很可怀疑的。犹太古教中尝有焚香拜神的事,是世界焚香最古的宗教。也许这种风俗后来流传到印度,佛教的焚香就间接地介绍到中国,无论这个佛图澄是什么宗教的人,他却是首先介绍焚香到中国来的,也可以证明当时中国尚未有焚香的事,不然,何必遣人到西域去市香呢?从唐朝起头,中国历史上始见有焚香的字样,如庙祭有三焚香及三焚香以祭老子等话。

纸钱也是从唐朝起头的。中国的纸既然是从汉朝蔡伦创造的,那末,剪纸为钱也一定在汉朝之后。有人说是始于魏晋的时候。唐太常博士王屿说过:"汉以来,丧葬瘗钱,后世以纸寓钱为鬼事。"当时王屿做祠祭使,有祈祷或焚纸钱的事发生。胡致堂有过一番批评说:

"古者祭必用币,①所以交神,犹人之相见,有赘以为礼,非利之也。后世淫祀既众,于是废币帛而用楮泉,②是以贿交于神也。③ 使神而果神也,夫岂可贿?使其不神而可贿也,又安用事?虽然,王玙行之,④而世以为羞,则当时犹未尽用也。"(见《通鉴纲目》唐玄宗开元廿六年)

这一段话,把焚烧纸钱的迷信说得很清楚,可见当时焚烧纸钱非常普遍了。这都足以看见祭祖的一件事,已经不是原来的用意,而完全变为迷信的举动了。

---

① 用:原作"以"。
② 泉:原作"帛"。
③ 原无"于"、"也"。
④ 玙:原作"屿"。

五　宗教思想的伦理化

从上面我们所研究的祭天祀祖,已经可以看出中国的宗教思想充满着伦理的精神。《礼记》所说的"祭有十伦",明明以祭祀为教孝之道,如曰:

"崇事宗庙社稷,则子孙顺孝;尽其道,端其义,而教生焉……故曰:祭者,教之本也已。"(见《祭统》)

"祀乎明堂,所以教诸侯之孝也。"(见《祭义》)

"祭者所以追养继孝也。"(见《祭统》)

"孝子之事亲也,有三道焉:生则养,没则丧,丧毕则祭;养则观其顺也,丧则观其哀也,祭则观其敬而时也。尽此三道者,孝子之行也。"(见《祭统》)

这与孔子所说的"生,事之以礼;死,葬之以礼,祭之以礼"同一意义。

中国是以伦理立国的,而伦理的中心就是孝,所以说:"先王以孝治天下。"对于孝道的培植,认为是教育上的重要问题,但是用什么方法培植呢?不外乎两端:就是所谓"生则敬养,死则敬享"。所以孟子认"养生丧死无憾"为"王道之始"。① 中国的孝道,既然包括在"养生送死"的两条之中,我们便应当从这两条的意义来研究中国伦理,前者是属于人生的伦理,后者是属于宗教的伦理。在这

---

① 丧:原作"送"。

里我们且专门从后者来讨论送死的一部分。所谓送死,又包括着慎终追远的两件事。这两件事是古人认为培养民德的方法,像曾子说:

"慎终追远,民德归厚矣。"(见《论语》卷一)

孔子"死,葬之以礼,祭之以礼"的两句话,好像是"慎终追远"的注脚。丧祭尽礼,原是人子不得已的事情,其目的还是在"事生",并不是叫人丢弃了父母之生而不事,专门去打算到丧祭方面,所谓"祭而丰,不如养之薄",实在可以表明这种伦理思想的精神。在《说苑》中记着一段故事:①

"孔子行游,中路闻哭者声,其音甚悲。孔子曰:'驱之!驱之!前有异人音!'少进,见之,丘吾子也,拥镰带索而哭。孔子辟车而下,问曰:'夫子非有丧也,何哭之悲也?'丘吾子曰:'吾有三失……吾少好学问,周遍天下,还后吾亲亡,一失也……树欲静而风不定,子欲养而亲不待,往而来者年也,不可得再见者亲也。请从此辞!'自刎而死! 孔子曰:'弟子记之! 此足以为戒也!'于是弟子归养者十三人。"(见《说苑》卷十《敬慎》篇)

这段记事,就可以看出中国古代的提倡丧祭,正是间接地提倡

---

① "一"字前原有"的"字。

敬养,①人子既不能敬养父母,乃不得已而尽心于丧祭,以求其心之所安而已。且看孔子答宰我问三年之丧的一段:

"宰我问三年之丧,期已久矣……子曰:'食夫稻,衣夫锦,于女安乎?'曰:'安!''女安则为之。'"(见《论语》卷十七)

孔子虽然不赞成宰我短丧的主张,但当面并不反对他,只提出一个"安"字来反问他,宰我既然在良心上没有什么不安,孔子也就许他照他的良心去做罢!可见无论丧祭养生,只须求其心之所安,人子对于父母,必须服从,必须养志,都不过以自己心之所安,推之于父母的心之所安。本着这个心之所安的道理,应用到人生的一切行动上,那便是广义的孝道了。像《亢仓子》记载说:

"发一言,举一意,②不敢忘父母;营一手,措一足,不敢忘父母;事君不敢不忠,朋友不敢不信,临下不敢不敬,向善不敢不勤;虽居独室之中,亦不敢懈其诚:此之谓全孝。"(见《亢仓子》第七《训道》篇)

《曾子大孝》篇中也有同样的说法,为什么"不敢"呢?因为不这样,则心便不安;一个人能处处求其心之所安,那便成一个完全的人,即这里所说的"全孝"。这样,孝的范围简直把一切人生道德都包括在内。一举一动,都与孝道有关,都不敢忘父母,这父母岂

---

① 地:原作"的"。
② 意:原作"事"。

不成了孝的宗教中的上帝吗？所以中国的孝道,实在是一种宗教化的伦理,也可以说是伦理化的宗教。我们假使用宗教的眼光来评论它的价值,我们便不能否认这种主张确是一种宗教思想,视父母如上帝,视孝敬如教义,视祭祀如祈祷,所以我们说宗教思想的伦理化,或者说伦理思想的宗教化。①

附　　录

（一）《中庸》中的宗教思想

《中庸》是《礼记》中的一篇,郑玄说是"孔子之孙子思作之,②以昭明圣祖之德",故历来都以为子思绍述孔子之意,传道于再传弟子孟子的过渡作品。程颐谓为"孔门传授心法"之书,把它从《礼记》中提出,列于四书之中。但在西汉时似已有单行之本,为当时儒家所尊重,或即《汉志》所举七篇《子思子》之一,小戴把它附于《礼记》的。在它的内容上,历来也有许多人怀疑过,欧阳修说"其说有异乎圣人",沈作喆说"'中'、'和'之倒易",③陈善说"杂汉儒之说",④王柏疑其即《汉志》"《中庸说》二篇",他以为二十章以前乃为上篇,二十一章以后乃为下篇,上篇以中庸为纲领,下篇以诚

---

① 两"说"字后似当补"是"字。
② "是"字原在引号内。作之:原作"所作"。
③ 宋·沈作喆《寓简》卷二云:"《中庸》,子思子之言,犹可疑也。夫喜怒哀乐之未发,谓之和可也;发而中节,谓之中可也。和顺积中,何喜怒哀乐之有？有感而应焉,无过不及也,则谓之中而已矣,而何以易之？《列子》言'喜之复也必怒,怒之复也必喜,皆不中也',可谓知言。"
④ 宋·陈善《扪虱新话》卷一云:"予旧尝为《中庸说》,谓《中庸》者吾儒证道之书也。然至今疑自'春、秋修其祖庙,陈其宗器'以下一段,恐只是汉儒杂记。"

明为纲领;从性方面讲,前者是说性的所自来,后者是说的实有;从教方面讲,前者是以行为主,故曰修道;后者是以知为主,故曰明诚。这的确有相当的理由。

全书讨论性命之道,是属于形而上学的范围,因此,我们也觉得与孔子的思想不类。孔子生平对于性命天道没有多少发挥,所以子贡叹为"不可得而闻";而《中庸》中往往托孔子之言,发挥性命之理。所以胡炳文说"中和之论,发于子思;中庸之论,本于仲尼",是明明把"中和"、"中庸"分为两种意义。所谓"中和"是形而上的本体,"中庸"是道德的标准,开端一段讨论的"中和",与下文"仲尼曰"以下讨论的"中庸",确有些不同。这些都是关于考据的问题,说来话长,不是在这里所要注重的,所以现在不去管它了。

我们所要知道的,就是它里面的宗教思想。从它开端的三句话看,①所谓:"天命之谓性,率性之谓道,修道之谓教。"就见得它承认人性是本于天的,②由天命之性,进而为率性之道,更进而为修道之教,性道教三者,由先天的性演成为后天的教,好像老子由无而有的道理一样。它叫这个先天的性谓中,③后天的教谓和,如曰:"喜怒哀乐之未发谓之中,发而皆中节谓之和",中为天下之大本,和为天下之达道:大本是形而上的本体,达道是人生的行为,这是它承认人类的行为是根源于天的;④也叫它的名为道,正像老子"道本无名,强名曰道"一样。人不能须臾离这个道,所以人必须求道;道本不远人,只须求之于内在的天性。孔子说过:"仁远乎哉？我

---

① "它":原作"他"。
② "它":原作"他"。
③ "它":原作"他"。
④ "它":原作"他"。

欲仁，斯仁至矣。"这个"仁"，子思另替它题一个名称叫做诚，故曰："诚者，天之道也。"诚是真实，是无私，是恒久不变，是无声无臭，故曰："至诚无息，不息则久"，"诚者，不勉而中，不思而得。"这与佛教的佛性真如，基督教的上帝，没有什么两样。换言之，它所说的诚，①就是天命之性；能顺此天性以合于道，就叫做"诚之"，故曰"诚之者，人之道也"。这就是所谓外内之道，诚是内在的，诚之是外行的；内在的诚是自然的，外行的诚是学成的；自然的诚是仁，学成的诚是知，所以说："成己，仁也；成物，知也"，成己之仁就是"自诚明"，成物之知就是"自明诚"；"自诚明谓之性"，也就是它所说的"中"；"自明诚谓之教"，也就是它所说的"和"。② 这大概是子思在形而上方面的发挥，我们在这一种发挥上，很可以看出他的宗教思想。

他所说的天命好像是十分抽象的，但是他以为在这个抽象的天命之中，有一种具体的鬼神在内支配，他说：

"鬼神之为德，其盛矣乎！视之而弗见，听之而弗闻，体物而不可遗；使天下之人，齐明盛服以承祭祀，洋洋乎如在其上，如在其左右。"

他又说：

"上天之载，无声无臭。"

---

① "它"：原作"他"。
② 前两"它"字：原作"他"。

"质诸鬼神而无疑,知天也。"

鬼神既可质,则鬼神便成为支配天命监察道德的宗教的神了。他信古代圣王皆受命于天,无论是舜,还是文王、武王,①都因其有大德,故得"受禄于天,保佑命之,自天申之"。所以他更引证许多《诗经》的话,来说明祭祀的不可忽略,如曰:

"神之格思,不可度思,矧可射思!"

祭神之外,又须注重祭先,如曰:

"郊社之礼,所以事上帝也;宗庙之礼,所以祀乎其先也。"

祀先之礼,必须要"事死如事生,事亡如事存",所以他叙述到武王、周公,如何"上祀先公",如何"修其祖庙,陈其宗器,设其裳衣,荐其时食",如何"宗庙飨之,子孙保之",如何"明乎郊社之礼,禘尝之义"。这些都是古代天祖崇拜思想的遗传,为子思所特别注重的。

总之,在这一本书里,从形而上的天命之性,说到道德修养方面的知仁勇三达德,无非注重到"诚"的一个字,一则曰"惟天下至诚,为能尽其性……则可以与天地参",再则曰"至诚如神",求己之诚,以合于天之诚,这与佛教的禅定,基督教的祈祷,以求其"明心见性"、"完全像上帝"有相同的意义。所以我们可以说,《中庸》这

---

① "还"字原无。

本书,是儒家经籍中最富有宗教思想的一种。

(二)《楚辞》中的宗教思想

《楚辞》是历来诗歌中最富宗教思想的一种。如果我们要从历来诗歌中去研究宗教思想,很有许多话可说。像《诗经》中的《颂》,完全是属于宗教的范围,即使在《风》、《雅》中,也充满着古代的对天思想。其他如上古时代的许多歌谣祝辞,正是不胜枚举。后乎《楚辞》的,则如汉代著名的十七章《安世房中歌》、十九章《郊祀歌》,以及贾谊、司马相如、扬雄等等的词赋中,有很多可以作研究宗教思想的材料。再降而至于六朝及唐宋时代的诗词中,也有不少表显他们的宗教思想的(参阅张仕章编《中国古代宗教诗歌集》)。但是我们在这里却无暇去作全部的研究,我们单单承认在一部《楚辞》中的宗教思想,足以为一切诗歌家的代表,所以我们只把《楚辞》作研究的对象。

据王逸所注《楚辞》,根源于刘向所辑的诸家作品,自屈原、宋玉、景差而外,又有汉代的贾谊、淮南小山、东方朔、严忌、王褒等作,皆列入之。屈宋皆楚产,故辞以楚名,自甚合宜,而汉代诸儒既非楚产,为什么也列入其中?因其文辞相类的缘故,非楚人的作品,也称它为《楚辞》了。我们从宗教思想上研究,却不能不以楚人的作品做根据。因为楚在南方,《楚辞》为南方思想的表现,与北方思想所表现的《诗经》,自是不同,好像老子思想与孔子思想的不同、印度宗教与阿拉伯宗教显然的分别一样。

《诗经》所表现的宗教思想,是肯定的天人感应,而《楚辞》所表现的却带点怀疑的色彩了。屈原从忧愁幽思中作成的《离骚》,自然带着悲观厌世而近于怀疑,所以他虽说"皇天无私阿兮","皇剡剡其扬灵兮",但却发出无数对天的责问,而有《天问》之作。我们读那篇《天问》的时候,见得他那种对天的怀疑,纯从忧愤中吐出来的话,当他在先王之庙与公卿祠堂中,见壁间所画着的天地山川神灵及古贤圣事迹,遂书其壁而问之,发泄他天道何所凭的怀疑思想。他又因怀疑莫决,乃往太卜郑詹尹那里去,要稽问神明,决之蓍龟。但到底神明还是不能凭,龟策还是不能知,《卜居》一篇便是这个意思。

根据这一点来读《楚辞》,觉得屈原对于天道鬼神的怀疑,纯从他所遭遇的不良环境而来,所以他又有《远游》之作,"托配神仙,与俱游戏,周历天地,无所不到",与庄子的《逍遥游》一样从悲观中产生的达观思想。

我们又从他所作的《九歌》,可以看见楚人的迷信。题辞所说:"昔楚南郢之邑,沅湘之间,其俗信鬼而好祀,其祠必作歌乐鼓舞以乐诸神。屈原放逐,窜伏其域,怀忧苦毒,愁思怫郁,出见俗人祭祀之礼,歌舞之乐,其词鄙陋,因为作九歌之曲,上陈事神之敬,下以见己之冤结。"第一曰东皇太一,是天之尊神。第二曰云中君,是云神。第三曰湘君,第四曰湘夫人,皆水神,或谓即尧之二女。第五曰大司命,第六曰少司命,即风雨之神。第七曰东君,即日神。第八曰河伯,即河神。① 第九曰山鬼,即山中的鬼魅。第十曰国殇,为国战死的鬼魂。第十一曰礼魂,言致祀尽其敬礼,以总结上述各神鬼的祭祀。这十一段便是当时祭祀鬼神的乐歌,好像《旧约》中的《诗篇》、印度教的《吠陀》一样,但是既有十一章,为什么只称为《九歌》呢?大约末二章是总结上意,不算在内;或者中间只有九类

---

① 即:原作"亦"。

神鬼之故，我们却不得而知；有人说九是阳数，是"否极"的意思，我们也不能肯定。不过这足以看出南方人民的鬼神崇拜，与屈原的托词以申己意。

至于他所作的《九章》，与《离骚》同一意旨，无非描写他的忧思而已。后来像宋玉所作《九辩》《招魂》，景差所作《大招》，贾谊所作《惜誓》，小山所作《招隐士》，东方朔所作《七谏》，严忌所作《哀时命》，王褒所作《九怀》，刘向所作《九叹》，王逸所作《九思》；一方面悲悯屈原的放逐，以哀其志；一方面追慕其文之丽雅，藉写己意。在思想方面，皆与屈原同有悲观怀疑的表现，现在不必再事琐说了。

第三章　秦汉时的宗教思想

第一节　宗教生活概况

一　迷信的产生

秦汉的宗教思想,已由单纯的天祖崇拜,渐入于复杂的迷信时代。在古代天祖崇拜之中,虽不免有许多迷信的成分,但是经过了春秋战国的一般学者的自由讨论,已从迷信的遗传中产生出许多理智的解释。不幸从秦始皇统一六国以后,那些聪明的帝王,为要保住他那地位和基业的缘故,便排斥那些不利于自己的学说,变本加厉地走入到进一层的迷信中去。像英明精干的秦始皇,他焚烧了诸子百家的书籍,独独保留着所谓卜筮一类的东西,而且迷信着荒渺的神仙说,希冀什么长生不死之药。后来汉武帝毕竟也同样上了方士的当,他又巡游到山东去,欲举行封禅的故事。马上得天下的汉高祖,会改变他骂儒生溺儒冠的态度,以太牢去祀孔子。我们便不能不佩服他们能利用宗教式的崇拜,来笼络天下的人民。从此以后,历代帝王都知道这种秘诀,一方面恢复古代的天鬼崇拜,一方面又提倡儒教,把孔子看作一个宗教的教主。那些学者也是猜透了帝王的秘密,假托五行阴阳的说素,创造出什么谶纬之学来。董仲舒实是这种迷信开创的先锋,他所著的《春秋繁露》,是提倡五行阴阳的迷信,并且用这种迷信来解释《春秋》。本来五行是出于《洪范》,阴阳是出于《易经》,都是推究宇宙原理的哲学,原与希腊初期哲学认水火土气为宇宙原理,和印度哲学认地水火风为宇宙根本原因,没有两样。战国时独树一帜的阴阳家,原是一种学术上的研究,到了汉朝,经过一般经学家的提倡,便陷入于抽象的神秘范围。夏侯胜以久阴不雨为验在霍光,王莽时有什么"刘秀当为天子"的谶语,所以光武以赤符受命、深信谶纬了。当时的经学家,于《书》的《洪范》五行,于《礼》的阴阳明堂,于《易》的象数,于《诗纬》的五际六情,①于《春秋》的灾异,皆有许多附会,即大师如郑玄,也是深信其说,以之注解经籍。无怪谶纬之说日益昌盛,虽在晋太始时焚毁其书,力予禁止,但是迷信之端却已传之弥广了。

二 佛道的影响

佛教输入中国,相传在汉明帝时,其最初输入的,大概是小乘教义,所以那些天堂地狱、轮回投胎等说素,与固有的阴阳谶纬,合成为疑神疑鬼的迷信。于是经典科教,寺观庙宇,渐渐地普遍起来,影响到民众的生活非常之大。厥后又经过南北朝的推演,渐成为中国唯一的宗教。加以西来的僧众译经著述,推行于上级社会;又有民间特造的宝卷佛曲,推行于下级社会;于是因果报应的思想,盘据在全国人心,历二千年而未拔。

同时又有道教的产生,借托老子之名,方士派神仙之说煽于

---

① "纬"字原无。

前,符箓丹鼎派长生飞升之说惑于后,复窃取佛徒科教的方法,礼忏祈禳,亦成为民间的普遍信仰。朱熹谓:"佛家偷得老子好处,后来道家却只偷得佛家不好处"(见《朱子语类》卷一二六及《文献通考·经籍考》所引),①互相摹仿,发生种种迷信。这都是秦汉以后所发生的宗教现象。所以说到秦汉时代的宗教生活,实是迷信的根源,而且这种迷信影响到后来更是非常有力。从阴阳五行混合而生的谶纬学说,产生出无数的星相卜筮、占验宿命等等迷信;从佛道天堂地狱的来世思想,产生出经忏符箓、修仙学佛等等迷信。这种迷信支配了数千年来全国民众的生活,当时虽曾有张衡等的反对谶纬,王充等的破除迷信,仍旧不能挽回这一时代的风气。

第二节　制度宗教与迷信

汉以前,虽有拜天祭祖的遗传,却是个人的自由崇拜,并不是一种有组织的固定宗教。国家所设立的祭祀礼节,也都含着政治的意味,更算不得一种制度的宗教。东汉以后,一方面有佛教的输入,一方面有道教的产生,于是乎崇高的庙宇,巍峨的寺观,林立在大陆神州。黄冠缁流,舍家修道,专其身于宗教宣传,不独社会多一种分利坐食的人,更导一般人民思想于迷茫幻想。这便可以说是制度宗教形成的原因,且分说之。

---

① 佛家偷得老子好处,后来道家却只偷得佛家不好处:原作"佛教偷得道家好处,道家偷得佛家的不好处"。《文献通考》所引无"却"字。"见"字后九字原无。

一　佛教的输入与传布

佛教是不是在汉明帝时输入中国？乃是一个问题，梁任公在《佛典的翻译》文中，曾有否认汉明帝时佛教输入之说。这是梁氏从翻译事业上研究出来的结论。但是在中国历史中所记汉明帝夜梦金人遣使求佛的事，却不一而足。《法本内传》说：

"明帝永平三年，上梦神人，全身丈六，顶有日光，飞在殿庭，欣然悦之。明日问群臣：此为何神？有通人傅毅对曰：臣闻天竺有得道者，号曰佛也……于是上悟，遣郎中蔡愔、郎将秦景、博士弟子王遵等一十八人，于大月支中天竺国写佛经《四十二章》，藏在兰台石室第十四间。又于洛阳城西雍门外为起佛寺……时有沙门迦摄称摩腾、竺法兰，位行难伦，志存开化，承蔡愔使达天竺，请腾东行，不守区域，随至洛阳。"①

这或者是佛教徒夸张的话，不足为据的；但是马端临《文献通考》根据《隋书·经籍志》亦有同样的记载：

"后汉明帝夜梦金神，飞行殿廷，以问于朝，而傅毅以佛对，帝遣郎中蔡愔及秦景天竺求之，得佛经《四十二章》及释迦立像，并与沙门摄摩腾、竺法兰东还。愔之来也，以白马负经，因立白马寺于洛城雍门西以处之。其经缄于兰台石室，而又

---

① 见道宣《古今佛道论衡》卷甲、《广弘明集》卷一。

画像于清凉台及显节陵上。"(见《文献通考·经籍考》五十三)①

这段记载与前段相同,于是历来莫不承认为佛教始入的事实。但是《文献通考》里又记着哀帝时博士秦景口受佛经的话:

"张骞使西域,盖闻有浮屠之教。哀帝时,博士弟子秦景使伊存口授浮屠经,中土闻之,未之信也。"(同上)

这样,中国知有佛经,似又在明帝以前。不但如此,更有人说:汉武帝破匈奴时,西方的昆邪王来降时,所得的金人即是佛像。那末,佛像的输入尤早于哀帝。考印度佛教史,当阿输迦王派遣僧徒四出宣教(参见《印度佛教史略》下第一章第六节),正是中国秦始皇的时候,故有认秦始皇时已有释利房来中国南方宣教,或即阿输迦王所遣僧徒之一,惜乎在中国没有这种史料可证。阿输迦王推行佛教于国内外,遣王子摩哂陀传教锡兰,更及于缅甸马来半岛,或者在其时传入中国南方,亦属情理中事。而且在月支国有王曰阎膏珍,曾皈依佛教,故中国遣使至西域时口授浮屠经,也不是无因的。

由此观之,在汉明帝以前,早有佛教徒的踪迹与影响了,不过正式传入,还要算在汉明帝的时候,在《古今佛道论衡》中记着一件极怪诞的事,说在永平十四年正月一日,五岳诸山道士与佛教徒争雄于白马寺,道士费叔才因失败自憾而死。大概是因为明帝优待

---

① 经籍考:原作"经籍"。

佛教徒,五岳十八山观道士褚善信等上表反佛,谓:

"天子弃我道法,远求胡教,所事乃是胡神,所说不参华夏,愿得与其比较,藉以辨真伪。"(见《佛道论衡》卷甲)①

帝乃令于十五日集于白马寺比较,"道士六百九十人",置三坛,各赍经典及馔食于坛上,置佛舍利经像于坛西,道士等以柴荻围坛旁,绕坛泣祷,纵火焚之,道经悉毁,佛舍利光明五色;道士失色,费叔才自憾而死,于是诸山道士吕惠通等六百二十八人出家奉佛,司空洛城侯刘峻等千余人出家,宫人妇女出家者二百三十六人,便立十寺,七寺安僧在洛城外,三寺安尼在洛城内。汉兴佛法,自此始焉。这一件事,很像《旧约》中记着以利亚与巴力祭司比赛真假的事,是不是从犹太经典中抄来的?我们无法可以证明,不过这都是抑人扬己的捏造事实,是无疑的。在这样的捏造事实中,或者也可以反证汉明帝时确有佛教的流传了。

后来在汉桓帝建和初年,月支国有个和尚叫支谶到中国来,翻译《般舟三昧经》等二十余部。次年又有安息僧人安世高,也叫安清,到中国来,译经三十九部。同时天竺僧人竺佛朔携来《道行般若经》梵本,由支谶译出。② 这些都可以从《高僧传》里见到的。当时桓帝及楚王刘英都信仰佛教,③并且在宫里建立佛寺,供像祷祀。汉献帝时,牟子(或即牟融)由儒入佛,著《理惑论》三十七条,以答

---

① 见:原误为"现"。甲:原作"一"。
② 携来:原误作"译"。"梵"下七字原无。
③ "刘"字原无。

或人之问,阐明佛理(见《弘明集》)。① 同时有笮融在陶谦任官的地方建立佛寺,于四月八日(浴佛日)设饮食布席于路,招致五千余户,施以余食(见《后汉书》卷七三《陶谦传》)。②

三国时,康居国大丞相长子曰僧会,《高僧传》谓其父因商居交阯,在中国南方,于赤乌二年入吴见孙权,尚书令阚泽证明佛理高于孔老,吴主于是为之建造寺塔,这便是江南有佛教的起头。魏文帝信佛尤笃,中天竺昙柯迦罗来华,翻译僧祇戒本,行授戒之法,开律宗于中国。同时有康僧铠译《无量寿经》,支疆梁接译《法华三昧经》,以及支谦、疆梁娄至、昙摩罗刹等都从事于译经传道。③ 民间信佛者日益众多了。这是在秦汉间佛教输入中国的大概情形,在《文献通考》中有较详细的记载,这里无用细说了。

当时西域僧徒之来中国,翻译佛典多至数百部,不可谓不盛;但所译每多首尾乖舛,未能通解,于是三国时有朱士行者,亲往西域研究经典。《高僧传》(见《初集》卷四)中曾记其事,说他是颍川人,④出家后以竺佛朔所译《小品》文意隐晦,乃于甘露五年西渡流沙,至于阗国,得正本凡九十章,遣弟子弗如檀携归洛阳,⑤由河南居士竺叔兰译为汉文,名曰《放光般若经》,凡二十卷。他自己到八十岁,就死在于阗国。这是中国僧人西游求学的第一个,从此佛教之在中国,一天兴旺一天,成为中国很普遍的制度宗教。

---

① 弘:原作"宏"。
② "任官的"三字原无。"《后汉书》卷七三"原无。
③ "疆梁"二字原无,或作"畺良"。昙摩罗刹即竺法护。
④ "颍"原作"颖"。
⑤ 弗:或作"不"。

二 道教的产生与分派

道教的开始都要说到张道陵,实则在张道陵以前,已有所谓方士的一派。宋张君房所辑的《云笈七签》,说道教起源远在无始以前,说什么有:

> "天真皇人于峨嵋山授《灵宝经》于轩辕黄帝,又授帝喾于牧德之台,师资相承,蝉联不绝。今人学多浮浅,唯诵《道德》,不识真经,即谓道教起自庄周,始乎柱下。眷言弱丧,深所哀哉!"(见《云笈七签》卷三)

《隋书·经籍志》亦说:

> "元始天尊生于太元之先,禀自然之气,开劫度人,经四十一亿万载,所度皆诸天仙,乃命天真皇人传授世上。"(见《隋书·经籍志》四)

这种荒渺无稽的话原不足信,但他们认庄列书中所说"藐姑射之山"、"华胥氏之国",以及海上神仙等寓言,为确有的事实,便有什么神仙说产生,研究这种神仙说的,就叫做方士。方士从什么时候起头的,我们不知道,不过在秦汉以前确已有这种人了。秦始皇听信了琅琊方士徐市(古黼字,也叫徐福)。徐市言海中有三神山,是神仙所居的地方,于是秦始皇令携童女五百人,入海求神仙及不死之药。前乎此者,在《国策》中记"有献不死之药于荆王"的事;

后乎此者,则有汉武帝听信李少君、栾大的话,建造高楼,要求神仙,《史记·封禅书》言汉武帝求神仙的事甚详,言蓬莱、方丈、瀛洲三岛中有神仙,可以求得的。这真是"做了皇帝要登仙",一种贪心不足的表现。究竟有没有神仙呢?能不能长生呢?汉武帝后来也明白过来了,说道:"天下岂有神仙?尽妖妄耳,节食服药,差可少病而已。"所以所谓神仙,不过是人们的一种妄想,误信了古人的寓言,以为真有其事。

最初说到神仙的要算是屈原,他在《远游》章里说什么"贵真人之休德,羡往世之登仙"。其次在《国策》及《韩非子》中有献不死之药的事,是很滑稽的:

"有献不死之药于荆王者,谒者操以入,中射之士问曰:'可食乎?'曰:'可!'因夺而食之。王怒,使人杀中射之士。中射之士使人说王曰:'臣问谒者,谒者曰可食,臣故食之,是臣无罪而罪在谒者也。且客献不死之药,臣食之而王杀臣,是死药也;王杀无罪之臣而明人之欺王。'王乃不杀。"(见《韩非子》卷七《说林上》)

这个中射之士真是一个很有意思的人,他用反证的方法表明不死之药的虚妄,可惜后世像秦皇汉武等聪明的人仍旧不能明白,以为海上确有神仙,卒为人所欺。《史记》、《汉书》都有"海旁蜃气象楼台,野气象宫阙,云气各象山川人民所积聚"的话,认为是一种实有的蓬莱仙境,《列子》、《十洲记》、《拾遗记》都记载这种境地。后来更有魏伯阳的《参同契》,葛洪的《抱朴子》,都以为人能长生,影响非常之大。由此可知,方士一派在张道陵以前已经很盛行了。

张道陵只好算符箓派道教的起头，他本来的名叫张陵，是生在汉桓帝的时候，宋朝陈元静替他做了一篇《汉天师家传》说："真人讳道陵，字辅汉，姓张氏，丰邑人，留侯子房八世孙也。"起初博通五经，晚年入鹤鸣山学长生之道，①引诱人民，欲学道者，须纳五斗米，所以叫做五斗米道。用符水为人治病，使病者饮符水，或书其姓名祈祷三官。后来他的儿子张衡及孙子张鲁继续传布，称张陵为天师，这个名号子孙世袭。张角曾用这种方法号召造反，称为黄巾党。于吉也用这种方法治病，宫崇曾献什么《于吉神书》，这都是同一派的道教。张鲁的儿子张盛，起初搬到江西龙虎山，继承张陵的道统。他们有三件传家的法宝，就是一口剑、一块印、一本都功录，道教就开始正式地组织和宣传了。②

我们从上面已经看见两派的道教，就是后来所称的丹鼎、符箓两派；前者是以长生不死为标榜，后者以驱除疾病为号召，都是假借老子的学说以行的。河上公注《老子》"谷神不死"一章说：

"玄，天也，于人为鼻。牝，地也，于人为口。天食人以五气——雨旸燠寒风，从鼻入，藏于心。地食人以五味——酸苦甘辛咸，从口入，藏于脾。言鼻口之门，是乃天地之气所往来也。"（见《老子》第六章）

这是提倡导引吐纳的起头，附会到老子的学说上。此外如《老子》"善摄生者，陆行不遇兕虎，入军不被甲兵，兕无所投其角，虎无

---

① 鹤：又作"鹄"，原作"鸡"。
② 地：原作"的"。

所措其爪,兵无所容其刃,夫何故?以其无死地",以及"以其不自生,故能长生"(见《老子》第五十章),①"不失其所者久,死而不亡者寿"(见《老子》三十三章)这一类的话,都给那一派人所利用。炼养服食,以求长生,丹砂可化为黄金,茯苓可服而不死,尸解飞升,为一般个人主义的利己思想所欢迎。符箓派比丹鼎派尤低,丹鼎在汉初发生的,符箓在汉末发生的。五斗米道就是符箓派的起头。马端临曾经说:

"道家之术,杂而多端,先儒论之备矣。盖清净一说也,炼养一说也,服食又一说也,符箓又一说也,经典科教又一说也。"(见《文献通考·经籍考》五十二)

马氏分道家为五派,清净派可除外,炼养服食合成为丹鼎派,经典科教为黄冠逐食法门,是最后发生的,在此只须讨论到丹鼎符箓这两派。这两派中的有力分子,前者为魏伯阳与葛洪,后者为寇谦之与陶弘景,②这四个人,除了魏伯阳是汉末人以外,其余都是晋代及南北朝时人,为了叙述的便利起见,一并在此连带地说及。

魏伯阳所著的《参同契》,为丹鼎派的重要作品,参同契这个名称,就是合《周易》、黄老、炉火三家以契于大道的意思。朱熹尝著《参同契考异》一卷,并在语录中提起这本书,说道:"《参同契》文章极好,盖后汉之能文者为之。"又说:"《参同契》所言坎离水火龙虎铅汞之属,只是互换其名,其实只是精气二者而已。精,水也,坎

---

① 第:原作"弟"。
② 弘:原作"宏"。

也,龙也,汞也;气,火也,离也,虎也,铅也。其法以神运精气,结而为丹。"①朱熹这番话,实在助长他们的势焰不少。他们之所谓丹,有内丹、外丹之分。何谓内丹?即调和其在内的精气,像朱熹所说的,以能为调和精气则神气更新,虽老而壮。怎样调和?即用呼吸方法,他们叫做胎息,用修炼吐纳的工夫,保存内在的精气神,使清气蓄于胎中,浊气从手足毛发中排出,又用呼呵吹嘻嘘呬六种方法吐出浊气,所以有在夜半坤复之交,趺坐行气(俞琰《参同契发挥》语)。② 其目的在延年长寿,故曰:"巨胜尚延年……寿命得长久。"

何谓外丹?用硫石水银等药物,在炉火中烧炼,可成为黄金九丹,也就是所谓黄白之术。所用药品即雄黄、矾石、牡蛎、茯苓等类;制合之后,可以像金质历久不坏,然此种药物化金,往往生出砒素,容易中毒,所以有服之而死的事。但是烧炼外丹,也是注重调息,要除去心内的五贼——盗用天命、物、时、功、神。

葛洪著《抱朴子》内外篇,内篇言导养之理,外篇言炼丹之法。尝居罗浮山炼丹,说:"人能修道,可与天地同寿。"所谓修道,也就是《参同契》所说的吐纳。初学者纳气于鼻中,依数息而至一百二十,始徐徐吐出,更须不伤生,不疾走,不久坐,起居有时,饮食有度,使元气得流行于体内。无论起居动作,必须求其适度,实是一种很好的卫生方法。还有所谓房中术,也是一种性的卫生。在外则须服上药,所谓上药,就是叫做"九转金丹",用矿物烧炼而成的。服此上药,则可以飞升上天,成为天仙,其次则可以养性除病,有千岁之寿。

---

① 见《朱子语类》卷一二五。"只是互"原作"则是互"。"其实只是"原作"实则"。"其法"原作"法"。
② 趺坐行:原作"趺坐吐"。

魏葛之说完全相同,除去一部分荒诞的神仙之说,未始不是一种很好的卫生方法。而且他们都是注重到"积善正行",在神秘的思想之中,含着道德伦理的意味。但是他们的流弊亦正无穷,不独长生不可得,即后此道教所发生的迷信,尤莫不以此为嚆矢,一读《后汉书·方术列传》等,①便可以知道了。

现在再说到符箓派,这派虽创始于张道陵,却大成于陶弘景与寇谦之二人。陶还有点近于丹鼎派,而寇却为纯粹的符箓派了。陶弘景从小得着了葛洪的《神仙传》,便有养生修道的意思,后来隐居在句容山,自称为华阳真人,行导引辟谷的方法,梁武帝尝与之游。他撰著了《登真隐诀》,证明神仙可成,长生可得,帝命其合丹,不成,诿为中原药物不精之故。又尝倾心符箓,显名于南方。

至若寇谦之,则完全提倡天师道,立定符箓派巩固的基础。在嵩山修道十年,诡言尝得太上老君亲授天师之位,并赐以《云中音诵新科诫》二十卷,②欲藉此以攘夺张氏天师之位,自言尝遇仙人成公兴,从李谱文受《图录真经》六十余卷,奏上北魏太武帝,宰相崔浩深信之,建天师道场,集百二十道士,每日祈祷,当时如韦文秀、祁纤、罗崇之等,③皆为有名道士,都附从之;亲授符箓于太武帝,其法大行,谓可藉符箓以召鬼神;又本《云中科诫》,倡斋醮科仪,为后世拜忏建醮等迷信的滥觞。

---

① 后汉书:原作"史记"。"列"字原无。
② 音:原作"首"。
③ 之:原作"三"。

三　谶纬学与迷信

说者都以为谶纬之学始于哀平新莽的时候,其实不然,《四库全书总目·经部六·易类六》中说:①

"儒者多称谶纬,其实谶自谶,纬自纬,非一类也。谶者诡为隐语,预决吉凶,②《史记·秦本纪》称卢生奏录图书之语,是其始也;纬者经之支流,衍及旁义……其他私相撰述,渐杂以术数之言,③既不知作者为谁,因附会以神其说。迨弥传弥失,又益以妖妄之词,遂与谶合而为一。④然班固称圣人作经,⑤贤者纬之。杨侃称纬书之类,谓之秘经;图谶之类,谓之内学;河洛之书,谓之灵篇。⑥胡应麟亦谓谶纬二书虽相表里,而实不同。则纬与谶别,前人固已分析之,后人连类而讥,非其实也。"⑦

即此可知谶与纬本来是两样东西,并不是同时产生的。大约所谓纬,是起于西京之初,而谶则起源还在其前。汉刘熙《释名》中解释其字义说:

---

① 全书总目:原作"书目提要"。两"六"字原无。
② 决:原作"知"。
③ "其他"及"以"三字原无。
④ "为"字原无。
⑤ "然"字原无。称:原作"谓"。
⑥ "河"下八字原无。
⑦ "之"字后原有"矣"字。"后"下十字原无。

"纬,围也,反覆围绕以成经也;谶,纤也,其义纤微也。"

现在且先说纬,纬所以配经,故六经、《论语》、《孝经》皆有纬书。《后汉书》"纬候之部",注:"纬,七经纬也。"①七纬皆托言孔子所作,如:

《易纬》:《稽览图》,《乾凿度》,《坤灵图》,《通卦验》,《是类谋》,《辨终备》。

《书纬》:《璇玑钤》,《考灵曜》,《刑德放》,《帝命验》,《运期授》。②

《诗纬》:《推度灾》,《纪历枢》,《含神雾》。

《礼纬》:《含文嘉》,《稽命征》,《斗威仪》。

《乐纬》:《动声仪》,《稽曜嘉》,《叶图征》。

《孝经纬》:《援神契》,《钩命决》。

《春秋纬》:《演孔图》,《元命包》,《文曜钩》,《运斗枢》,《感精符》,《合诚图》,《考异邮》,《保乾图》,《汉含孳》,《佐助期》,《握诚图》,《潜潭巴》,《说题辞》。③

在上述目录之外,《易纬》尚有《乾元序制记》,《汉志》未有,《文献通考》中始见;又有《乾坤凿度》,《唐志》、《崇文总目》都无其名,宋元祐时始见。《唐志》中又有宋均注《论语纬》十卷。④《太平御览》中又有《书·帝验期》、《礼·稽命曜》、《春秋·命历序》、《孝

---

① "候之部"原作"侯之学"。"经"字原无。
② "刑德放"三字原无。
③ 见《后汉书》卷八二上《樊英传》注。文字略异。
④ "宋均注"三字原无。

经·左方契、威嬉拒》等等,①都是上述七纬中所没有的。《隋书·经籍志》说：

> "孔子既叙六经,以明天人之道,知后世不能稽同其意,②故别立纬及谶,以遗来世。"

这种说头是本于郑玄而来的,因为他曾经注解纬书,以经纬并重的缘故。《庄子·天道》篇有："孔子西藏书于周室,繙十二经以说老聃",注以六经六纬为十二经。这都是认纬书是孔子所作的,不知六纬之说始见于汉之《李寻传》。李好《尚书》,治《洪范》、灾异,王根荐之于哀帝,预言灾异每奇验。前乎此者,刘向校录群书,未尝提及,张衡谓成哀之后乃始闻之,荀悦亦说起于中兴之前。可见纬书作于孔子之说实不足信,但是始于成哀亦不尽然。考之经籍,西京之初已载其文,孟喜、京房六日七分之卦气,本于《易纬》,曝书亭有曰："纬谶之书,相传始于西汉哀平之际,而《小黄门谯敏碑》,称其先故国师谯赣,深明典奥谶录图纬,能精微天意,传道与京君明,则是纬谶远本于谯氏、京氏也。"(见朱彝尊《曝书亭集》卷六十《说纬》)③又《史记·殷本纪》所载简狄吞燕卵生契事,本于《书纬》。《太史公自序》引孔子曰"我欲载之空言,不如见之行事之深切著明也",《索隐》谓是《春秋纬》文。《诗传》所谓"尊而君之,则称皇天;元气广大,则称昊天;仁覆闵下,则称旻天",本于《书

---

① 左方契：或作"左右契"、"左契"。
② 同其：原作"其同"。
③ 两"氏"字、"朱彝尊"及"《说纬》"七字原无。

纬·帝命验》。《尚书大传》所谓"主春者鸟,①昏中可以种谷,主夏者火,昏中可以种黍",本于《书纬·考灵曜》;"夏以十三月为正,殷以十二月为正,周以十一月为正",本于《乐纬·稽曜嘉》。翼奉所言"诗有五际",本于《诗纬》。《礼记·经解》所引"失之毫厘,差以千里",徐广注谓:"今《易》无此语,《易纬》有之。"《汉书》卷七七《盖宽饶传》引《韩氏易传》言"五帝官天下,三王家天下,家以传子,官以传贤",②因此语而得祸,茅坤谓为迁戆,何孟春注:"今《易传》无此语,或曰《易纬》文也。"扬雄《太玄经》,张观物谓其法本于《易纬·卦气图》。可见此种纬书或者在周末已有,但不知为何人所作。《前汉书》、《洪范孔疏》都说:"纬候之书不知谁作。"③秦汉时目之为卜筮之书,东汉方始盛行,甚至以七纬为内学,五经为外学,贾逵以此论《左氏》,曹褒以此定汉礼,作《大予乐》,何休、郑玄又以此注释经籍,郑玄注《诗、书纬》,宋均注《易纬》。当时经学家这样看重纬书,实为造成汉代迷信的一大原因。

至于谶,则起源甚古,以《隋书·经籍志》考之,有《孔老谶》十二卷,《老子河洛谶》一卷,《尹公谶》四卷,《刘向谶》一卷,《杂谶》二十九卷等,可见图谶之书自古已有。谶者,预知未来之事,如《旧约》中之先知,符谶图谶皆言将来得失之兆,《史记》所谓秦谶于是出矣。《史记·赵世家》扁鹊言秦穆公寤而述上帝之言,公孙支书而藏之。《秦本纪》燕人卢生使入海还,以鬼神事因奏录图书,言"亡秦者胡也","楚虽三户,亡秦必楚"。华阴人言"今年祖龙死"。

---

① 大:原误作"太"。
② "《汉书》卷七七"及"韩氏"七字原无。
③ 《前汉书》无此语。

皆为谶语。这大概是术士的言,或者是古代巫觋的遗风。光武以赤符受命,应"刘秀当为天子"之谶,尤为深信。光武而后,谶纬混合,历代鼎革之时,莫不引谶纬为符瑞。俗儒趋时,尤多推助,言五经者又皆凭之以立说,虽曾有孔安国、毛公、王璜等非议于前,桓谭、张衡、荀悦等反对于后,究不敌帝王的提倡与学者的视为古学。厥后王肃推引古学以难其义,而王弼、杜预反从而明之。直至宋武帝始禁图谶,隋炀帝悉焚其书,其学始绝。胡寅说:

> "谶书原于《易》之推往以知来,周家卜世得三十,卜年得八百,此知来之的也。①《易》道既隐,卜筮者溺于考测,必欲奇中,故分流别派,其说浸广,要之各有以也……术数之学,盖不取也……纬书原本于五经而失之者也,②而尤索于鬼神之理,幽明之故。夫鬼神之理,幽明之故,非知道者不能识。自孟子而后,知道者鲜矣,所以易惑而难解也。"(见《文献通考·经籍考》十五所引)

从此以后,此种迷信,诚有如胡氏所谓"易惑而难解",后世所产生的"推背图"、"烧饼歌",以及种种师巫邪说,都是这一类迷信的遗传,深中于一般社会思想,实属牢不可破。

这种谶纬学的产生,原由于阴阳五行之说牵合而来,阴阳本于《易》,五行本于《书》,在宇宙原理上,初非无哲学上的价值。第自董仲舒著《春秋繁露》而后,便流为神秘的思想,刘歆总群书而为

---

① 之:原误作"知"。
② "本"字原无。

《七略》，乃有特立的术数略，分：天文、历谱、五行、蓍龟、杂占、形法等六种。天文言日月五星二十八宿等事，而纪其吉凶。历谱言关于建正朔、明历数等事。五行言关于阴阳，而论孤虚王相遁甲六壬等事。蓍龟言关于龟卜占筮等事。杂占言关于梦兆变怪等事。形法言关于地势家相吉凶等事。牵引附合，发生种种鬼神迷信。并且由五行之说而生青黄赤白黑五帝之祀，秦襄公以后，历祭白青黄赤四帝，汉高复加黑帝而为五祀。信鬼神，信祯祥，莫不以阴阳五行为根据，与谶纬相表里，所以有汉一代，实开前古未有的迷信。

第三节　厌世思想的发端

一　厌世思想与老庄

什么叫厌世思想？我们在这里先有解释的必要。普通所称为厌世主义（Pessimism），是把现世看做最痛苦最恶劣的境界，生活在这种痛苦的世界之中，觉得毫无价值和意义，发生一种厌恶的思想，希望在痛苦之中别找一快乐的境地，精神上可以得些安慰。像印度的婆罗门教、佛教，德国的叔本华（Schopenhauer）以及中国的老庄屈宋，都是一种厌世思想的表现。

厌世思想不但不是坏的东西，并且是进一层解决人生问题的哲学。所以从哲学方面讲来，老庄学说、印度学说，总比孔孟高深一点，就是为了这个缘故。但是厌世思想怎样产生的呢？那自然要归根到时代与环境的反应，我们不必研究到老庄思想产生的原因，已经有梁任公、胡适之等在他们的作品中说得很多了。现在单从汉代来看一看老庄思想复活的原因。虽然可以提出很多的理由来,但是在这里我们只归纳得两条:(1)是汉代提倡经学的反动,汉代尊经重儒,支离繁杂,使人发生厌倦,想别求一较高深的学说。(2)是时代纷扰的影响,东汉以后,外戚宦官更番弄权,互相摧残,卒酿党锢之祸,生命危险,朝不保暮,加以兵戎迭起,祸乱相寻。有了这两大原因,老庄思想渐受一般人的欢迎,卒造成晋代思想的放任主义。

就老庄思想的本身讲来,虽不能肯定为纯粹的厌世主义,但从老庄的言论所表现的精神,却不能否认为厌世思想的渊源。他们对于现代社会的不满,曾发表很激烈的反抗言论,像老子"绝圣弃智,绝仁弃义"的主张,他见得当时的政治,无非"损不足以奉有余",当时的社会无非饰伪欺诈,已经到了无法补救的时候。庄子尤其厉害,所谓"窃钩者诛,窃国者为诸侯,诸侯之门而仁义存焉",①真是把当时社会的罪恶一语骂尽。他看得人生毫无意义,他说:

"一受其成形,不忘以待尽,与物相刃相靡,其行尽如驰,而莫之能止,不亦悲乎?终身役役,而不见其成功;苶然疲役,而不知其所归:可不哀邪?"(见《庄子·齐物论》)②

他的忘生死、齐物论,比老子尤为消极,看人生的空幻,不过是一个梦境。杨朱、列子都有同样的厌世表现。

---

① "为诸"、"诸"、"而"、"焉"五字原无。
② 苶:或作"茶"。"知"字后之"其"字原无。邪:原作"耶"。

他们认定世界是一个痛苦的世界,而造成世界痛苦的主要原因,不外一个欲字,因为有欲,所以逞智;因为弄智,所以斗巧;一切从斗智斗巧所发生的诈伪和罪恶,无非出发于各图一己的私欲。所以老子主张绝欲去智,复归于朴,庄子主张剖斗折衡。欲根于己,所以又主张无我。老子说:

"何谓贵大患若身?吾所以有大患者,为吾有身;及吾无身,吾有何患?"(见《老子》第十三章)

庄子说:

"生者,假借也,假之而生生者,尘垢也,死生为昼夜。"(见《庄子·至乐》篇)

庄子的忘生死,即老子的无我;无我的理想境界,是一个"老死不相往来"的古代社会,与佛国天堂同一意义。这是从老庄学说本身上看出厌世的思想,当汉末的时代,这种思想便乘机复活起来,使当时的人生观发生绝大的改变。

二 厌世思想与佛教

大乘的佛教虽不尽属出世,但汉代所输入的佛教都是小乘,单讲出世而不讲入世。出世主义原是最初佛教的根本义,为什么要出世?因为世界是一切痛苦的根源,生老病死是人生最显著的痛苦,释迦用长时间的参悟,无非欲超脱这种痛苦。他觉悟到解脱痛苦的方法，第一步入手必须从破除二执，就是我执与法执。因为有执，便生出障来，最大的障就是贪嗔痴三毒，三毒是一切痛苦的原因，有因便有果，所以提出十二因缘及苦集灭道四谛，说明三世因果的道理。集是苦的因，集又根于欲，欲实为一切痛苦之因，故欲解除痛苦，首重克制。克制必须守戒，一切戒律无非是要克制身口意的欲念。能守戒便没有欲念，便是消灭苦因的根本办法，同时方可以进一层得到定与慧的觉悟。这就是佛教离苦得乐的究竟。

　　他们看世界人生，既然有主观的欲念，又有客观的诱惑，所以世间是一个苦海，一切众生都沉沦在这苦海之中。而没有别的方法可以解脱，只有自己觉悟，把一切都看空了，就是所谓"人空观"与"法空观"。人不过是四大和合的因缘关系，世界万事万物都不过是水花泡影、瞬息万变的。无论是身外的富贵荣华，还是自身的躯壳，都不过是昙花一现，如水中波浪、镜中明月，转瞬即灭的，这就是所谓人空观。一切森罗万象，俱非实在，好像海市蜃楼，变幻莫测，不但是空，亦且是假，这便是所谓法空观。人与法既然是这样空假，那末，对于自身的功名事业，对于社会的兴革损益，都不必去十分认真，最好能脱离这种牵掣，只求自身的安闲自在，心境快乐，就是所谓涅槃境界。这种涅槃境界，好像是一个世外桃源，在方寸之间，别有一种无忧无虑的景况，这与道家的理想社会如出一辙的。我们假使研究佛道两家思想上的同异，我们可以决断他们在厌世思想方面是完全一致的，尤其是他们在各方面互相仿效，马端临说过：①

---

① 马端临：原误作"朱熹"。

"仁义礼法者,圣贤之说也,老氏以为不足为,而主于清静;清静无为者,老氏之说也,佛氏以为不足为,而主于寂灭。盖清静者,求以超出乎仁义礼法,而寂灭者,又求以超出乎清静无为者也。然曰寂灭而已,则不足以垂世立教,于是缘业之说,因果之说,六根六尘四大十二缘生之说,层见叠出,宏远微妙;然推其所自,实本老子高虚玄妙之旨。"(见《文献通考·经籍考》五十二)①

从这段话可以见得当时儒释道三家,在学说上互相仿效,互相竞胜,所以一般喜新厌故的人,舍儒而学道,舍道而学佛,从淑世的儒家思想而走入厌世的老佛思想。这是汉末在宗教思想上的一个很显然的变迁。

三 厌世思想与当时文学家

汉代学术以经学为中心,两汉著名的经学家固属不胜枚举,但同时又有一班词赋家,在他们的文学作品中往往带着一些消极的思想。最初如贾谊的自伤,所著《吊屈原赋》《鹏鸟赋》,与屈原之《离骚》有同样的忧思,故司马迁曾以屈贾同传。汉代的辞赋文学,大半受《离骚》的影响,如严忌的《哀时命》,扬雄的《畔牢愁》,都是悯屈原而仿《离骚》之作。此外则冯衍的《显志》,崔篆的《慰志》,又皆怀才不遇而聊以解嘲的作品。司马相如为汉代辞赋家的杰出

---

① 二:原误作"三"。

者,①托神仙以作《大人赋》。张衡为汉代科学家,亦有《四愁》之作。其余辞赋家的作品,颇多藉文章以泄其胸中悲愤,有悲观厌世的倾向。淮南为道家,所著《鸿烈解》,多有言神仙黄白之术,大小山八公之徒尤为淮南思想的灵魂,《原道训》根于《九师说》,中多《老》《易》混合的话,实开晋代侧重《老》《易》之先河。继此而导汉代思想于厌世之境者,厥惟建安七子。建安文学,实总两汉的菁英,开六朝的先路,当时影响最大的,先要推到曹氏父子。以一世之雄的曹操,亦有"对酒当歌,人生几何"之叹。聪颖如曹植,往往借《愁思妇》而发为哀辞。至于七子之伦,大都悲凉哀怨,以写其胸怀,而渐启六朝颓废的思想。其次则为正始中的王弼、何晏,始明倡老庄之学,王弼注《老子》、《周易》,何晏作《道德论》,都足燃老庄学说的死灰。当世竞慕其风,前有四聪八达的同调,后有竹林七贤的扬波,延及六朝,风气为变。之二人者,实为厌世思想的向导,宜乎范宁之责其罪浮桀纣,尝说:

"王、何蔑弃典文,不遵礼度,游辞浮说,波荡后生,饰华言以翳实,骋繁文以惑世。搢绅之徒,翻然改辙;洙泗之风,缅焉将坠。遂令仁义幽沦,儒雅蒙尘,礼坏乐崩,中原倾覆。古之所谓言伪而辩、行僻而坚者,其斯人之徒欤!"(见《晋书》卷七十五《范汪传附子宁传》)②

范氏深恶痛切至此,以为清谈之祸肇自二人,虽或言之过当,

---

① "者"字原无。
② "附子宁传"四字原无。

而王、何二人的倡导《老》《易》，实影响于当时思想的剧变，为不可讳的事实。综汉代文学家的言论，从经术的厌倦与时局的丧乱之中，渐趋向于老佛，而发表为消极厌世的思想，也是时会使然的。

第四章　魏晋南北朝时的宗教思想

第一节　宗教生活概况

一　东汉以后思想转变的原因

从东汉以后，在思想方面有很显然的改变。这种改变的最大表现，就是由极端的尊儒变成为崇拜老佛，造成道佛二教对峙的形势。推厥原因，大旨不外乎三端。

（一）为汉代经学的反动

自汉武帝罢黜百家、尊崇六经以后，综汉一代，前后凡三百五十年间，一般学者莫不以专研经学为务，或发挥其义理，或考核其训诂；末流所及，乃至破碎支离，出奴入主。班固尝举其流弊而言曰："说五字之文，至于二三万言，后进弥以驰逐，故幼童而守一艺，白首而后能言；安其所习，毁所不见，终以自蔽。"（见《汉书·艺文志·六艺序》）①这种情形往往使学者生厌，于是如魏武等的倡导法术，何、王等的大扇玄风，何莫非这种经术研究所激起的反动。

（二）为时局离乱的结果

---

① "幼"字前七字及"终以自蔽"四字原无。

汉末自黄巾叛乱，三国争衡，干戈相寻，性命有如朝露；群雄既自相割据，骨肉且尽成刀俎，加以权奸起伏，倾轧凌夷，先王的礼法不足以防闲，儒家经世主义已无复支持能力；便相率鄙弃儒术，别求安心立命之道。这也是一种自然的趋势。

（三）为老佛学说的影响

自王弼注《老》《易》，开六朝玄学之先，于是一般学者咸以研精《老》《易》为一时风气，以为儒学浅薄，不若老庄，老庄浮诞，不若佛理，于是舍儒学老，舍老学佛，这便成了当时学术思想上的普遍趋势。老佛学说因而大兴，竟夺孔子的地位。

这三点不可谓非当时学术思想转变的重要原因，但把它归纳起来，也可以说半由于喜新厌故，半由于时局纷扰。

二　道佛思想的发展

从上述种种原因所产生的结果，修仙学佛便成为这时代极普遍的趋向。就道教言，从葛洪首倡黄白之术，著《抱朴子》以神其说以后，南齐的顾欢、梁的陶弘景等，①莫不努力于神仙道术的提倡。道武帝崇信斯术，②服食仙药；寇谦之退隐嵩山，献图录之书，太武乃信从其说，为建天师道场，亲受符箓，改元为太平真君。后来有韦文秀、祁纤、绛略、吴劭、阎平仙、鲁祈、王道翼、张远游、赵静通、张宾、卫元嵩等道士出来，③都得当时帝王的宠幸，道教于是乎大盛了。其时不独服食导引、烧丹炼药为一般人士所深信，尤其是《云

---

① 弘：原作"宏"。
② 道武帝即北魏拓跋珪。下文"太武"即北魏太武帝拓跋焘。
③ "仙"字原无。张宾：原作"张宾之"。

中科诚》斋醮科仪的方法,①也普遍于一般社会,大家以为神仙可学、不死有方,信从的人便日愈众多了。

佛教亦然,其旨趣本与道教相符,深投当时人之所好,并且当时僧徒的来自西域的日愈众多,如佛图澄之于后赵,鸠摩罗什之于后秦,菩提达摩之于后魏,以及其他硕学高僧,或译经论,或宏教理,一读《高僧传》所载,大半皆是这时候的人物。同时,也有不少中国僧徒远赴西域,以求梵典。梁任公曾从《高僧传》中搜罗得西游僧人,而撰为《千五百年前之中国留学生》一文,谓自汉末朱士行起至唐贞元间有百零五人之多,佚名者尚八十二人,②这时代的人物占百分之四十有奇。最著名的莫如晋初的法护、后秦的法显,他们皆身历险阻,广求佛法,其影响于中国佛教者实至大。统计当时胡僧来中国的有三千余众,译著经典多至四百余部,建立寺院有三万余所,出家僧尼数达二百万之多,③这时期佛教的发达也就可以想见了。

三 南北朝的风气

东晋以后,中国分裂,遂称为南北朝;南朝宋、齐、梁、陈,北朝则后魏之后,复分东西魏及北齐、北周,是汉以来最纷乱的时代。篡弑逆乱,视为常事,南朝二十四君中,被弑者十一,被废者三;北朝二十六君中,被弑者十五,被废者一。又有十六国之纷扰,始于

---

① 诚:原作"戒"。
② "零"、"尚"及"二"后"人"字原无。
③ 多:原作"谱"。

宋元嘉十六年,历百三十年之久,有五凉、二赵、三秦、四燕与夏、成、汉等国。纷乱情形,可见一斑。不独学术文化大受影响,即宗教风习亦因而变迁。南朝承西晋风气,鄙弃儒术,主张放任,清谈之风犹未尽息;以退隐为务,以旷达为高,流连佛道,不问世务,养成柔靡之民风,无力复偏安之局。北朝来自蒙古,民风强悍,不脱游牧之习;对于南方风气甚表不满,虽亦崇信佛教,却拒斥老庄的浮诞,反而尊重儒术,广兴大学;刘渊父子的好学经史,刘曜、苻坚的振兴学校,①后魏孝文的精通文艺,儒术因以大兴;彬彬文学之盛,反较南朝为优,遂使重道重儒的南北风气,似显然中分鸿沟。综此二百余年间,趋向各别;即就人材而论,自西晋以来,在南方儒学衰微,研究经术者,除杜预、范宁而外,王弼虽曾注《易》,却与老学混合;齐之王俭,梁之皇侃,为当时仅有之经学家。而北朝则后魏之徐遵明兼通诸经,卢景裕、李周仁、李铉等皆通经术,尤以李铉等为北齐所重。其弟子熊安仁为北齐博士,刘炫、刘焯俱博学而富著述。同时南朝之文学家,如谢灵运、颜延年、张融、徐陵、沈约、庾信之徒,无不耽好内典,梁世诸帝尤多皈依浮屠,罗什及沙门之译著经论,一读《弘明集》,知佛典的发扬反驾儒术而上。不若北朝诸帝中的雅好经史者不一其人,如刘渊之师事崔游,勤习五经,其子刘和、刘宣师事孙炎,经史百家无所不通。刘聪亦从学崔岳,立太学于长乐宫,立小学于未央宫,选民间俊秀,教以经术。苻坚虽为氐人,幼好学儒,用王猛辅政,一月三临太学,奖励周孔微言。慕容皝立东庠于旧宫,亲自临考。他如姚兴与范勖、姜龛讲究经籍,②姚

---

① 苻:原误作"符"。
② 勖:原作"勗"。

泓、沮渠蒙逊等无不好研经史。后魏如道武设太学,置五经博士,献文建乡学,孝文修国子大学四门小学,造明堂辟雍,奖励经术。此皆北方重儒的大概情形,宜乎南北风气的截然各别。惟佛教信仰,南北皆极兴盛,在宗教生活方面受佛教影响,尤为中国历史上不可讳言的事。

第二节　魏晋的人生观

一　清谈派的影响

研究当时的人生观,清谈派足以为代表,清谈之风何自生？由于汉末人的过重名节,弊乃至于狷介偏固,不愿为礼仪法度所拘束。降及魏晋,遂生反响。加以政权时移,佛说东渐,一时士夫托名风流,不预世务；既求避祸,复贱礼法；开其端者,厥推王、何,他们祖述老庄,主张虚无,谓天地万物以无为本。阮籍继之,作《大人先生传》,以为世之礼法君子如虱之处裤。慕其风者,有王衍、乐广,后进遂以老庄为宗,贱黜六经,以言礼言治者为俗吏迂儒。载酒邀游,放谈玄妙,则所谓竹林七贤者是其代表,嵇康、阮籍尤为领袖。七贤之外,王澄、阮修、毕卓、谢鲲,皆以放任为达,甚至醉裸通衢,盗酒被执,"苟全性命于乱世,不求闻达于诸侯",在这些人原是一时不得已的办法,但因此而造成一代风气,影响到社会国家非常之大,几使上自王公,下至士庶,莫不趋向到消极厌世的境界,不能不说是清谈派始作之俑。

这种消极的人生观,大概含着两种质素:一根于老庄的学说,一原于浮屠的旨趣。当时学者莫不出入老佛,麈尾念珠,同普遍于士夫手中。《陈书·马枢传》载邵陵王萧纶亲讲《大品经》,①复命马枢讲《维摩》、《老子》、《周易》,道俗听者达二千人,可见南朝风尚犹不脱清谈遗风。自宋至陈,虽朝代数迁,而信老信佛,继续不替。老佛既混合为一,而老佛思想结成为一种逍遥闲适、清静无为的人生观。晋祚的不永,时局的纷乱,清谈派实不能辞其咎。其流风所及,历隋唐而未已,助长佛焰,潜力尤大。故在宗教思想史上,清谈之风实为儒佛的一大过渡时期。

二 纵乐人生的倾向

纵乐人生,也是厌世思想的一种表现;他们看时世既不可为,便抱着"遇饮酒时须饮酒,得高歌处且高歌"的态度,以为人生至暂,行乐必须及时,像《列子·杨朱》篇所记:

"百年,寿之大齐,得百年者千无一焉。设有一者,孩抱以逮昏老,②几居其半矣;夜眠之所弭,昼觉之所遗,又几居其半矣;痛疾、哀苦、亡失、忧惧,又几居其半矣。量十数年之中,逌然而自得,③亡介焉之虑者,亦亡一时之中尔,则人之生也奚为哉?奚乐哉?"

《列子》这本书,大概都以为是这时代的伪作,所以它里面所表

---

① 陈书·马枢传:原作"梁书"。"萧"字原无。
② 抱:原作"提"。
③ 逌:原作"迥"。

现的思想,也可以作为这时代的代表。从上面这段话里,看见当时的人,对于人生既然这样的悲观,便不能不要想出一种解决的方法来,但是他们的解决方法怎样？只有：

> "恣耳之所欲听,恣目之所欲视,恣鼻之所欲向,恣口之所欲言,恣体之所欲安,恣意之所欲行。"(同上)

专图目前的快乐,求解脱人生的痛苦。且再看《杨朱》篇里记载着公孙朝弟兄的故事：一个是好酒,一个是好色,都可以作为极端的纵乐主义的代表。以为惟能这样纵乐,方能算得全性保真的自然人,否则受礼法的束缚,受仁义的桎梏,人生还有什么快乐可说呢？那时的人生多数有这样的倾向,像刘伶、毕卓之徒,嗜酒如命,以及竹林七贤等的淫逸放达,莫不出发于纵乐的思想。因为他们既感到现世的人生只有痛苦,没有快乐;欲求快乐,只有忘记痛苦的一法。酒是麻醉神经的,所以具这种思想的人莫不嗜酒。这种人生观,直流到唐宋的诗人之中。同时,也想从积极方面去寻找一种快乐的方法,于是道佛的思想便为他们所欢迎。所谓蓬莱仙境,所谓净土乐国,予悲观主义者以新的希望;所以这种悲观厌世的纵乐主义,也做了道佛宗教发皇的媒介。这种思想虽不能算是一种宗教思想,但却可以说是厌世的宗教思想侵入的导线。

第三节　佛教的特兴①

一　佛徒的翻译事业

佛教既来自印度，则所有著作自是多出于翻译。翻译极盛的时代，在自东汉至中唐约七百年间（本章述及佛教各节，以事实上之不可分，往往涉及唐代，希读者注意）。据唐僧智昇撰《开元释教录》记：译人一七六，译经二一七八部，②七〇四六卷。元僧庆吉祥等撰《法宝勘同总录》，总括至元以前所译诸经典，有译人一九六。最近梁启超著《佛典之翻译》，③分之为三时期：自东汉至西晋，约二五〇年间为第一期；自东晋至隋，约二七〇年间为第二期；自唐贞观至贞元，约一六〇年间为第三期。

关于第一期的译务，前文已略说及，相传《四十二章经》为摄摩腾、竺法兰所译，为翻译佛经之始，但文体摹仿《老子》，道安所辑《经录》没有它的名，所以梁启超疑其为魏晋以后的东西。除此以外，东汉译经大师，要推安清与支谶二人，据慧皎《高僧传》说④："清本安息国太子，出家遍历诸国，汉桓帝时到中国来，二十余年计

---

① 教：原作"徒"。
② 六：原作"八"。二一：原作"二二"。
③ "等"字原无。之：原作"的"。
④ 慧：原作"惠"。

译《安般守意经》等三十九部。"道安尝曰："惟清所出，为群译首。"①谶于灵帝时译出《般若道行》、《般舟三昧》、《首楞严》等三部，有华人孟福、张莲为之笔受；道安谓《大阿阇王》、《宝积》等经似亦出其手笔。梁僧祐撰《三藏集记》谓：②安译计三十四部，支译十四部。隋费长房撰《历代三宝记》谓：安译有百七十六部，支译有二十一部之多。数目竟不同如此。但安译多属小乘，出于《四阿含》中者居多。支译则半属大乘，《华严》、《般若》、《宝积》、《涅槃》皆抽译。

支谶有弟子曰支亮，支亮有弟子曰支谦，后世称为三支。支谦为月支人，生长中国。其父于灵帝时来中国，同来的有六百余人，皆归化中国。谦既生于中国，兼通六国语言，献帝时避乱入吴，孙权拜为博士，在江左翻译经典，除译出《维摩》、《大般泥洹》、《法句》、《阿弥陀》等经外，又注《了本生死经》，可为中国注经的起原。《高僧传》谓其译经四十九种，僧祐谓有三十七种，费长房谓有百二十九种，都属小乘经。

同时有首赴西域的朱士行，曾在于阗国求得梵本，由竺叔兰等译出，曰《放光般若经》，计二十卷，惟僧祐则云是三十卷。同时，又有支疆梁接译出《法华三昧经》六卷，为《法华》输入之始。晋武帝时有竺法护，一名昙摩罗刹，月支人，世居敦煌，故称为敦煌人，通三十六国语言文字，于西元二六五年西游求经，计二十六年始返，

---

① 道安：原作"安道"。"惟清所出，为群译首"在《出三藏·记集》卷十三《安世高传》作"惟世高出经，为群译首"，《高僧传》作"唯高所出，群译之首"，二者皆在此句下紧承"安公以为'若及面禀，不异见圣'"一句，使人容易误以为前面一句也是安公（道安）所言。

② 祐：原作"佑"。他处径改。三藏集记：通作"出三藏记集"。

得梵经一五六部,《高僧传》谓其自西域归,大赍梵经,沿路传译,写为晋文。回中国后,又得聂承远、聂道真父子襄助,共译出大小乘经一五四部,传称其终身写译,可谓第一期中译著最勤的人,而且能直接自译的。

至于第二期中最能弘扬佛教的,首推道安。他虽不通梵文,但于译务上却有极大贡献。其所辑《经录》,为佛典谱录的起原,以后一切经录,都由此演出。所著《五失本三不易论》,讨论翻译文体,极为谨严。何谓五失本?一、句法倒藏,二、好用文言,三、删去反覆咏叹之语,四、删去一段落中解释之语,五、删后段覆牒前段之语。何谓三不易?一、既须求真,又须喻俗;二、佛智悬隔,契合实难;三、去古人久远,无从博证。他又尝品骘译本,注重直译,其弟子中襄译之人都得其指导。首创念佛宗的慧远,乃其弟子之一,虽亦未尝自译,但曾遣其弟子法领西求得《华严》;又尝在庐山设般若台译场,指导监督完成两《阿含》及《阿毗昙》,实有大功;鸠摩罗什亦尝与之讨论翻译义例。

贡献最大的,任何人都能知道是鸠摩罗什了。他本来是龟兹国人,在《高僧传》中记载他的历史很详。初得道安的介绍,苻坚极欲招致之,乃命吕光率兵七万征龟兹,而得鸠摩罗什以归;甫抵凉州,闻苻坚已经败亡,罗什便为后秦姚兴所得,礼之为国师,设立译场于长安逍遥园中。当时襄理译务的人,有僧叡、僧肇、法钦等八百余人之多。这是国立大规模译场的起头。综其生平,共译出经论有九十四部,四百二十五卷之多,属于经部的有:华严部《十住经》四卷,是与耶舍同译的,宝积部三种,方等部七种十八卷,般若部四种四十三卷,法华部二种八卷;属于论部的有:大乘论九种百六十三卷,小乘论二十卷;属于律部的有:三种七十九卷;尚有若干未列入典录的译品。这真可算得翻译事业上的第一人了。

苻秦时先罗什而来的,有僧伽跋澄、昙摩难提、僧伽提婆,①合译《增一阿含》五十卷,《中阿含》六十卷,以及《鞞婆沙论》、《阿毗昙论》等,小乘教义几已译尽;昙摩耶舍,亦称为前耶舍者,也参与其中。与罗什同时的,则有后耶舍,名叫佛陀耶舍,曾与罗什合译《十住经》(也叫《十地论》)并《十诵律》;又与竺佛念合译《四分律藏》四十卷,此书为小乘律中最完备之书;又独译《长阿含经》二十二卷及《虚空藏菩萨经》,亦为当时译务上的健将。至于竺佛念,本为凉州人,幼治小学,精通训诂,兼通梵语,所以在当时的翻译家中,除了罗什以外,没有一个不得他的帮助的;因为像跋澄、耶舍那些人,都是不通华语的。他自己也译了不少的东西,如《十住断结经》、《菩萨璎珞经》、《摩诃般若钞经》、《菩萨处胎经》、《中阴经》、《璎珞本业经》、《戒因缘经》等。当时在译务上襄理的华人,除后汉有张莲、孟福、严佛调、支曜、康巨、康孟祥等外,在这时候有聂承远父子、陈士伦、孙伯虎、虞世雅等人,竺佛念也是其中的一个。

与罗什齐名的,要算佛驮跋陀罗这个人,他的中国译名叫觉贤,是迦维罗卫人,与释迦同祖。当时智严、宝云二人,曾跟法显西游,宝云到了于阗天竺以后,就先自归来了;智严独从觉贤受禅法,宋武帝邀之东来,后智严又赴天竺,卒于罽宾。觉贤初来中国的时候,曾与罗什会晤,同理译务,后因细故,为罗什弟子所摈弃,遂离罗什南下,关中诸僧邀之北返,不果,慧远亦驰书劝解。法领从于阗所得《华严》,法显从印度所得《僧祇律》,都经其手译出。综其所译凡十五部一百十七卷,其中最大的,则有晋译本《大方广佛华

---

① 僧伽提婆:原作"佛伽提婆"。

严经》六十卷、《观佛三昧海经》、《观无量寿经》等。此外尚有一译务上的伟人,名叫昙无谶,是中天竺人,起初学习小乘,深明印度五明之学,后来学习大乘,在北凉沮渠蒙逊的时候来华,曾经携来《涅槃经》。那时智猛也从天竺带来了《涅槃经》,不过仅前分二十卷,惟昙无谶所携的乃前后分四十卷,便译成华文。又译《大方等大集经》、《金光明经》、《悲华经》、《楞伽经》、①《菩萨地持经》,②以及《优婆塞戒》、《菩萨戒》等律本,在译务上的成绩亦很可观。综当时译务上的人材,罗什、觉贤、昙无谶,③可称为六朝时的三大哲。

总上所译,已占佛经的大部分,《四阿含》、《华严》、《法华》、《涅槃》,皆全译出;《大集》、《宝积》也译出半数;《般若》小品大品,单行大乘经数十部;戒律、大小乘论,也译出不少,可以想见其盛了。此后又有求那跋陀罗的译《楞伽》、《杂阿含》、《阿毗昙论》等;菩提流支再译《楞伽》,④及《解深密》、《思益梵天》等经,⑤及《十地论》等;勒那摩提译《宝性论》;佛陀扇多译《宝积》诸品及《摄大乘论》;拘那罗陀,即真谛,译《大乘起信论》、《摄大乘论》、《决定藏论》、《中边分别论》、《大乘唯识论》、《大宗地玄文本论》、⑥《俱舍

---

① 伽:原作"迦"。
② 持:原误作"位"。
③ 谶:原误作"忏"。
④ 菩提流支:原误作"菩提支流"。他处径改。
⑤ "《解深密》"当作"《深密解脱经》"(其同本异译《解深密经》为玄奘所译),"《思益梵天》"当作"《胜思惟梵天所问经》"(其同本异译《思益梵天所问经》为鸠摩罗什所译)。王先生此处可能由于信从梁启超《佛典之翻译》一文而出错。见梁启超:《佛学研究十八篇》,上海古籍出版社2001年版,第221页。梁先生此文收入上海商务印书馆1923年出版的《梁任公近著》第一辑中卷。
⑥ "本"字原无。

释论》等,为罗什后译述最多的人。般若流支译《唯识论》、《顺中论》;①以及那连提耶舍、阇那崛多、达摩笈多、波罗颇迦罗这些人,②所译虽不少,然皆属于论部,惟真谛所译《起信论》、《唯识论》,却为大乘法相输入的关键,关系非常之大,所以人都称他为小玄奘。

从此以后,则入于第三期了,这期中的巨擘,要算玄奘,在这里暂不叙述,留在下文再说罢!

二 帝王的信佛

佛教自东汉输入中国,明帝为建白马寺于京城,同时明帝之弟楚王刘英极信仰之,③《后汉书·楚王英传》记之甚详,有:"尚浮屠之仁慈……还赎以助伊蒲塞桑门之盛馔"等语。梁启超谓其信奉佛教,乃受地域的影响。其次如汉桓帝建祠宫中,吴大帝孙权欢迎康僧会,皆汉代三国帝王中信仰佛教之证。④ 到了晋朝,后赵石勒、石虎的敬礼佛图澄,起佛寺至八百九十余所;甚至当时的国人,相戒不生恶念,以"大和尚知汝"为戒,其感化力的伟大至此(见《高僧传·佛图澄传》)。其弟子道安与习凿齿为友,同归苻坚,坚喜曰:"朕以十万师取襄阳,所得唯一人半,安公一人,习凿齿半人。"其重视道安又至此。后凉后秦的优待鸠摩罗什,居之于逍遥园,待之以国师礼,皆足影响到当时的社会。

---

① 般若流支:原误作"般若支流"。他处径改。
② 迦:原作"伽"。
③ 刘英:原作"英"。
④ "孙权"及"三国"四字原无。

南朝的帝王中,①几无一不信佛教。宋之文帝,曾任慧琳参与朝政,②时人称他为黑衣宰相;又迎求那跋摩于天竺,命居祇洹寺讲《法华经》,帝率群臣亲临听讲;复设戒坛于南林寺,授僧尼戒律。孝武帝优容昙标,齐高帝听僧远讲《维摩经》于庄严寺,又任沙门法献、法畅参知政事,时人称为黑衣二杰。梁武帝信佛尤笃,初奉道教,继乃舍道奉佛,曾率道俗二万人,于天监三年举行舍道信佛大典礼;时光宅寺法云,开善寺智藏,庄严寺僧旻,称为三大法师,帝皆笃信而尊崇之;又亲自受戒于慧约,③建戒坛于禁中,受戒者有四万八千人之多;亲听僧旻讲《胜鬘经》,且自注《大品般若》;迎达摩于广州,为之撰文立碑;迎真谛于南海,令翻译经典;曾经三幸同泰寺舍身,设盂兰盆会;及至侯景兵临城下,饿死台城,犹荷荷念佛。④陈宣帝崇信智颉,听经于太极殿。智颉后为晋王杨广招至扬州,⑤创立天台宗派。至于北朝诸帝中,亦多信佛,北凉沮渠蒙逊迎昙无谶于天竺,令译《涅槃经》。后魏孝文帝竟至七次下敕,振兴佛教。宣武帝精通教理,亲讲《维摩》;且迎菩提流支,从事译务;国内寺院多至万三千余所,僧侣至二百万人,西域沙门有三千之多,可谓北朝佛教最盛的时候。

从此以后,历隋唐而至清,帝王信佛非常之多,佛教在中国兴

---

① 南朝:原作"南北朝",据上下文及史实改。
② 慧:原作"惠"。他处径改。
③ 同上。
④ 说梁武帝饿死,主要源于力主辟佛的韩愈。此说尚可商榷,明代高僧株宏《正讹集·梁武帝》指出:"'饿死'二字,乃嫉佛者过为之辞,欲藉以阻人之进耳。"另外应该提到,梁武帝极力推行素食,严禁出家人饮酒食肉,并以身作则,严格持戒;敕令大量编译佛典,制定和推广忏法,创设水陆法会,给后世丛林以深远影响。
⑤ 杨广:原作"广"。

盛之故,大半因此。下文当再详说。

三　佛道的混合

晋代之初,研究道家学说者,群以注老庄之书为务,如孙登、王弼等的注《老子》、向秀、郭象等的注《庄子》,皆足以觇当时的学风。南北朝时,道教渐形成为具体的宗教,设坛场,授符箓,营斋醮,哲学的道家,至是完全成为宗教了,但皆从摹仿佛教而来,马端临说①:"理致之见于经典者,释氏为优,道家强欲效之,则只见其敷浅无味;祈祷之具于科教者,道家为优,释氏强欲效之,则只见其荒诞不切矣。"(见《文献通考·经籍考》五十二)释道两家的互相摹仿,固为不可掩饰的事实,所以自晋代以后,两教在思想上、仪式上,都有渐趋于混同之势。它们在思想上既同属于厌世,在仪式上又复有经典科教的办法,黄冠缁流无非一邱之貉,于是乎道佛本一、三教同源的说素,也渐渐地产生了。我们若从当时道教所发生的派别,与佛教的派别互为比较,也可以见得在思想上的相同。

(一)虚无派,根据老子无名无为的学理,以为天地万物莫不以无为本,所以王弼注《老子》,有"道以无形无名,始成万物"的话。这与佛教中以无为主的成实宗没有两样。

(二)崇有派,与虚无派立在相反的地位,裴𬱟所著《崇有论》以为,老子之有生于无,虽以无为辞,而旨在全有,力辟当时虚无派的谬误。与佛教中一切有部的俱舍宗相同。

(三)神仙派,《抱朴子》是这一派的代表,以玄为天地宇宙的本

---

① 马端临:原误作"朱熹"。

体,合乎玄道的便可以成神仙。《畅玄》篇中说:"玄者,自然之始祖,而万殊之大宗也……胞胎元一,范铸两仪,吐纳大始,鼓冶亿类。"此殆以老子"玄之又玄,众妙之门"的话做根据,与佛教认真如为不生不灭的宇宙本体,一样是大乘教的思想了。

(四)无君派,《抱朴子·诘鲍》篇载抱朴子与鲍敬言讨论无君问题,说甚长,抱朴子说:"鲍生好老庄之言,以为古者无君,胜于今世……夫强者凌弱,则弱者服之矣;智者诈愚,则愚者事之矣;服之,故君臣之道起焉;事之,故力寡之民制焉。"此种主张,似今之无政府主义;但是他们的主张废君,却不是为了伸张民权,乃是觉得人君易于作恶,这与佛教敝屣尊荣,认富贵为罪恶之源一样观念。

可以提出来比较的问题很多,现在不必再举,已经可以证明佛道思想的融通,又加以仪制的互相取法,自然渐趋一致了。周颙与张融讨论这个问题,曾经著通源之论,①言释道本无二致,尝喻之曰:"昔有鸿飞天……越人以为凫,楚人以为乙,人自楚越耳,鸿常一鸿乎。"②周颙就张融"致本则同"之义,③说道:道之虚无,与佛之法性,本末无二,道之虚无为形式,佛之虚无为法性④(见《弘明集》卷六)。故顾欢《夷夏论》中说:"佛即道也,道即佛也……泥洹仙化,各是一术,⑤佛号正真,道称正一,一归无死,真会无生,⑥在名

---

① 该句当作"张融曾著《门论》"。
② "天"字前原有"於"字。凫:或作"乙",原作"丿乙"(合为一字)。耳:原作"而已"。乎:原作"也"。
③ 周颙就张融:原作"又尝推论"。
④ 此句为意引,不尽合原意。周颙原话作"言道家者,岂不以二篇为主;言佛教者,亦应以般若为宗。二篇所贵,义极虚无;般若所观,照穷法性。虚无法性,其寂虽同;住寂之方,其旨则别。"
⑤ 泥洹:原作"涅槃"。化:原作"花"。各是:原作"是亦"。
⑥ 号:原作"说"。死:原作"始"。两"无"字前原皆有"於"字。

则反,在实则合。"同时有明僧绍、谢镇之、朱昭之、朱广之、释慧通、释僧愍等与之辩驳(见《弘明集》卷六卷七)。① 这都是认佛道思想一致的论调。至于建寺观,塑神像,礼经忏,虔礼拜,在种种仪式和制度上又复相同,故中国民众对于二教的观念和信仰,初无何等轩轾。

四 佛道的争端

佛道两教,思想仪式既趋一致,何以复发生争端?这种争端并不是由于两教本身而起,乃是一般有权势的人借此以行使他的权威。佛教所遭遇的"三武一宗"之厄,在佛教则张大其辞,自召其祸,如《佛道论衡》所记斗法等事,与《弘明集》所搜集的论文,②类皆抑彼扬此,足以激起道教的反感;在道教则利用帝王权威,表显其嫉妒的摧残。因此,道佛两教,便发生了纷争,③兹仅就三武一宗的历史事实略为说明:

1. 在后魏太武帝时,他是一个崇信道教的人,曾经自号为太平真君;道士寇谦之与其宰相崔浩,逢迎帝意,劝灭佛教。适于一佛寺中发见妇人及武器,便据为理由,以兴大狱,奏毁天下佛寺。帝遂敕令臣下,坑杀僧尼,破毁经像寺塔。虽有太子百般谏阻,终不见听,幸太子遣使泄其谋于僧众,令亟避免;但庙宇佛像,已毁坏无遗了。这是第一次道教得势佛教遭殃的事。

---

① "谢镇之"前三字及后十三字原无。
② 弘:原作"宏"。
③ 纷:原作"分"。

2. 北周武帝,①听信道士张宾的话,②欲废佛寺,乃于建德三年邀集百官,令沙门与道士辩论,沙门智炫等竭力抗辩,③帝虽偏袒道教,亦不能屈,于是连道教一并废毁。寺观庙宇悉改为王公邸宅,僧侣道士悉充军民,北地的佛道宗教,一时销声匿迹。这是第二次从佛道争衡而至于两败俱伤的事。

3. 为此后之唐武宗时,他也是尊信道教的,曾经师事道士赵归真,请除灭道教以外的宗教;同时罗浮山道士邓元超,④衡山道士刘元靖,⑤也有同样的奏请,宰相李德裕等也都赞同,于是在会昌五年,有毁废各教的事。其时佛寺被破坏的有四万余所,还俗僧尼有二十六万多人;钟盘铜像,毁以铸钱,铁像改铸农具,其余金银佛像悉纳于官。同时遭厄的又有景教、祆教、摩尼教等。这是第三次道教得势各教失败的事。

4. 为五代时的后周世宗,他也有毁佛寺三万余所与佛像铸钱的事。虽不是起源于道教,但佛教亦受极大的打击。这是第四次佛教遭厄的事。

综上看来,佛道两教的互相水火,大多发动于道教的嫉妒;但是佛教虽屡遭摧残,不久仍恢复旧观,流传不断。在一般社会人士看来,这种争端是两教的自身问题,与民间的宗教信仰绝不发生任何影响,而且因佛教频受摧毁之故,民间的拥护佛教反更出力。因为中国国民的宗教容纳性,不但认佛道二教可以并行不悖,即任何

---

① 北周武帝:原作"在北周武帝时"。
② 张宾:原作"张宾之"。
③ 智:原作"知"。
④ 超:或作"起"。
⑤ 元:或作"玄"。靖:或作"清"。

其他宗教,亦很容受不拒的。

第四节　佛教思想的影响

一　灵魂存灭的讨论

这个问题的发端,是从梁范缜所著《神灭论》起头的。他看见当时佛教传布的兴盛,认为于国家社会有很大的害处,所以想从根本上推翻佛教。在他所著的三十一条问答之中,曾经自述他的理由,说道：

"浮屠害政,桑门蠹俗,风惊雾起,驰荡不休。吾哀其弊,思拯其溺。夫竭财以趣僧,破产以趋佛,而不恤亲戚、不怜穷匮者,何邪？① 良由厚我之情深,济物之意浅。是以圭撮涉于贫友,吝情动于颜色；千钟委于富僧,欢怀畅于容发。岂不以僧有多稌之期,友无遗秉之报,务施不关周给,立德必于在己；又惑以茫昧之言,②惧以阿鼻之苦,诱以虚诞之辞,欣以兜率之乐。故舍逢掖,袭横衣,废俎豆,列瓶钵,家家弃其亲爱,人人绝其嗣续；至使兵挫于行间,吏空于官府,粟罄于惰游,货殚于土木,所以奸宄弗胜,③颂声尚拥,惟此之故也,其流莫已,其病无垠。若知陶甄禀于自然,森罗均于独化,忽焉自有,怳尔而

---

① 邪：原作"耶"。
② 以：原作"於"。
③ 弗：原作"佛"。

无,来也不御,去也不追,乘夫天理,各安其性,小人甘其垄亩,君子保其恬素。耕而食,食不可穷也;蚕以衣,衣不可尽也;下有余以奉其上,上无为以待其下;可以全生,可以养亲,可以为己,可以为人,可以匡国,可以霸君,用此道也。"(见《弘明集》卷九)

他的反佛理由,在这一段话里已叙述得很详尽。后世如傅奕、韩愈等反佛文章,①亦不过拾其余唾而已。从他这篇洋洋大作发表以后,一时信佛的人便起了极大的恐慌;梁武帝竟诏敕臣下著论辩驳,当时显宦名士高僧,著文辩驳者有六十三人之多,搆成一回极大的笔战。其妹婿萧琛也曾加入辩驳,②曹思文最为努力,有《重难神灭论》之作,范缜皆一一加以还驳,针锋相对,可说是宗教史上的奇观,我们可以从《弘明集》中看见两方面的论调。

现在我们把他三十一条问答总括起来,大概可以看出他的意见。

1. 他以为形与神(即肉体与灵魂)是一个东西,所以说"形存则神存,形谢则神灭"。

2. 他用许多比喻来证明他的论据,他以为神与形,犹利之于刃,舍刃即无利,又如木之与质,人生如木之有质,岂有异木之知。③

3. 他辩驳知虑是神的话,以为知虑是心器所主,心器为五脏之

---

① 傅奕:原误作"傅弈"。他处径改。
② "其"指范缜。
③ "又如"后之概括不尽符合原意。范缜原话作"今人之质,质有知也;木之质,质无知也。人之质非木质也,木之质非人质也,安在有如木之质而复有异木之知哉?"

一,是亦神即形之证。

4. 他又辩驳人死为鬼的话,以为皆属妖妄,大凡历史冤鬼索命等事皆不足信,人灭为鬼,鬼灭为人,决无此理。

5. 他又以为古人为宗庙祭祀,乃圣人从孝子之心所以设教,并不是真有鬼。

这些是三十一条中的大概意见,而辩驳他的文章中,也不外根据这几点,这里无庸琐说了,参阅《弘明集》便可以明白。现在我们可以把关于这个问题的意见,从古代至今的学者中略略提及。

历史上态度最明了而承认灵魂不灭的,首先要算墨子,他在《明鬼》篇里举出许多冤鬼索命的事,证明鬼神的存在,人身虽死,灵魂不灭。其次如道家的老子说:"以道莅天下,①其鬼不神,非其鬼不神,其神亦不伤人"(见《老子》第六十章),似乎也是承认有神的。列子、庄子分精神骨骸为二,如曰:"精神者天之分,骨骸者地之分……精神入其门,骨骸反其根。"又说:"死于是者,安知不生于彼。"(见《列子·天瑞》篇)这是明明承认神不灭的。庄子尝以薪火来比喻形神,如曰"指穷于取薪,火传也,不知其尽也",陆树芝以薪比肉体,以火比精神(见《庄子雪·养生主》篇)。文子更有"形有靡而神不化"的话。足以证道家思想也是信神不灭的。孔子虽没明白地说过,②但"祭神如神在",似承认神不灭的。惟荀子则不然,他说:"君子以为文,百姓以为神。"(见《荀子·天论》)③他不承认鬼神的存在。汉的王充与荀子意见相同,他说:"人之死,犹火之灭也,火灭而耀不照……火灭光消而烛在,人死精亡而形存;谓人

---

① 莅:原作"菬"。
② 没:原作"不"。
③ "见"字前原有"注"字。

死有知,是谓火灭复有火也。"(见《论衡》下《论死》篇)他又以水凝为冰,比喻形神的关系。范缜的意见,实渊源于荀子、王充,说理尤复相同。

同时,在晋初讨论这问题的,先有慧远的《形尽神不灭论》,郑道子的《神不灭论》;他们都以佛教立场,以薪火为喻。慧远说:"火之传于薪,犹神之传于形……惑者见形朽于一生,便以谓神情俱丧,犹睹火穷于一木,谓终期都尽耳。"(见《弘明集》卷五)这是解答当时的一种问难。郑道子之作也是答客难的,共五条,其大意:"形与气息俱运,神与妙觉同流……各有所本,相率为用。"他又以为"因薪则有火,火本自在,因薪为用",这与桓谭所说"精神居形体,犹火之然烛"同一意义。凡此皆先范缜而讨论形神的关系。同时,在范缜、萧、曹的讨论之外,还有沈约的几篇著作——《形神论》、《神不灭论》、《难范缜神灭论》,①与萧、曹、慧远等有同等的价值(上皆见《弘明集》卷五卷十)。

二 三教同源说

自康僧会初至江南时,阚泽便有答吴主三教对比之问说:"孔老二教,法天制用,不敢违天;诸佛设教,天法奉行,不敢违佛。"牟子作《理惑论》,论儒佛思想之一致;道安以《老子》语解《般若经》。这些可以说是三教一致的最初意见。晋初老佛思想既趋一致,但多有怀疑于儒佛的不同,于是有孙绰倡儒佛一致论,②他所著的《喻

---

① 此处原有破折号。他处径删。
② "倡"字前原有"首"字。

道论》则说:"周孔即佛,佛即周孔,盖外内名之耳①……佛者梵语,晋训觉也;觉之为义,悟物之谓,犹孟轲以圣人为先觉,②其旨一也。周孔救极弊,佛教明其本耳,共为首尾,③其致不殊。故逆寻者,每见其二;顺通者,无往不一共。"④(见《弘明集》卷三)

继之者则有张融,他与道士陆修静为友,自称为天下之逸民,临终左手执《孝经》、《老子》,右手执《小品》、《法华经》,以表明其三教同重的思想。同时周颙尝与之讨论释道,张融所著《少子》五卷虽已失传,⑤但在《弘明集》中尚可以见他们互相问答的话(见《弘明集》卷六)。张融曰:"道也与佛,逗极无二,⑥寂然不动,致本则同;感而遂通,达迹成异",世人不悟其同,故设鸿釚之喻,⑦以明同者其本,异者其末,故其结论则曰:"道同器殊。"就是说:在形而上方面的道,本来是一;惟在形而下的器方面,方有释教道教之分;不但佛道本于一源,即一切圣人的道,都是没有分别的,所以说"百圣同投,本末无二",竟承认万教一致的。顾欢亦有同样的论调,所著《夷夏论》有"释道二教,在形而上之道则同,在形而下之器则异,故不可以道之相同,而器亦云一致。理之相若,俗亦尽然,佛教向西夷而发,道则向中夏而生"等语,⑧且曰:"道即佛,佛即道,在名

---

① 论:原作"篇"。外内名之:原作"内外名之异"。
② 佛者梵语,晋训觉也,觉之为义,悟物之谓,犹孟轲:原作"佛梵讲也,晋时训为觉,觉,悟也,孟轲"。
③ 周孔救极弊,佛教明其本耳,共为首尾:原作"周孔匡救时弊,佛教唯明其本,为其首尾"。
④ 逆寻:原作"寻於逆"。顺通:原作"通於顺"。
⑤ "张融"二字原无。
⑥ 张融:原作"其"。道也与佛,逗极无二:原作"道与佛无二"。
⑦ 釚:或作"乙",原作"丿乙"(合为一字)。
⑧ 此段话为意引,不尽合原意。

则反,在实则合。"又以舟车行远为喻,以为行水行陆虽不同,而致远则一。这些都是六朝时三教同源的意见,这种意见影响于后世亦非常之大。隋之王通,虽为纯粹的儒家,但却本修齐治平之道,观察三教的利害,说道:

> "诗书盛而秦世灭,非仲尼之罪也;虚玄长而晋室乱,非老庄之罪也;斋戒修而梁国亡,非释迦之罪也。《易》不云乎?'苟非其人,道不虚行'……或问佛?子曰:'圣人也。'曰:'其教何如?''西方之教也。'"(见《文中子·周公》篇)

他以仲尼、老庄、释迦并列,认三教同一,无异南北朝时的论调。唐初虽有道释争次之事,但是从武则天明定位次以后,①德宗则开三教讲论,宣宗以后,每逢皇帝诞辰,必行三教谈论。韩愈虽辟释老,谓李翱《复性书》参杂释老,②但他自己所著《原性》,以子思孟子为骨干,实以释老为枝叶,尝说"彼等以事解,我以心通",③实已非儒教的本来面目,而含有释老的意味,实足以开理学的先河。宋代理学,虽明言反对佛老,而其思想实已充满佛老质素。僧如契嵩,尤力求儒佛调和,所著《辅教编》,④与宋儒理论完全相同。德洪有诗赞契嵩⑤:"吾道比孔子,譬如掌与拳,展握故有异,要之手

---

① "武"字原无。
② 书:原作"论"。
③ 读者据此会以为"彼等以事解,我以心通"为韩愈所说,而在第五章第四节第三小节则以此语归李翱。实际上,此语为李翱在《复性书·中》所说,原话为"彼以事解者也,我以心通者也"。
④ 编:原作"篇",似皆可。
⑤ 德洪:通常作"惠洪"。

则然。"王浮著《化胡经》,谓释迦文殊乃老子尹喜所化。法琳作《破邪论》,谓佛遣弟子教化震旦,孔子即儒童菩萨,老子即摩诃迦叶。穿凿附会,以诬破诬,异常可笑;但三教一致之思想,亦可见其普遍了。刘谧著《三教平心论》,①多言三教本一之理,这种思想大都根源于六朝而来。

三　佛教宗派的产生

初期佛教本没有什么宗派,佛灭后五世纪前,只有所谓大众上座之争,厥后意见纷歧,又别为二十部。马鸣、龙树而后,大乘说起,根据原始戒定慧三学,制教化教,执有执空,遂各异其趋向,于是渐演成为各种宗派。入华以后,罗什译经,始有宗派的流传,喜研《三论》的,则称为三论宗;讲演《成实论》的,则称为成实宗;有玩索《涅槃经》的,有学习《法华经》的,有弘传《地论》、《摄论》的,皆无非根源于一经一论,而发挥其意旨。隋唐以后,宗派始确然成立,便有普通所谓十三宗,即毗昙、成实、律、三论、涅槃、地论、净土、禅、摄论、天台、华严、法相、真言等是。厥后并涅槃于天台,并地论于华严,并摄论于法相,正式流传的,只有所谓十大宗派了。

言十大宗派的区别:毗昙宗则重三世因果,四谛十二因缘;成实宗则重人空法空,破除二障;律宗则重止持作持,戒行清净;三论宗则重破除邪执,显示正观;净土宗则重澄清念虑,往生净土;禅宗则重以心传心,恢复本来面目;天台宗重教相观心,融悟三谛;华严宗则重法性真如,圆融无碍;法相宗则重三界唯心,万法唯识;真

---

①　三教:原作"儒释道"。

言宗则重无显非密，无密非显。说来本极话长，无烦琐说了。我们在这里所应当知道的，就是有什么宗派在中国思想界发生过影响；追溯它的渊源，却不能不说到晋朝的南北两系统。南方系统中以慧远为领袖，北方系统中以罗什为领袖。慧远为道安弟子，居于江西的庐山，可为当时南方佛教思想的中心，静修禅定，勤求出世，持"沙门不拜王者"的主张，以摄心克欲为第一义。在庐山所开的白莲社，入社念佛的僧俗凡百二十三人之多，大半皆由北方慕道而来。现在所流传的《莲社高贤传》所列十八人中，如雷次宗、周续之等，皆当时的学者。谢灵运为慧远弟子，陶渊明常往来庐山，虽未列名在十八贤中，却与莲社有密切关系。他们都抱着高逸之风，承当时崇奉老庄余习，安闲乐道，啸傲山水，不独影响于南北朝一般的人生观，且为佛教思想中最有潜力的一派。后来所产生的净土与禅，不可谓非根源于此。因为莲宗所揭橥的口宣佛号、心观佛德，注重在三学中的定慧，定心凝观，虽不能与后来"不立文字，教外别传"的禅完全相符，而返观自心，从教启悟，确也是一种禅理，包含于当时念佛的意义之中。谁也不能否认千余年来佛教思想最普遍于中国社会的，就是念佛与参禅的两种修行方法；不独在梵刹中出家和尚暮鼓晨钟，奉此为唯一法门；即三家村的老妪与智识界的居士，也莫不知道口宣阿弥陀佛、心念如来。其影响之大，无待赘言。

　　至于北方思想，自罗什译经长安，当时参与逍遥园译务的有八百人之多，罗什弟子三千，尤为北方佛教的中坚分子。当时所译出的佛典，如《成实》、《三论》等论，空宗理论藉以广传；同时如《法华》、《般若》，亦皆于空论有所依辅。固不待道猛、僧柔、慧次等的讲演《成实》，道朗、僧诠、法朗、吉藏等的发扬《三论》，慧文、慧思、①智𫖮等的宣传《法华》，而三论宗、成实宗、天台宗，已于其时开其端倪。其译经中的影响最大者，厥为般若部诸经，一切皆空之理赖以宣传。是以罗什所传，大都偏于空宗，且趋重于理论方面，与南方系统之趋重实行，似有不同。

此外尚有两种极普遍的思想：一为克欲的戒律，一为哲学的唯识，影响亦非常之大。当时所译出的《四分律》、《十诵律》、《僧祇律》，虽亦成为不同的派别，但在普通佛教认受戒为入道的第一法门，以为戒行清净，定慧自生，实属一致。不独有出家的具足戒条，尤其有在家的优婆塞（夷）戒律，是以设戒坛，度僧尼，不待相部、南山、东塔之分，而律宗已成为佛教中的重要法门。悟道莫先于禁欲，在中国思想中实生重大影响。理学家所讨论的天理人欲，普通社会所持的戒杀放生，何莫非渊源于此种思想而来。

唯识为法相宗的哲学主张，其宗派的成立虽始自唐玄奘的弟子窥基，而当时凭法相以研究本体却早具有。②《俱舍》的七十五法，《成实》的八十四，分析色心王所之理，不独在心理学上有相当的根基，尤为哲学上的智识论。法相所主张唯识百法，分析更较详细，哲学上的价值更为一般人所承认。从现象的观察以求得真理，适用三支因明的论理方法，承认阿赖耶为唯识种子，而归结于种子生现行，现行薰种子，逃不出唯心论的哲学研究。不过这种明显的智识论，确为近代一般智识阶级所欢迎，也有法相宗人的特别发挥，影响亦很不小。

---

① 两"慧"字原作"惠"。
② 相：原作"象"。

此外虽尚有大乘终教的华严，秘密庄严的真言等，然只供少数学者们的高深研究，与普通的社会思想似无直接影响。所以在普通所谓佛教十宗派中，在当时及后世思想界中发生较大的影响的，只有上述的几种，如：念佛，参禅，一切皆空，制欲的戒律，与智识论，数者而已。

第五章 唐宋元的宗教思想

第一节 宗教生活概况

一 外来宗教的影响

从唐至元,有七百五十年之久,其间的宗教情形,大约可分为两部分:一为固有的宗教,一为外来的宗教。现在我们先来讲到外来的宗教:从唐代起头,就有西方传来的宗教,即景教、祆教、摩尼教、回教等,在宋元则有一赐乐业教、也里可温教等。唐太宗颇信宗教,不独固有的佛道宗教得其提倡,即西来的宗教亦皆容纳。景教大德阿罗本,于贞观九年来长安,太宗命宰相房玄龄迎接他,①留居于宫中,并且替他建造大秦寺于京师。后来历经高宗、玄宗以至于德宗,都力为推广,于诸州建立景教寺;大臣如郭子仪等,似亦皈依信仰,传二百十年,至武宗始灭。

祆教也称拜火教,②是波斯的宗教,创始于西元前一千年左右,其教祖名叫左罗阿司托尔。当中国在北齐、北周的时候,流传到中

---

① 玄:原误作"延"。
② 祆:原误作"袄"。他处径改。

国北方。到唐高祖时,长安有祆神庙的建立。太宗贞观五年,波斯人阿碌来长安(有谓此即景教之阿罗本),从事布教,立祆寺,置祆正、祆祝等职,亦极一时之盛。至武宗时与景教一同灭亡。

摩尼教也是一种波斯宗教,由第三世纪中叶波斯人摩尼创造的,所以就把他的名氏称他的宗教。教里的理论,是参酌祆教、犹太教、佛教、景教等教义而成的;以挪亚、亚伯拉罕、左罗阿司托尔、佛陀、耶稣为预言者,① 自己则为最后的完成人,得波斯王舍普尔一世的尊信,四出布教,后见恶于波斯教徒,给他们焚毙。他的门徒布教到小亚细亚,更从东罗马传入亚非利加北部,复东流入中国,正当武则天那个时候。第一个到中国来的人叫拂多诞,传布在西北边地,建设摩尼寺,不过不是十分兴旺罢了。

回教是阿拉伯人摩罕默德所创,② 本源于犹太教及基督教,其经典曰《可兰》。当唐代的时候,由中亚细亚传入天山南路,回纥人都信仰它。③ 后遂传入中国北方。同时,又由大食人由海道入江南,在广州及沿海各地建立寺宇,传布其教。

一赐乐业教,或者就是犹太教,崇奉摩西,守犹太古教规矩,行割礼,故中国也叫它挑筋教,大约在宋朝传到中国。

也里可温教,是基督教的别一种,是在元朝的时代传入的,也是很兴旺。

这些外来的宗教,虽各有一度在中国传布的历史,除了回教在北方发生长久的影响外,其余都没有影响到一般人民的生活,远不及佛教传布的力量。

---

① 预:原作"豫"。
② 摩:通常作"穆"。
③ 它:原作"他"。

二　佛道的继续传布

　　佛教虽亦为外来的宗教,但至是已为中国宗教思想所融和,与道教同成中国的宗教了。这时候继承六朝人的提倡以后,发达已到了极点。唐代开国,高祖时太宗当国,虽曾因僧尼不守法戒加以淘汰,而佛教却仍兴盛。玄奘尤为中兴佛教之人,开创新宗,发扬教义,翻译之业远出罗什之上,所著《大唐西域记》,尤为古今学者所珍重。继其后者,如道宣、义净、日照、不空等人,皆有优良著作;名士如颜真卿、王维等人亦皆信奉佛教,与之往还。至文宗时,竟有寺院四万,僧尼七十余万人。武宗虽毁灭各宗教,尚留佛寺长安、洛阳各四所,诸州各一所,不久亦渐复旧观。宋承五代周世宗灭佛之后,太祖赵匡胤兴复废寺,重造佛像,行勤等百余人奉命西求《大藏》,佛焰复炽。太宗立译经传法院于东都,度僧十七万人。真宗复宏其翻译事业,僧尼之数增加四十六万人。当时佛教中最占势力的,莫如禅宗。仁宗建禅院于汴京,以僧怀琏为主持,禅宗于是大盛。名僧如祖印、契嵩等,尤为阐扬佛法的巨子。净源中兴华严宗,慧南开创黄龙派,①都是佛教史上最有关系的事。当时学者又多与僧徒为友,影响及于儒教,所谓理学,就是儒佛混同的表现。降及元代,佛教乃为喇嘛教所抑,喇嘛原亦吐蕃佛教的别派,专以祈祷禁咒为事,僧侣皆穿红衣,故亦称红衣教。先是吐蕃国王深信佛教,曾遣人求法印度,得印度僧侣来归,独创喇嘛教,传布极盛。元世祖忽必烈西征吐蕃,得喇嘛僧八思巴以归,封之为帝师,

---

① 南:原误作"能"。

盖将藉以怀柔吐蕃；不意此后喇嘛权势日盛，天子即位，必受其戒，后妃王公无不膜拜，与中世欧洲教皇的威权没有两样。原来元代起自蒙古，政教混合，喇嘛独尊，奸恶之徒藉其势焰，无恶不作，卒使民穷财尽，供养游民，元室灭亡，实基于此。这时候自唐以来的高深佛教，几乎无形消灭，民间信仰尽为喇嘛所左右。

至于道教，在唐朝可为极盛时代，因为老子姓李，与帝室同姓，便尊之为国祖，建祠奉祀，称为太上玄元皇帝。从高祖建祠以后，历代帝王莫不尊老，太宗列老于释之上，高宗亲至亳州谒老祠，王侯以下都习《道德经》，道士得免纳赋，人民趋之若鹜。中宗则诏诸州各立一观，任道士郑晋思为秘书监，叶静能为国子祭酒。睿宗命西城、隆昌二公主为女冠。玄宗于五岳置真君祠，长安、洛阳诸州皆设玄元庙，以《道德经》为群经之首，又亲为注解，于崇玄馆设玄学博士，诸州置玄学生，应举名曰道举，道士之得居显位的不一而足。宋太祖承其遗风，锡道士陈抟以希夷先生之号；真宗继之，筑玉清宫于京师，又锡道士等以尊号；徽宗尤甚，自号为教主道君皇帝。元代帝王虽崇喇嘛，于道教亦有相当容纳。可见佛道两教，在当时亦极发达，民间的吃素念佛，修仙学道，尤为非常普遍的事。

第二节 景教的输入与传布

一 景教为何种宗教

（一）是不是挑筋教？

挑筋教何时传入中国？说至纷纭，大概在宋朝（十二世纪）立总堂于开封,迨十四世纪遍布于北方各行省。到明朝有"一赐乐业教"的名称,①有《弘治重建清真寺碑记》、《正德尊崇道经寺碑记》、《康熙重建清真寺碑记》可查。一赐乐业,②或者就是以色列的译音,碑中称其教祖曰阿无罗汉,或者就是亚伯拉罕,又说盘古阿耽,或者就是始祖亚当,十九代裔孙正教祖师曰乜摄,或者就是摩西,求经于昔那山,或者就是西乃山,再传至蔼子剌,或者就是以斯拉。他们崇拜乜摄,堂宇西向,可见是犹太教而不是清真教——回教。明末李自成乱时毁灭殆尽,遗民仅二百余家,居黄河北岸,今已孑遗无几了。(详见陈垣著《一赐乐业教考》)③可知景教不是挑筋教。

(二)是不是摩尼教?

摩尼教是第三世纪波斯人摩尼所创,混合拜火教、印度教、基督教教义。何时传入中国?无从查考,不过在唐朝却是很兴旺的。据《释门正统·斥伪志》所载,④说唐代宗敕回纥置寺,赐额"大云光明"四字,又敕他州各置大云光明寺,钱谦益《景教考》称西域大秦所立教有三,有摩尼焉,有大秦焉,有祆神焉。大秦即景教,可见景教与摩尼教是不同的。当会昌灭宗教时,敕天下摩尼寺并废……又敕大秦穆护火祆等二千余人还俗,更可以证明是两种宗教。

(三)是不是火祆教?

《西溪丛语》考证《牧护歌》时,及于火祆二字,说火祆是出于波斯,以祆为波斯神道之名,称为祆神,这就是所谓祆教。在唐贞观

---

① 一:原作"以"。
② 一:原作"以"。
③ 一:原作"以"。
④ 释:原作"佛"。斥伪:原作"大秦摩尼"。

时传入中国,立祆神寺于京师崇化坊,叫大秦寺,也叫波斯寺。但宋敏求《东京记》有:"或曰石勒时立此,是祆教之来已久,不始于唐。"岳珂《桯史》记:"其所事名如中国之佛,而实无像设,名称聱牙,不知为何神?有碑高袤数丈,上皆刻异书,如篆籀,①是为像主,拜者皆向之。"后来利玛窦初来,诧为亘古所未见。《唐会要》记"波斯事天地日月水火诸神,西域诸胡事火祆者,皆诣波斯受法。"所以波斯教就是火祆教。祆字当从示从天,《说文》云关中谓天为祆,广韵曰胡神;西北诸国事天最敬,故称神曰祆神。这虽是王昶《金石萃编》卷一〇二中的话,但唐时祆教之盛,与景教有同时的发展。

这样,景教究竟是什么教?历来讨论的人很多,姚宽在《西溪丛语》中,以波斯、大秦、祆教混为一谈,钱谦益亦认大秦、波斯、拜火、祆教等出于一源。杭世骏则认之为回回教,引《天方古史》为证(见《道古堂文集》卷二十五)。此外如钱大昕、王昶以及佛徒中讨论的很多,然皆模糊影响,有或即天主耶稣之遗等话。直至西儒艾儒略考证,始确定其为基督教。

二 景教与基督教

景教既然就是基督教,那末景教何时传入中国?与景教的教义究竟怎样?应该在这里略为研究。

(一)景教何时传入中国?

据明朝天启五年在西安所掘得的《大秦景教流行中国碑》所

---

① 名如:原作"如"。而实无像设:原作"无神像"。篆:原作"袤"。

载,景教是在唐贞观九年传入中国的。① 在唐朝以前,据说基督教已曾有几次传进中国了。据《路得改教始末记》说,在第一世纪即主后三十四年,巴比伦杀戮犹太人时,犹太人四散逃逸,正值马援征伐交阯的当口,那时候便有基督徒来到中国。又据《燕京开教略》所说,主后六十五年,尼禄虐杀基督徒,六十九年耶路撒冷被灭,基督徒逃难东来,正值佛教输入中国的时候,传说关云长曾信仰基督教。又据马拉伯主教之《迦勒底史》说:"天国福音散遍各处,竟至中国……中国人与埃提阿伯人得信真理,皆出圣多马之力。"这是说多马传教于东方,与保罗传教于小亚细亚同时。② 也有人说多马传教于印度,巴多罗买传教于中国(见《中国基督教四大危急时期》)。这许多说法或者不是完全无因的,但是没有可靠的证据,也就只得付诸传说之列。此外在 M. Labbe Huc 的 *Christianity in China history etc.* 里记着一段话说:③

> "自四一一年至四一五年,塞琉细亚(Seleucia)大主教阿奇亚(Achaues)做了加尔地亚(Chaldean)正宗基督徒的领袖;自五〇三至五三〇年,西拉(Silas)做聂斯脱里教的主教;自七一四至七二八年,撒利巴萨加(Saliba Zacha)做了聂斯脱里教的主教。所以,如果我们违反从来许多人的意见,承认中国的主教教区,是撒利巴萨加所设立的,那末,越发可以证实华人皈依基督教,远在这位聂斯脱里教父之前了。实在的,如果在

---

① "景教"二字原无。
② "方"字后之逗号原在其前,"同时"后之句号原在其前。
③ "Christianity"原误作"Christiainty"。

一个国家中，基督教没有很大的进步，没有几处可以监督的教区，怎会有总主教及教区的设立？设立总主教原是管辖已经建立的教会的。假定埃伯耶稣（Ebed Jesus）所说的中国总主教教区是阿奇亚在将近四一一年时所设立的，那末，基督教在使徒时代传入中国的传说，很可以使我们相信了。阿舍马尼（Assemani）在他的著作中引塞琉细亚的主教名单，把中国教区与印度教区相提并论；所以，我们可以推测这两处教区是同时设立的。"

从这段话里似乎可以推测第七世纪以前，已经有过基督教在中国的宣传了。不过我们现在所可以确实考证的，①却只能从第七世纪的景教起头。根据明朝所发现的长凡一千七百八十字的景教碑，知道这块碑是立在唐德宗建中二年，为大秦寺僧景净所撰；碑侧共具僧名有六十五人之多，都是叙利亚文字；碑之上端刻着十字架，两旁有莲花云霓；碑高四尺七寸半，广三尺五寸。自立碑至发现时，相距八百四十年之久，大约是在唐武宗时没入土中，②则在土中有七百八十年，而碑文并未剥蚀，所以有人疑为伪造的，但这已经有人辩明其非。不过当碑文未发现之前，很少有人知道在八百多年前，有过二百十年长时间的景教传布，因为中国历史上没有什么痕迹。及至碑文发现了，然后引起了许多学者的研究。如钱谦益的《景教考》(《有学集》卷四十四)，杭世骏的《景教续考》(《道

---

① "所"字原在"现"字后。
② "唐"字原无。

古堂文集》卷二十五),①钱大昕的《潜研堂金石文跋尾》(卷七),②王昶的《金石萃编》(卷一〇二)。又有意大利人艾儒略《西学凡》附录《大秦寺碑篇》。

这些都是专门的考证,还有若干旁证,像前此宋姚宽的《西溪丛语》、《僧史略》卷下、《释门正统·斥伪志》、《唐会要》、《册府元龟》、《贞元释教录》、新旧《唐书》之中,可以参证景教的流行的确是一件事实。近在光绪庚子时又有敦煌石室发现《大秦景教三威蒙度赞》、《世尊布施论》等,更得一可靠的证据。

现在我们该说到景教怎样传入中国。从基督教的历史中知道,在四三一年的时候有以弗所的第三次会议,聂斯脱里派与亚力山大派起了冲突。聂派重耶稣为人之道,亚派重耶稣为神之道,亚派领袖西里罗(Cyril)讼聂派于东罗马帝及教皇,结果便判定聂派为异端,而遭黜逐。聂派便窜于阿拉伯及埃及,后其说为波斯学者所欢迎,遂得由波斯渐布及于印度、中亚细亚、中国等处。阿罗本奉其教至中国,唐太宗异常欢迎,为建大秦寺于京师义宁坊,这就可以知道景教即聂斯脱里派的基督教了。

(二)景教的教义是怎样的?③

景教的教义确与基督教相同,我们从《景教碑》和《三威蒙度赞》中所载的名词,可以提出许多来比较,李我存所著《读景教碑书后》,④有过一番正确的比较,我们再加上《蒙度赞》里所举的名词,更可以证明景教教义即是基督教教义,不过在翻译的字面有些不

---

① "文"字原无。
② "金"字前原有"集"字。
③ 此标题原无。
④ "我存"原误倒,他处径改。"读"字原无。

同罢了。现在且略举数条于下：

《景教碑》文	基督教义
先先而无元后后而妙有	上帝无始无终
三一妙身	三位一体
无元真主阿罗诃	上帝耶和华
判十字以定四方	十字架
匠成万物然立初人	上帝创造天地又造人
娑殚施妄	魔鬼撒但
三一分身	耶稣为上帝化身
景尊弥施诃	基督弥赛亚
室女诞圣	童贞女马利亚生耶稣
三常	信望爱
八境	八福
魔妄悉摧	耶稣旷野胜魔
亭午升真	复活升天
经留廿七部	新约廿七卷
七日一荐	七日礼拜
《三威蒙度赞》	基督教义
慈父阿罗诃	天父耶和华
蒙圣慈光救离魔	上帝是真光救人脱离罪恶

弥施诃普尊大圣子	弥赛亚圣子耶稣
慈喜羔	上帝的羔羊
圣子端任父右座	耶稣升天坐上帝之右
三身同归一体	三位一体
瑜罕难	约翰
卢伽	路加
明泰	马太
多惠	大卫
宝路	保罗
摩萨吉思	摩西
贺萨耶	何西阿
伊利耶	以利亚

  这些经名或人名，大都是译音的，上面所举的几条或者不很正确，但更据《世尊布施论》所载："若左手布施，勿令右觉。"与《马太》六章三节义同。"有财物不须放置地上……有盗贼将去，财物皆须向天堂上，必竟不坏不失。"与《马太》六章十九节义同。"唯看飞鸟，亦不种不列，亦无仓窖可守。"与《马太》六章廿六节义同。"梁柱着自己眼里，倒向余人说言汝眼里有物。"与《马太》七章四节义同。"汝等于父边索饼，即得；若从索石，恐畏自害，即不得；若索鱼亦可，若索蛇，恐蜇汝，①为此不与。"与《马太》七章九节义同。

  这从《世尊布施论》一书中摘出来的几条，与《新约》对比，已可

---

① 索：原作"素"。

以证明唐译经典与现译的经典相符。据《诸经目录》所载,说大秦教经都凡五百三十部,并是贝叶梵音。唐太宗贞观九年阿罗本奏上本音,①后景净译得三十部卷,其间颇有为日本人所收藏者,如《宣元至本经》、《志玄安乐经》、《一神论》、《一天论》等,我们现在所可取以考证的,仅此而已。

三　景教与佛教的关系

按《景教碑》与《三威蒙度赞》中的文字,我们看见许多佛教名词,如"妙身"、"慈航"、"真寂"、"僧"、"法王"、"寺"、"功德"、"大施主"、"救度无边"、"普度"、"世尊"等类。而且那时的教士,有时称为"大德",有时亦称为"僧"或"僧首",作《景教碑》文的景净,亦具名为"僧",立碑时主景教的教士则为僧宁恕,碑侧列名的六十五人都冠一"僧"字,命名又多与佛教僧徒相类。据《贞元释教录》所载,知道作《景教碑》文的景净,也曾与般若三藏共译过佛教经典,说道:

> "大秦寺波斯僧景净,依胡本《六波罗密》译成七卷。景净不识梵文,复未明释教,察其所译,理昧词疏。释氏伽蓝,大秦僧寺,居止既别,行法全乖,景净应传弥尸诃教,沙门释子宏阐佛经,使教法区分,人无滥涉。"(见《贞元释教录》卷十七,并见蒋维乔《中国佛教史》卷三第十五章所引)②

---

① "贞观"二字原无。
② 原无"卷十七"、"蒋维乔"、"第十五章"。

又说：

"般若不闲胡语，复未解唐言，景净不识梵文，复未明释教，虽称传译，未获半珠。"①（同上）

这可以看出景净是一个宣传弥尸诃教的景教徒，是当时景教中的一个著作家，《诸经目录》所说译出三十部卷，大约当时景教经典都经他翻译，《景教碑》文之作，也可以信是出其手笔。他不但译著了许多景教的经文，他更根据胡本翻译起佛教经典来。他对于佛教经典也许是不很了解，所以佛教徒便有"察其所译，理昧词疏"的批评，也可以见得佛经、景经，分明立在对待地位。而且在《景教碑》文中有："圣历年，释子用壮，腾口于东周，先天末，下士大笑，讪谤于西镐"的话（圣历、先天皆武则天年号，用壮何人？不得而知，或说即玄奘）。② 新来的景教受佛教徒的讪笑，竟会见于碑文之中，正足以见得两教的不相容。再就朝廷的待遇上看来，对景教徒固然十分优待，然而唐太宗的造大秦寺，亦不过像汉明帝建白马寺一样意义；其欢迎阿罗本，亦不过像汉明帝欢迎摄摩腾等一样意义。在宏量欢迎宗教的唐太宗看来，对于景教并没有什么特别，不过在佛教徒看来，不免发生反动。再从景教徒翻译事业上看，见得他们竭力地摹仿佛教，③不独在名词上每多采用，即《景教碑》上刻着的

---

① 译：原作"释"。珠：原作"球"。
② 此处有误。"圣历"是武则天年号，"先天"是唐玄宗年号。"用壮"不是一个人，而是得势、隆盛之意。腾口：张口放言。东周：指洛阳。下士：指道士或道家道教，《老子》第四十一章曰："下士闻道，大笑之。"西镐：指西安。
③ 地：原作"的"。

莲花,也可见一斑。同时,在阳玛诺《唐景教碑颂正诠》,附刻着福建泉州两只墓碑及一圣架碑,有"唐玄宗六年建"字样,但上端也以十架莲花并刻的。这也足以为景教徒摹仿佛教之证。

四 景教在中国的传布情形

我们根据《景教碑》文,有下列几个问题的研究:

(一)唐代帝王对于景教的态度

景教在唐朝自太宗以至于武宗二百十年之间,颇得当时帝王及大臣的赞助:碑文中所举太宗、高宗、玄宗、肃宗、代宗、德宗等,对于景教皆有相当的敬意;其大臣如房玄龄、魏征、高力士、郭子仪等,亦皆奉命招待。据后人的推测,说房、郭皆曾为景教信徒。贞观九年,"帝命宰臣房公玄龄总仗西郊,宾迎入内",十二年又诏令建寺,《唐会要》记:

"道无常名,圣无常体,随方设教,密济群生。波斯僧阿罗本远将经教,①来献上京,详其教旨,玄妙无为,生成立要,济物利人,宜行天下,②所司即于义宁坊建寺一所,度僧廿一人。"(见王溥《唐会要》卷四十九)

这碑与文大同而小异,可见太宗迎阿罗本是确有其事的。后来并且把皇帝肖像画在景寺的墙壁上,碑云:"旋命有司,将帝写

---

① 教:原作"典"。
② 宜:原作"宣"。

真,转模寺壁。"高宗亦有同样的尊崇,碑云:"高宗大帝,克恭缵祖,润色真宗,而于诸州各置景寺,仍崇阿罗本为镇国大法主。"玄宗命宁国五王亲到景寺中设立坛场,并且把五代祖宗遗像陈列寺中,碑云:"玄宗至道皇帝,令宁国等五王亲临福宇,建立坛场……天宝初,令大将军高力士送五圣写真,寺内安置",又有"天题寺榜,额戴龙书"的话。肃宗又重建景教寺宇,碑云:"肃宗文明皇帝,于灵武等五郡重立景寺。"代宗于耶稣圣诞时送香赐馔,以表他的庆祝,碑云:"代宗文武皇帝……每于降诞之辰,锡天香以告成功,颁御馔以光景众。"①德宗亦极推崇景教,而且立碑记盛正在他的时候,碑云:"我建中圣神文武皇帝,披八政以黜陟幽明,阐九畴以惟新景命,②化通玄理,祝无愧心。"德宗以后虽不能知,但看武宗毁废佛寺的诏中,也可以想见其兴盛,与佛教相伯仲。

(二)景教传教的方法

这一点我们在《景教碑》里找不出多少材料;不过当时有很多西来的教士,是可以在碑文里看出的。阿罗本同时,则有"度僧廿一人"之说,此后有"僧首罗含,大德及烈",以及玄宗诏僧罗含、僧普论等一七人与大德佶和。③碑之两侧又列名僧徒六十五人,可见当时西来教士颇多了。再看碑中所云"法流十道,国富元休,寺满百城,家殷景福"的话,又可见当时传布的广了。但欲考查其传教的方法,我们可以看出两种:一为翻译经典,一为医治疾病。当唐太宗宾迎阿罗本时,即令"翻经书殿",后来如撰碑的景净,亦努力于翻译工作,有"译得三十部卷"的话。近日本羽田享以所得于敦

---

① 光:原作"先"。
② 惟:或作"维",原作"唯"。
③ 佶:原作"佳"。

煌石室的《序听迷诗所经》一百七十条译出，①李盛铎氏亦觅得《志玄安乐经》②、《宣元至本经》二种；但就《迷诗所经》观之，怪字甚多，句法不整，与《三威蒙度赞》不很相同；是不是这三十部卷中的东西？却不能断定。两《唐书》记睿宗之子玄宗之兄让皇帝李宪有病，③经景僧崇一为他医治，④《旧唐书》云：

"开元二十八年冬，宪寝疾，上令中使送医药及珍膳，⑤相望于路；僧崇一疗宪稍瘳，上大悦，特赐绯袍鱼袋以赏异崇一。"（见《旧唐书》卷九十五《让皇帝宪传》）

崇一这个名字，是含着"崇奉一神"的意思，可知不是佛僧，而是景僧；而且上所赐的绯袍鱼袋，又不是佛僧穿带的东西。杜环《经行记》有："大秦善医眼及痢，或未病先见，或开脑出虫。"可见当时传教士中有精通医术的人，藉医以传教，是历来常有的事。

（三）景教的灭亡

唐代景教亡于武宗会昌五年，他毁灭天下佛寺，勒僧尼还俗，波及到景教，在《新唐书·食货志》云：⑥

---

① 序听迷诗所经：据朱谦之先生考证，"序听"当作"序数"、"序鼠"之类，音近于"夷数"、"移鼠"、"翳数"，即耶稣（Jesus），此经名原即是《移鼠迷师诃经》（Book of Jesus Messiah）。见朱谦之：《中国景教》，商务印书馆2014年版，第113-114页。
② 玄：原作"元"。
③ "两"字、"李"字原无。兄：原作"弟"。
④ 为他：原作"他为"。
⑤ "药"字原无。
⑥ "新"字原无。

"武宗即位，废浮图法，天下毁寺四千六百，招提、兰若四万，籍僧尼为民二十六万五千人，奴婢十五万人，田数千万顷。（注：官赐额为寺，私造者为招提、兰若。招提，梵语，汉译为四方僧物。兰若亦梵语，汉译为空净闲静之处）大秦穆护、祆二千余人。"（注：穆护、祆即信基督教者之意）①

《唐会要》亦有关于这一件公案的记载：

"其天下所拆寺四千六百余所，还俗僧尼二十六万余人，收充两税户，拆招提、兰若四万余所，收膏腴上田数千万顷，②收奴婢为两税户十五万人，隶僧尼属主客，显明外国之教，③勒大秦穆护、祆三千余人还俗，不杂中华之风。"（卷四十七）④

上两条大略相同，惟当时宰相李德裕庆贺武宗《贺废毁诸寺德音表》中，⑤数目却有些不同了：

"拆寺、兰若共四万六千六百余所，还俗僧尼并奴婢为两税户共约四十一万余人，得良田约数千顷，⑥其僧尼令隶主客

---

① 浮图：原作"浮屠"。末注不确，学界一般认为"穆护、祆"当为琐罗亚斯德教（中国史称祆教、火祆教、火教、拜火教）祭司或传教士，也有学者提出穆护指回教徒或摩尼教僧职，或可能包括基督教（景教）信徒。
② 数：原作"四"。
③ 显明：原作"明显"。
④ "不"下六字原无。七：原作"九"。
⑤ 贺废毁诸：原作"毁佛"。
⑥ "约"字原无。

户。① 大秦穆护、祆二十余人,②并令还俗者。"(见《李卫公文集》卷二十)

这里所说穆护、祆二十余人,或者是二千余人之误,数目虽小有不同,而其事的必有是可信的。但是武宗为什么有这样摧残宗教的举动呢？大部分的原因是经济上的问题：他以为僧尼、穆护都是些分利坐食的人,应该加以取缔。所以在他毁佛的诏谕中说：

"僧徒日广,佛寺日崇,劳人力于土木之功,夺人利于金宝之饰③……今天下僧尼不可胜数,皆待农而食,待蚕而衣……"(《旧唐书》卷十八上《武宗本纪》)④

李德裕《德音表》中也这样说：

"遂使土木兴妖,山林增构,一岩之秀,必极雕镌,一川之腴,已布高刹。⑤ 耗蠹生灵,侵减征税⑥……"(《李卫公文集》卷二十)

这可见他们废毁佛寺,纯从经济方面着想。且又听道士赵归

---

① 隶:原作"属"。
② 祆:《四库全书》本李德裕《会昌一品集》、《全唐文》卷七百及《四部丛刊》本《李文饶文集》皆误作"襖"。
③ 于:原作"为"。
④ "旧"字原无。"卷"下八字原误作"八十卷上宋武纪"。
⑤ 布:或作"有"。
⑥ 减:原作"灭"。

真之劝,但留若干寺宇于都市。《资治通鉴》载:

"会昌五年秋七月……上恶僧民耗蠹天下,欲去之,道士赵归真等复劝之,①乃先毁山野招提、兰若,至是敕上都、东都两街各留二寺,每寺留僧三十人,天下节度、观察使治所及同、华、商、汝州各留一寺,②分为三等:上等留僧二十人,中等留十人,下等五人。余僧及尼并大秦穆护、袄僧,皆勒归俗,③寺非应留者,立期令所在毁撤,仍遣御史分道督之。财货田产并没官,寺材以葺公廨驿舍,铜像钟磬以铸钱。"(见《资治通鉴》卷二百四十八)

这里有一句话很足以使人费解的,就是"道士赵归真等复劝之",究竟赵归真是劝武宗灭佛教呢?还是劝武宗留都城佛寺呢?我想从这个"复"字上看,是接连着上文的"欲去之"的"欲"而来,所以可以断定他是主张灭佛的。再看在这一桩大案件中,别的宗教都牵连着,独不及于道教;其实当时的道教,其兴盛并不亚于佛教,佛教既然是"耗蠹天下",难道道教不是"耗蠹天下"吗?那末,可以知道赵归真决不是为佛教请求"刀下留人",更可以知道武宗毁佛的理由,其重要的意义还不是在经济方面。我们再看他的诏谕中所说:

"是逢季时,传此异俗……而岂可以区区西方之教与我抗

---

① "等"字原无。
② 州:原作"洲"。
③ 归:原作"还"。

衡哉?"(见《唐会要》卷四十七和《旧唐书·卷十八上·武宗本纪》)①

一则曰"异俗",再则曰"西方之教",便可以了然于武宗此举,是出发于排外的思想。佛教是印度来的,景教是大秦来的,其余波及的宗教都是外国教,所以他毁灭一切宗教而独不及道教。

景教至此乃告一段落,而景教徒却未尝绝迹于中国,或者有一部分人退入蒙古境。艾儒略《西学凡》有"袄教至宋之末年,尚由贾舶至广州"的话,想见自唐以后,外人之来中国传教者仍未尝间断,景教亦当然不在例外。

第三节 回教的输入与影响

一 回教的创始与入华

回教的名称不一,以地域言,称为天方教(天方即今之阿拉伯,②以为在地之中央);以教义言,称为清真教(《天方典礼》解释"清真"二字乃为独一真宰之意);以译音言,称为伊斯兰(Islam)或阿悉烂、伊悉烂、阿萨尔等等,即服从之义;以种族言,称为回回教(中国向称喀尔葛什为回回族,或由回纥、回鹘等音转变而来,此在《日知录》卷二十九、《道古堂文集》卷二十五皆这样说,而钱大昕

---

① "《旧》"前八字原无。"卷十八上"原在"纪"后。
② 拉:原作"剌"。他处径改。

《廿二史考异》则否认之），①但在《元史》中往往称之为"畏吾儿"、"畏兀儿"，及其他有称为"外五"、"伟兀"等类，又称其教徒为"答失蛮"，与"和尚"、"先生"、"也里可温"等并列；或者又因其教祖之名，而称摩罕默德教。

摩罕默德（Mohammed）是回教创始的人，但在中国历史中的译名亦至不一：有译为"暮门"的（见《通典》引杜环《经行记》），有译为"摩诃末"的（见唐贾耽《四夷述》），②有译为"麻霞勿"的（见宋周去非《岭外代答》），③有译为"马合麻"的（见《元史》），在明末清初则译为"谟罕蓦德"，近则有译为"穆罕默德"或"穆哈麦德"，简称之也有叫做"穆德"，其名称历来的歧异如此。

摩罕默德生于阿拉伯的墨加（Mecca）城，④约在西元五七〇年左右（其生年亦至不易考定，有谓其生于五七一年，此为最近），即当中国陈宣帝的时候。其父名亚白特阿拉（Abdullah），⑤当摩罕默德生的那一年就死了；六岁，他的母亲也死了，这个无靠的孤儿，寄养在祖父与叔父的家里；及长，跟他叔父为队商（阿拉伯人长于经商，其时往来欧亚之间，执世界商业之牛耳）。后来为一富有资产的妇人哈第加（Khadijah）雇用为队商，⑥第二年，便与哈第加结了婚，他比她的年纪要小到十四岁，但却是他幸福的起头。因为他有了富裕的生活，便可以用他的思想研究到宗教的问题，从犹太教与

---

① 廿二：原作"二十二"。他处径改。
② 述：原作"志"。该书全称：《古今郡国县道四夷述》。
③ "周去非"三字原无。代答：原作"答问"。
④ 拉：原作"剌"。"a"后原有"a"。
⑤ u：原作"a"。亚白特阿拉：通常作"阿布杜拉"或"阿卜杜拉"。
⑥ ah：原作"a"。

基督教的研究上,创造出一种新宗教,要改革阿拉伯民众的偶像崇拜而变为一神崇拜。一时虽不免为墨加人所反对,甚至于逃亡。不久,便得到阿拉伯诸种族的归服,而成立了这种新宗教。这新宗教在阿拉伯民族中,不能不说是一种宗教的改革,①如同佛教为婆罗门教的改革、②耶稣教为犹太教的改革一样。他活到六十三岁便死了,但继续传他的宗教的有他的外甥叫亚利,守着遗训,扩大范围,成为有力的一派叫希亚派,传到巴比伦,又传到波斯,成为波斯的国教。同时,又产生了其他派别,在教义上便有不同的意见,其派别之多,与基督教不相上下(参看《新文化辞书》六二八、六二九页)。大别之,有最显著的四派:一为亚布哈尼法派,二为沙飞尔派,三为麻利克派,四为亚哈墨德派。传入中国的就是第一派,也叫做窜哈比党,是主张严格的保守主义的。第二派是主张改革的,要采用基督教的精神,来改良教义上的缺点。于是这两派便立在极右与极左的地位,其余派别都不过是袒左袒右的一种而已(见《天方谈判》)。

回教何时传入中国?大都承认是在隋朝开皇的时候。杭世骏说:

"今以其教之在中国者考之,隋开皇中,③国人撒哈八撒阿的斡思葛始以其教来。故明初用回回历,④其法亦起自开皇。"

---

① "是"字原无。
② "门"字后之"教"字原无。
③ 以:原作"考"。在:原作"入"。"考之"二字原无。"隋"字前原有"自"字。
④ 斡:原作"幹"。"以其教来"及"用"五字原无。

（见《道古堂文集》卷二十五）①

回教中人也是这样承认：

"文帝慕其风，遣使至大西天求其经典，开皇七年，圣命其臣塞尔帝斡歌士等，赍奉天经三十册传入中国，由南海达广东省，首建怀圣寺，遂遍于天下。"（见丁药园《天方圣教序》）

在广州有斡歌士墓（大约即杭氏所说之斡思葛），②回教人认为他是中国回教的开创者，其墓碑记贞观三年所建。但也有人说中国回教开山祖师叫苏哈巴，这个人原来是摩罕默德的舅，即窜哈比党的领袖，在六二二年到中国的广东，正当唐高祖的时候。后来又有别派在七四二年从西北方面传入，设立礼拜寺于西安。在西安有天宝元年户部员外郎兼侍御史王鉷所撰的回教碑，《全唐文》中又有王鉷《舍宅为观表》，此观或即为回教寺。可以证明当时回教之传入中国，有水陆两路，水路即由南海至广东，陆路即由甘肃至西安（见陈垣《回回教入中国史略》，《东方杂志》二十五卷一号）。

但是回教书籍中有所谓《西来宗谱》，说回教入华是在唐贞观二年。《旧唐书》记大食始来朝贡是在永徽二年；似乎在永徽以前，中国与大食没有什么往来。这样，前面所说的开皇时遣使求经，贞观时建碑立寺，全成疑案了。最近陈垣从回历推算证明历来推算的错误，他断定永徽二年即为回教传入之始，修正旧说，颇可信从

---

① "卷"字原无。
② 斡思：原作"斡思"。

（同上）。

二　回教的教义

要说到回教教义，自然不能不说到回教的经典；回教经典名《可兰》（Koran），原来叫做《甫尔加尼》，就是回教人所称的《天经》。他们经里的话，是教祖摩罕默德从天神传授而记录下来的，《天方典礼·原教篇》说：

> "摩罕默德乃天方帝室之胄，生而神灵，以大德王天下，受命行教，绍尔撒六百年既绝之道统，命曰哈听。真宰授经六千六百六十六章，名曰《甫尔加尼》。"

这是说《甫尔加尼》这本经是天授的，摩罕默德自己说是在希拉山上所得的天启，正与犹太教信《旧约五经》由摩西在西乃山得上帝的启示一样，但是又有摩罕默德受命删经的话：

> "删经自阿丹至尔撒，凡得一百十四部，如《讨喇特》、《则甫尔》、《引支勒》，皆经之最大者。自摩罕默德出，真宰悉命删去，乃授之以《甫尔加尼经》，将前古经义尽皆包括其中。"（同上）

从上段引证里，一则曰真宰授经六千六百六十六章，再则曰真宰悉命删去，似乎在摩罕默德以前已经有一百十四部的经典，摩罕默德把它删去了许多。从这里所提起的名称《讨喇特》、《则甫尔》、《引支勒》——《讨喇特》就是《摩西五经》,《则甫尔》就是《大卫诗篇》,《引支勒》就是《新约》,可知这本《甫尔加尼》,是从犹太教的《旧约》与基督教的《新约》中节录出来,另外又加上一番话头。所以它的教义与犹太教、基督教有许多相同的地方。再看他们所说的道统,正与犹太教所说的一样,《天方典礼·原教篇》说:

"惟我天方,得众圣薪传,道统不绝。"

究竟它的道统是怎样传下来的呢?① 看它的注解说:

"道统相传自阿丹而始,阿丹受真宰明命,传与施师,师传与努海,海传与易卜拉欣,欣传与易司马仪,仪传与母撒,撒传与达五德,德传与尔撒,尔撒去世,不得其传……六百年而后,摩罕默德奉命驱除邪说,彰明圣教。"(见《癸巳类稿》卷十三所引)

这一段所说的道统,可以同基督教《旧、新约》所载的互相比较:

回教名称	基督教名称	英文
阿丹	亚当	Adam
施师	亚设	Asher
努海	挪亚	Noah

---

① 它:原作"他"。

易卜拉欣	亚伯拉罕	Abraham①
易司马仪	以实马力②	Ishmael
母撒	摩西	Moses
达五德	大卫	David
尔撒	耶稣	Jesus

由此可见它的教义完全以犹太教与基督教为背景,这里所叙述的道统,又与《旧约》中的记载毫无两样,③所以回教所崇拜的神阿拉(Allah),④即犹太教所崇拜的耶和华(Jehovah),其认阿拉神为独一无二的真宰,也与犹太教相同。在《可兰经》一百十二篇说:

"他是唯一的神,永劫的神,他是不产生的神,也是不能产生的神,可以比他的,没有一个。"

他们承认阿拉之外无别神,也承认阿拉是造物的主宰。《天方典礼》曾说:"维皇真宰,独一无相,生天生地,生人生物。"天地万物及人类,皆由阿拉神所创造、所管理,所以人类须绝对服从他,与犹太教绝对服从耶和华一样。教祖摩罕默德不过是真主的钦差,并不是神,这却与基督教认耶稣为神不同。他们以为摩西、耶稣,都不过是古代的先知。故他们的五章信条是:

第一我证章,其言曰:"我证一切非主,惟有真主,止一无二;我

---

① 原作 Abraha。
② 马力:通常作"玛利"。
③ "的"字原无。
④ Allah:原作"Aallah"。

证摩罕默德是主差使。"

第二清真章,其言曰:"一切非主,惟有真主,摩罕默德是主钦差。"

第三总信章,其言曰:"我信主本然,以其妙用尊名,我承主一切法则。"

第四分信章,其言曰:"我信真主,信一切天神,信一切经书,信一切圣人,信后世,信善恶有定自主,信死后复生。"

第五大赞章,其言曰:"清哉真主,世赞归主,万物非主,惟有真主,真主至大,无时无力,惟以尊主。"(见《天方典礼·谛言篇》)

综此五章意义,则知他们所信仰的对象:

(1)真宰——唯一的神

(2)教主——摩罕默德

(3)先知——摩西、耶稣及一切古圣人

(4)天使——与先知相同

(5)经典——真主启示的《可兰经》

(6)教规——教主及古圣所定的一切法则

(7)来生——审判善恶——复生

这些都与犹太教的信仰大旨相同。他们在道德方面主张济困扶危,忍受苦难;在《可兰经》第二篇即说:

> "代阿拉施济孤儿、饥夫、客旅、乞人;或筹款以赎俘虏。"
> "时常祈祷,言则必行;忍受颠沛、苦难、暴虐;如此始得称义,而为诚敬畏神人。"

也禁止一切奸淫、杀戮、盗窃、贪财、虐待、赌博等等一切行为。

并严禁吃食生物之血、猪肉及酒等物。惟多妻及畜奴与为神——公理的圣战,不加禁止。所以归纳起他们信徒所当守的规则,不外信仰、祈祷、布施、禁食与朝圣等几种。分说起来,有五种修道的功德:

(一)念真功

什么叫念真?好像是佛教的念佛,基督教的默想,就是要常常思念真主,分口念与心念的两种:口念即口诵祷祝之辞,心念即思想真主的道理和先知圣人教主等的圣德等等。

(二)礼真功

什么叫礼真?就是礼拜真主,他们规定每天要有五次礼拜,在寅午申酉亥时举行,这是私人的礼拜。还有公众的礼拜,七天举行一次,称为七日一聚。每年要开大会两次,仿佛是扩大的礼拜。他们在举行这种公众礼拜之先,必须要斋戒沐浴;当礼拜的时候,仪式非常的严肃,有颂赞、叩拜、诵经等规矩,面皆向西。其重视礼拜,认为是信徒修养的第一步工夫,所以说:"礼拜乃涤罪之泉,行教之方,近主之阶。"

(三)斋戒功

对于饮食方面,有许多禁忌:不吃猪肉为普通的定律,即一切牛、鸭等生物,非经"阿衡"——教师——念经,亦认为不洁,不许取食。一年中有一月为斋期,大概在第九个月——他们认这一个月是教祖受天启的拉马腾(Ramadin)月——在这个月里,信徒都要断食,从每天日出到日没不能吃什么东西;惟旅客、病人、小儿、老人及乳儿的母亲可以例外,旅客、病人还得要补守这礼节。断食之外,还有另行的禁忌,如夫妇不能同房、官厅商民停止业务等等,否则谓之破斋;破斋之人在教规上有相当处罚。

(四)课赋功

凡信徒皆负有捐输的义务,视其经济的力量,照所得的多少,抽取十分之一或十分之二为供奉的捐输;除去不成年的童子与失业者以外,皆须课赋。而且对于家资满万或满千的,抽取更多,作为施济贫乏之用。他们以为祈祷不过是到神前的一半路程,断食不过是到了神宫的门前,惟有实行施济,方能进入天国的门,其重视施济,故以课赋为信徒唯一的功德。

(五)朝觐功

凡信徒须至墨加朝觐一次,其礼节极繁,约历九日始毕。先期须有虔诚的斋戒,至期又有繁重的礼节,或讲解戒条,收人受戒。其戒条有十二条,注意于身体的克制,如佛教的戒律所注重的差不多。

以上略述回教的经典、信条、制度等,语焉不详;总括起来,我们可以介绍《回教评论》(Islamic Review)《何谓回教》(What is Islam?)一文中的几句话,来做结束:

> "回教所含要素凡三:(一)和平,(二)达到和平之路,(三)顺从天意……教中精义,如对于妇女,则谓男女有相同之灵魂,同一之能力,并须服同一之义务,无所谓歧视也。对于人群,一视同仁,博爱为怀,人类平等,天人合一,无所谓人种之谬见也。对于劳工,则谓食劳力而为生活者,其生活乃弥觉有价值,无贱视之心理也。回教又重信仰,而信仰须使化为行为;知而行之,与天意合,则回教极崇高之道德也。"(见《东方杂志》二十卷二号《全回教运动之将来》)

三　回教在中国的影响

在千三百年前,回教在世界文化上确有过相当的影响与贡献。从历史的观察,阿拉伯民族文化于当时受回教力量的鼓荡,而发生良好的效能。最显著的,在宗教方面,则统一旁门左道等纷杂的信仰于澈底的一神崇拜,在社会方面,则使妇女地位的提高,民众团结的巩固,与夫智识道德的发皇。在学术方面,则化学、医药学、天文历算学、物理学以及交通商业上等种种发展,实为当时欧亚两洲间的明星。其文教的西被东欧,东及中国,确为不可抹煞的事实。质言之,回教不仅是一种教条,乃是一种社会的制度,为具有优越性的哲学与艺术之文明,使阿拉伯民族得占世界文明中的优越地位,是显而易见的。

我们读中国与世界的交通史,在唐宋的时候,执欧亚间商业上的牛耳者,莫如大食;其输入西方的文明与物品实已不少。其在世界列国中的地位,正与今日的欧美一样。他们东来的商人很得我国政府的优遇,于是由经商而居留于中国的为数日多。欧洲的文物与其文明亦藉以输入,最著的莫如医药与日历。当时有李玹、李珣鬻香药为业,在李时珍《本草纲目》曾引李珣《海药本草》,黄休复《茅亭客话》谓其"暮年以炉鼎之费,家无余财,惟道书药囊而已"。陈援菴言"珣并知医,与元末回回诗人丁鹤年之兼擅医术同"(并见《回回教入中国史略》)。而医药的记载最多者,莫如元代。《元史》记:

"广惠司,掌修制御用回回药物及和剂,以疗诸宿卫士及

在京孤寒者。① 至元七年，始置提举二员……大都、上都回回药物院二，②掌回回药事。"（见《元史·百官志四·太医院》）③

"至元十年，改回回爱薛所立京师医药院，名广惠司。"（见《元史·卷八·世祖本纪五》）④

钱大昕补《元史艺文志》，有萨德弥实《瑞竹堂经验方》十五卷，可见回回教输入的医药为历来所重视。至于日历，影响更大：

"回回司天监，掌观象衍历，⑤世祖在潜邸时，有旨征回回为星学者，札马剌丁等以其艺进，未有官署；至元八年始置司天台，⑥皇庆元年改为监。"（见《元史·百官志六·回回司天监》）⑦

这里所说的札马剌丁是一个天文学家，⑧《元史·天文志、历志》中作扎马鲁丁，⑨言其曾造西域仪象，并撰万年历以进世祖。中国在历数上颇得西来历数的纠正，回回历尤有关系。《明史纪事本末》记："洪武元年十月，征元回回司天监黑的儿阿都剌，司天监丞迭里月实一十四人，修定历数。三年，改司天监为钦天监，分四科：

---

① "京"字原无。
② 大都：原作"大部"。
③ "四"字原无。
④ 卷八·世祖本纪五：原误作"爱薛传"。
⑤ 象：原误作"众"。
⑥ "司"字前原有"回回"。
⑦ "六"及"回回"三字原无。
⑧ 札：原作"扎"。
⑨ 《元史·天文志》作"扎马鲁丁"，《元史·历志》作"札马鲁丁"。

曰天文,曰漏刻,曰大统历,曰回回历。十五年,命大学士吴伯宗等译回回历经纬度天文诸书。"(见卷七十三)又《明史》云:"《回回历法》,洪武初得其书于元都,太祖谓西域推测天象最精,其五星纬度又中国所无,命翰林李翀、吴伯宗,同回回大师马沙亦黑等译其书,与大统参用。"上面引证虽多见于《元史》、①《明史》,而杭世骏《道古堂文集》云:"今以其教之在中国者考之,隋开皇中,②国人撒哈八撒阿的斡思葛始以其教来,故明初用回回历,③其法亦起自开皇"(卷二十五),这虽属于推测之辞,而回回历之在中国,当与回教同时输入,不谓无理。

回教不是摩尼教,也不是景教,现在我们已经不用去讨论,不过回教在当时与景教、摩尼教等同传中国,颇引起社会的注意,而且当时回回人的散居中国日见其多,以科学而做中国官的亦自不少。《全唐文》记:

"大中初年,大梁连帅范阳公,得大食人李彦昇,荐于阙下,天子诏春司考其才。二年,以进士第名显,然常所宾贡者不得拟。或曰:梁,大都也;帅,硕贤也,受命于华君,仰禄于华民,④其荐人也则求于夷,岂华不足称也耶?夷人独可用也耶?吾终有惑于帅也。曰:帅真荐才而不私其人也。苟以地言之,则有华夷也;以教言之,亦有华夷乎?"(见卷七百六十七陈黯《华

---

① "上"字前原有"据"字。
② 以:原作"考"。在:原作"入"。"考之"二字原无。"隋"字前原有"自"字。
③ 斡:原作"幹"。"以其教来"及"用"五字原无。
④ 禄:原作"绿"。

心》）①

原来当时中国与大食交通频繁，贡使往来，由永徽二年至贞元十四年间计百四十八年间，见于记载的有三十七次，其尚有遗漏未计的（见陈垣《唐时大食交聘表》）。因此经商服贾，留寓中国，据《通鉴》"天宝以来，胡客留长安者四千人"，可想见其人数之多，李彦昇不过其中的一人。同时，我们看见当时欲泯绝华夷的界限，从宗教的立场一视同仁，所以在唐朝所传入的外国宗教，如摩尼、波斯、大秦等教，皆能在中土流行。后来从五代而宋而元，回教人与中国人互通婚姻，互相往还，不一而足；尤其是在元朝，僧、道、儒、也里可温、答失蛮平等看待，屡见于文告之中。回回人之著录《元史氏族表》的，标明为回回或答失蛮的四十四人及补十五人，尚有其他称塔木居伊吾卢及康里氏之回回，哈剌乞台氏之回回，哈剌鲁氏之回回等等。在此种人名中，见有贵族、文学家、弓矢炮手、②画家、医家等，以及著名著作家如瞻思、丁鹤年，散处中国；其文字、天算、武术、医方、工匠、商业，流行于中国朝野，正不独答失蛮的宗教而已。此种人大都归化华人，读书应举，从李彦昇以进士及第后历代皆有，在《元史氏族表》中有不少登中国科第，或以儒学教授，或任达官；仅以元统癸酉进士题名录计，一科中回回十八人。后来明朝诏译回回天文书，主其事者回回大师马沙亦黑等，永乐时的三宝太监郑和，其父马哈只亦回教人，可见回回人的归服中国与中国社会民族同化，回教思想乃得影响于中国内地。陈援菴先生曾举回

---

① "《华心》"原作"文"。
② 炮：原作"砲"。

教繁盛的原因有四点：（1）商贾之远征；（2）兵力之所届；（3）本族之繁衍；（4）客族之同化（见《回回教入中国史略》）。这的确是回教所具的特别潜力，而在中国，更有一发皇的原因，就是对于儒家思想的容纳与尊崇。他们与中国宗教不同的地方，只有不供佛像，不拜祖先；对于中国人所尊的天并不反对；以为天就是阿拉神，所以很能与儒家尊天思想相调和。尤其特别是尊敬孔圣人，读儒书应科举，以孔子的伦理道德为最高道德，像他们有一首诗评论三教：

"僧言佛子在西空，道说蓬莱在海东，①唯有孔门真实事，眼前无日不春风。"（见《七修类稿》）②

他们对于儒家的尊崇可见一斑。在他们所发挥的学理中，尤以宋儒的思想为根据，讨论理气二元的宇宙论，完全与宋代理学家的口气相合，与朱熹的意见尤多相同；清雍正时刘智所著的《天方性理》这本书，③皆带宋儒色彩。《四库全书总目》称有《天方典礼择要解》，④为回回裔刘智（字介濂）所撰，"尝搜取彼国经典七十种，译为《天方礼经》，后以卷帙浩繁，复撮其要"，末言"智颇习儒书，乃杂援经义，⑤以文其说，其文亦颇雅赡。"⑥把儒回思想冶为一

---

① 在：原作"住"。
② 稿：原作"藁"。见该书卷十八《回回教》。
③ 性：原作"典"。
④ 全书总目：原作"书目提要"。
⑤ 濂：当作"廉"。援：原作"授"。
⑥ 赡：原作"瞻"。见《四库全书总目》卷一二五。

炉，①这本书是最足以代表的。所以儒回之间绝不发生什么冲突，很能博得历来儒家的好评。政府也不加以禁止，像历来三武一宗的破坏佛教，傅奕、韩愈等反对佛道，沈㴶、杨光先等排斥耶教，从没有及到回教，大概因为回教人只知保守宗教范围，在思想上既与儒家调和，在政治上又无何种干涉，所以能够保持长时间的相安。不过到了清朝，却发生过几次回乱，实在原因，由于清政府的几番压迫，前后五次的叛变乃是不得已的举动，并不是他们的本意。所以从大体上看，回教在中国千余年的经过，总算是十分融洽的。

从历史的观察，果然不能否定它的地位与价值，但在现时，却又不能不承认它的不振。在汉美林（Cyrus Hamlin）所著《土耳其之回教五百年史》一文中，有几句老实的话：

"现在之土耳其，惟有普遍之贫乏，人民则褴褛不堪，商业则萎靡不振；质言之则绝无文化可言也。"（见《东方杂志》二十卷第二号《全回运动之将来》文中所引）

把这几句话同七、八世纪的情形比较，的确不能否认回教文化的退落。他们很觉悟到五百年来的回教只留着一个躯壳，把精神失掉了；因此便有回教复兴的运动。这种运动果然能够实现，不但可以恢复过去在宗教上、文化上的荣耀，在世界宗教中更可与基督教相匹敌；占二万三千万人数的大团体（见同上），确是不可以轻视的。

---

① 炉：原作"罏"。

第四节 儒佛道的相互关系

一 对天的讨论

在宗教空气极浓厚的唐朝,忽然发生一回极有趣味的对天讨论。这回讨论的发起人要算是韩愈;他在柳宗元《天说》中有过一段问话,表示他对于天的怀疑,就是说:

"今夫人有疾痛倦辱饥寒甚者,因仰而呼天曰:'残民者昌,佑民者殃!'又仰而呼天曰:'何为使至此极戾也?'若是者,①举不能知天。夫果蓏饮食既坏,虫生之;人之血气败逆壅底,为痈疡疣赘瘘痔,亦虫生之;木朽而蝎出,草腐而萤飞,是岂不以坏而后出耶?② 物坏,虫由之生;元气阴阳之坏,人由之生。虫之生而物益坏,③食啮之,攻穴之,虫之祸物也滋甚;其有能去之者,有功于物者也;繁而息之者,物之仇也。人之坏元气阴阳也亦滋甚,④垦原田,伐山林,凿泉以井饮,窾墓以送死,而又穴为偃溲,⑤筑为墙垣城郭台榭观游,疏为川渎沟洫陂池,燧木以燔,革金以镕,陶甄琢磨,悻然使天地万物不得其

---

① 是:原作"此"。
② 不以:原作"以不"。
③ 人由之生:原作"人由生之"。益:原作"愈"。
④ 也:原作"者"。
⑤ 偃:原作"堰"。

情,倖倖冲冲,攻残败挠,①而未尝息,其为祸元气阴阳也,不甚于虫之所为乎?吾意有能残斯人,使日薄岁削,祸元气阴阳者滋少,是则有功于天地者也;繁而息之者,天地之仇也。今夫人举不能知天,故为是呼且怨也。吾意天闻其呼且怨,则有功者受赏必大矣,其祸焉者受罚亦大矣。"(见《柳先生集》卷十六)

有他那一番怀疑的话,便有柳宗元的答案:

"彼上而玄者世谓之天,下而黄者世谓之地,浑然而中处者世谓之元气,寒而暑者世谓之阴阳……天地大果蓏也,元气大痈痔也,阴阳大草木也,其乌能赏功而罚祸乎?功者自功,祸者自祸,欲望其赏罚者大谬矣;呼而怨,欲望其哀且仁者,愈大谬矣。"(同上)

这种斩钉截铁的唯物独断论,与荀子的《天论》,王充的天行,老庄的自然,实在有相同的见解。所以说:

"庄周言天曰自然,吾取之。"(同上书卷三《天爵论》)②

这样,他的思想好像根源于道家。其实不然;我们看他的《天对》,把屈原所怀疑的问题一一加以解答;而他所解答的总意还是一种

---

① 挠:原作"橈"。
② "书"下六字原无。

唯物论，可以看作《天说》的注疏。其与道家思想根本不同的所在，就是他是纯从唯物观念来断定宇宙本体，而道家却还认自然是一个不可思议。

从他那种唯物的独断论发表以后，便引出第三者的心物平行论，就是刘禹锡的三篇《天论》，用"天人交相胜"的道理来辩正他的纯唯物思想。在《天论上》篇中说：

"大凡入形器者，皆有能有不能：天，有形之大者也；人，动物之尤者也。天之能，人固不能也；人之能，天亦有所不能也。故余曰：天与人交相胜耳。"（见《刘梦得集》卷十二）①

他又用比喻来说明"天与人交相胜"的意义：

"若知旅乎？夫旅者，群适乎莽苍，求休乎茂木，饮乎水泉，②必强有力者先焉；否则虽圣且贤，莫能竞也：③斯非天胜乎？群次乎邑郛，求荫于华榱，饱于饩牢，④必圣且贤者先焉；否则强有力莫能竞也：⑤斯非人胜乎？苟道乎虞芮，虽莽苍犹郛邑然；苟由乎匡宋，虽郛邑犹莽苍然：是一日之途，天与人交相胜矣。"

"若知操舟乎？夫舟行于潍淄伊洛者，疾徐存乎人，次舍

---

① 相：原作"有"。"耳"字原无。
② 水泉：原作"泉水"。
③ 也：原作"焉"。
④ 两"于"字原作"乎"。
⑤ "力"字后原有"者"字。也：原作"焉"。

存乎人,风之怒号不能鼓为涛也,流之沠洄不能峭为魁也,适有迅而安亦人也,适有覆而胶亦人也,舟中之人未尝有言天者,何哉?理明故也。彼行乎江河淮海者,疾徐不可得而知也,次舍不可得而必也,鸣条之风可以沃日,车盖之云可以见怪,恬然济亦天也,黯然沉亦天也,①阽危而仅存亦天也,舟中之人未尝有言人者,何哉?理昧故也。"(同上)

理所能明的事,责之于人;理所不能明的事,乃归于天。这样,他所说的天能胜人、人能胜天,却是在人的智识上分别;人的智识发达,便能藉人力以胜天。下文他又说到"天数"两个字,以为人生所遭遇的幸不幸,本不是天数,乃是依照人的智识而定;智识高的人能见理之微,可免不幸。他尝说:

"以目而视,②得形之粗者也;以智而视,得形之微者也。"(同上)

这样,他所说的天也是一种自然,并不能祸福人;人的祸福都是由于自召;所以他的理论与柳宗元的意见原没有多少分别。他虽不满意于柳说,以为"子厚作《天说》,盖有激而云,非所以尽天人之际"。③ 但是柳宗元却说:

"发书得《天论》三篇,以仆所为《天说》为未究……及详

---

① 沉:原作"沈"。
② 目:原误作"见"。
③ 际:原作"故"。

读,求其所以异吾说,卒不可得。凡子之论,乃《天说》传疏耳,①无异道焉。"(见《柳先生集》卷卅一《答刘禹锡〈天论〉书》)

果然,细玩韩柳刘三人的立论点,虽说各不同,其根本的意义却没有什么两样,都是对于古代所信仰的天,从超神的而变为泛神的,从唯心的而变为唯物的,都可以说是近于怀疑论者,也是中国宗教思想中的一重公案。

二 辟佛的言论与反驳

反佛的言论,本不自唐朝始。汉末牟子的《理惑论》,是为佛教辩护,想当时必有一种反佛的言论的缘故。六朝范缜的《神灭论》,更是一种很厉害的反佛论。到得唐朝,倡反佛论的,先有傅奕,后有韩愈,此后则宋之欧阳修,以及程子、张子、朱子等理学家,皆有反佛的论调。试略言之:

傅奕尝著《高识传》,详列古今排斥佛教诸人,其书今不得见;惟其所上封事,痛斥佛教之害者凡十一条,可得而考。李仲卿乃著《十异九迷论》,刘进喜乃著《显正论》,以辅翼傅说,排斥佛教。便引起了佛教方面的反驳,法琳著《破邪论》,李师政著《内德论》,同时绵州明概著《决对傅奕废佛法僧事》八条,②法琳著《辩正论》,竟因此获谴。这一场笔墨官司,以傅奕为主干,法琳、李师政为应敌,

---

① "乃"字后原有"吾"字。
② 决对傅奕废佛法僧事:原作"决破"。

兹且以两方面的意见,综合叙述如下。

傅奕的意见约有五端:(1)佛法乃出西胡,不应奉之中国。(2)佛说为中国《诗》、《书》所未有。(3)佛教庙宇为淫邪之祀,宜悬为厉禁。(4)僧徒助恶作乱,足使政虐祚短。(5)崇事泥偶,实属迷信。

而李师政的辩驳,则说:(1)古来用人取物,不分胡夏,道更无远近亲疏可分。(2)《诗》、《书》不载之事甚多,不得以《诗》、《书》不载之事而弃绝之。(3)自汉至唐,世世奉祀,岂得尽以淫祀目之。(4)无佛以前,篡乱叛逆,莫甚于春秋,岂得以一二僧人为非,而归咎于全体?国祚长短,亦不能归咎佛教,无佛之时国祚不必尽长,有佛之时国祚不必尽短。(5)佛像等于中国木主,本不过敬神如在,以表其钦仰之意。

傅奕之后,则有韩愈,其著名辟佛的文章,有《原道》与《论佛骨表》两篇。① 邵太史注曰:"傅奕上疏,请除佛法,云降自羲农,至于有汉,皆无佛法,君明臣忠,祚长年久。汉明帝始立胡神,洎于苻石,羌胡乱华,主庸臣佞,祚短政虐云云。予谓愈之言,盖广奕之言也。"诚然,韩之立论理由,不出傅之范围,《原道》所言:

"古之为民者四,今之为民者六……农之家一,而食粟之家六……奈之何民不穷且盗也。"

是从经济方面攻击佛老,与傅奕"无佛则国治"、"未有佛之前,人皆淳和"同一意义。《原道》又言:

---

① 论:原作"谏迎"。

> "今其法曰:必弃而君臣,①去而父子,禁而相生养之道,②以求其所谓清净寂灭者。"

是从儒家伦理方面攻击佛教,以为君臣父子为古圣先王伦理教化之源,今悉去之,不啻扑灭古圣先王之教。所以他接着就说到禹、汤、文、武、周公、孔子,③在《佛骨表》中且更言:

> "佛本夷狄之人……口不言先王之法言,身不服先王之法服,不知君臣之义,父子之情。"

这与傅奕所说"佛法本出西胡"、"《诗》、《书》所未言"一样意义。在《原道》篇中,我们只见这两点,认为是他辟佛的理由;此外都不过是深恶痛绝的感情话,什么"道其所道",什么"人其人,庐其居",都没有什么意义的。但在《佛骨表》中却更有几点:

(一)就是说:"佛者,夷狄之一法耳","佛本夷狄之人",这与傅奕的第一义相同,是中国人固有的自大思想,以为世界之大,只有中国是礼义之邦,余皆不过蛮夷戎狄,与孟子"吾闻用夏变夷者,未闻变于夷者也"一样思想。④

(二)他以国祚年寿的长短来定信佛的罪,自黄帝的年岁一直数到梁武帝,比较出事佛者不但不能得福,反而得祸。这一番话,傅奕也已经说过了,可是韩愈却因此惹动宪宗的怒气,几乎丧了性

---

① "今"下四字原无。
② "生"字后原有"相"字。
③ "禹"字原在"汤"字后。
④ 与:原作"即"。

命,幸亏有人替他求情,结果便贬到潮州去。这条辟佛的理由原也并不充足,而且矛盾的地方很多。

(三)他以为天子不当信佛,因为将要影响到百姓。他说:

"百姓愚冥易惑难晓,①苟见陛下如此,将谓真心事佛,皆云:'天子大圣,犹一心敬信,百姓何人,岂合更惜身命?'②焚顶烧指,百十为群,解衣散钱,自朝至暮,转相仿效,惟恐后时③……伤风败俗,传笑四方,非细事也。"

这也是辟佛的一种理由,是防微杜渐的意思,也本于傅奕所谓"妖魅之气"、淫邪之祀的意义而来。不知这反为佛教说好话,能牺牲自己,解衣散钱,岂不是很好的社会服务吗?总观韩愈辟佛的言论,纯从效用上观察,不从思想上立论,所以非常肤浅,宜乎他的好朋友柳宗元也说:"退之所罪者其迹也……是知石而不知韫玉也。"在《送浩初上人序》中又说:④

"儒者韩退之尝病余嗜浮图言,余以为凡为其道者,不爱官,不争能,其贤于逐逐然唯印组为务以相轧者亦远矣。"⑤

这几句话好像故意说韩愈的好名逐利,在《韩愈别传》中有与大颠

---

① "愚冥"二字原无。
② "更"字原无。身:原作"性"。
③ "转相仿效"四字原无。
④ 此篇名或作《送僧浩初序》。
⑤ 两"余"字原皆作"予"字。"言"字原无。唯印组为务以相轧者:原作"惟印组是务者"。

和尚问答的话:

> "愈曰:'尔之所谓佛者,口不道先王之法言,安得而不斥之?'大颠曰:'计子尝诵佛书矣,其疑与先王异者,可道之乎?'愈曰:'吾何暇读彼之书!'大颠曰:'子未尝读彼之书,则安知其不道先王之法言也?且子无乃尝读孔子之书而遂疑彼之非乎?抑闻人以为非而遂非之乎?苟自以尝读孔子之书而遂疑彼之非,是舜犬也;闻人以为非而遂非之,是妾妇也。'"

韩愈自贬潮州后,与大颠往还甚密,尝三简大颠,转任袁州时,曾布施两衣,又尝赞其"能识道理,能外形骸,以理自胜"。当其过洞庭时祷祀黄陵二妃,且出资治其庙;又上贺册封号,讽宪宗封禅,大颠很率直地责备他,说道:

> "予知死生祸福,盖系于天,彼黄陵岂能福汝耶?主上继天宝之后,疮痍未瘳,子乃欲封禅告功以骚动天下,①而属意在乎子之欲归,子奚忍如是耶?"

这样恳切的话,非知己朋友不能出诸口,宜韩愈很感激而钦佩他。对佛教的观念也因而改变,故其作《送高闲上人序》有"今闲师浮屠氏,一死生,解外胶"的话,②为马汇作行状,赞其刺臂出血作佛书,可见其对佛教的态度,前后似出两人。

---

① 骚:原作"骄"。
② "今"下三字原无。屠:原作"图"。

自唐以后,驳韩愈辟佛之论不一而足,苏辙谓其"斥佛老与杨墨同科,岂为知道"。最利害的莫如契嵩和尚的《非韩论》,欧阳修、李泰伯皆自叹不如,王安石、苏轼、黄庭坚等皆服其才识。刘谧所著《平心论》两卷,多载驳韩之文,[①]可谓概括(上引皆见《平心论》)。[②]

宋代辟佛者首推欧阳修,所作三篇《本论》,首言佛法为中国患千余岁。《宋史》本传言:"愈性愎忤,当时达官皆薄其为人,而公则喜其攘斥佛老。"但他到了晚年也改变态度,与韩愈一样,尝以居士自称。跋《韩愈别传》中说:"余官琅琊,有以《退之别传》相示者,反覆论诵,乃知大颠盖非常人。余尝患浮图之盛而嘉退之之说,及观大颠之言,乃知子厚不为过也。"

此外如石守道作《怪说》,以佛教为汗漫不衍之教、妖诞幻惑之说。胡寅作《崇正辩》,李泰伯作《潜书》,皆力排佛教。理学家中如程、张、朱等,多有辟佛言论,他们大概都研究过释老之学,后来才返而求诸六经,所以他们的批评比较来得深切,像程颢说"释氏惟知上达而无下学",程颐说"昔之惑人也乘其愚暗,今之惑人也因其高明",张载说"释氏诬天地为幻妄",朱熹说"释氏自以为直指人心,见性成佛,而实不识心性"……这类话,在他们的语录中可以找见许多,比傅、韩、欧阳高明得多。但也有一样不可为讳的地方,就是他们自己所讨论的理气心性,大概都是含着一点佛学色彩,所以有人说他们"坐在禅床上骂禅",这也是不无理由的。

---

① 多:原作"下卷纯"
② "论"字后原有"论卷"二字。

三 理学与佛教的关系

理学是宋朝特产的哲学,说者谓其富含佛教思想,梁启超说它是"儒表佛里"之学,换句话说,就是儒佛思想调和的结晶。我们研究到这种调和的背景,它的历史已经是很久了;①从汉牟子作《理惑论》起头,经过许多学者及和尚的发挥,②不但认儒佛一致,且认三教为同源,上文已经约略说过了。这就是理学产生的远源;若从近一些的影响研究,不能不提到唐朝的李翱,他所著的《复性书》,把《易经》、《中庸》、老庄和佛义融合起来,当时很有人反对,但他却自己解释说:"彼等以事解,我以心通。"③他所谓"以心通"者,就是把《易》的寂然感通、《中庸》的诚明与老庄的复归、佛教的寂照调和而已。我们看他所说的大意是:

> "性为定静不动,惟善;情为性之动,有善有不善……性虽为情蔽,性亦不失;而无情则性亦不能新生。惟妄情灭息,乃复于性,性复则至诚。至诚之境,乃能寂然不动,感而遂通。既诚矣,则明;诚明乃不动之动,睹于不睹,闻于无闻,视听昭昭而见闻不起。"(见《李文公集》卷二)

即此数语,已足见其思想的近于佛,当时就有人骂他逃儒入佛了。

---

① 它:原作"他"
② "许"字前原有"好"字。
③ 彼等以事解,我以心通:李翱原话为"彼以事解者也,我以心通者也"(《复性书·中》)。

《复性书》中的理论，好像做了宋代理学家论性的图案，后来如周敦颐以下的理学家，他们学说的大体，都逃不出这一个范围。但是李翱的思想何自来？有人说他曾经问道于鹅湖的大义，及与药山惟俨等和尚相往还，所以他的思想曾受了佛教的影响。

说到宋朝理学家的开山祖师，自然要推到周敦颐，但是周敦颐的无极太极，动而生阳，静而生阴，与"寂然不动者，诚也；感而遂通者，神也；动而未形、有无之间者，几也"等话，可以说是祖述李翱而来的。他的学说中实在不能否认没有老佛思想，他所说的"无极而太极"，正如老子的"无名天地之始，有名万物之母"，无极是静，太极是动，动生于静，即"有生于无"，"无为而无不为"的意义。① 所以在他的《通书》里说："静无而动有"，"诚无为"，"寂然不动者诚"，"无欲故静"。这种寂然而诚的本体论，正与佛家所体认的虚无寂灭的本体一样。可见他的学说是满有佛老的质素。所以从道家方面说，道教祖师曾传《先天图》于种放，②历穆修而传于周子，同时又传于邵雍。黄宗炎《太极图辨》谓："周子《太极图》，创自河上公，乃方士修炼之术也……考河上公本图名《无极图》，魏伯阳得之以著《参同契》，钟离权得之以授吕洞宾，洞宾后与陈图南同隐华山而以授陈，陈刻之华山石壁。陈又得《先天图》于麻衣道者，皆以授种放，放以授穆修与僧寿涯……修以《无极图》授周子。"说殊凿凿可据。而佛家方面则传，周子尝从学于润州鹤林寺寿涯，参禅于黄

---

① "而"字原无。
② "祖师"二字原无。

龙山之慧南,问道于晦堂祖心,谒庐山佛印了元,师东林寺常总①。《郡斋读书志》说,周子《太极图》得之于僧寿涯,《弘益纪闻》则说周子、张子均得常总性理论及无极太极之传于东林寺。② 感山《云卧记谈》说:"周子居庐山时,追慕往古白莲社故事,结青松社,以佛印为主。"那末,他曾与若干和尚相往还,也不是绝对没有的事。他的思想曾受佛教的影响,也不能否认的。不过有人说,《太极图》不像是他的作品,陆九渊这样说,黄宗炎也这样说。

其次如张载,他是一个反佛最利害的人;他的反佛确是从研究佛理而来;《宋元学案》记他初谒范仲淹时,授以《中庸》一编,遂翻然有志于道,求诸释老,因无所得,乃反求诸六经。可知他曾经研究过佛典,所以他对于《楞严经》的批评不是门外汉语。他最不满意于佛教的,就是佛教以人生为幻妄,尝说:

"语其实际,以人生为幻妄,以有为赘疣,以世为荫浊。"
"释氏妄意天性,而不知范围天用,③反以六根之微因缘天地,明不能尽,④则诬天地日月为幻妄,蔽其用于一身之小,溺其志于虚空之大,所以语大语小,⑤流遁失中。其过于大也,尘芥六合;其蔽于小也,梦幻人世,⑥谓之穷理可乎? 不知穷理,

---

① 常总:原作"常聪"。常总(1025~1091),宋代临济宗黄龙派高僧,一作"常聪",可能当作"常總","聰(聪)"为"總(总)"形似之误。"常聪"和"常总"是同一人,但同书前后应该一致。
② 常总:原作"常聪"。
③ "释氏"及"而"三字原无。
④ 明:原作"過"。
⑤ 所以:原作"此"。
⑥ 世:原作"生"。

而谓尽性可乎？"（见张子《正蒙·大心》篇）

这种批评是根源《楞严》的世界观与人生观，不可谓非切中佛教之病。但是他自己的学说却又与佛理相通，尝说：

"由太虚，有天之名；由气化，有道之名；合虚与气，有性之名；合性与知觉，有心之名。"（同上《太和》篇）

他以虚与气为宇宙本体，名之为"天地性"，也叫它做太和。这太和的意义，正与佛教所说世间诸相杂和成一体者名"和合性"的意义相同。他所主张的除恶去妄而成无我，以及所谓虚与气有相即之关系，"知虚空即气，则有无、隐显、神化、性命通一无二"等等的话，在宇宙论、修养论方面，无不与佛理相通。他的博大思想表显于他所著《西铭》（《订顽》），虽然有人疑他是墨子的兼爱，但是从我们现在看来，实在与基督教的博爱精神毫无区别。他承认人是天之子，人类皆是兄弟，应当爱人，应当敬天，实在高过了墨子的思想。

传周敦颐学说的二程，据《宋元学案》说："大程德性宽宏，规模阔广，以光风霁月为怀。二程气质刚方，文理密察，以峭壁孤峰为体。"[①]这却是把二程的德性分别得很清楚。小程伊川为他的哥哥明道作行状，说他"自十五六时……慨然有求道之志……泛滥于诸家，出入于老释者几十年"，[②]可见明道亦曾学佛。他又与张载往还，当然于佛教思想有过研究，所以他也有许多批评佛教的话。他

---

① "宋元"二字原无。峭：原作"削"。
② 于老释者：原作"释老"。

说:"山河大地之说与我无关,要简易明白而易行",①"释氏说蠢动之含灵皆有佛性,如此则不可",②"说死生以恐动人,为利心","言免死生齐烦恼,卒归乎自私","以根尘为苦,为自利","徒除外物之患,堕于内外二境之弊。"③这些都是他批评佛教最重要的话,大旨与张载差不多,不过他以人伦为立场,与张载以理论为立场有些不同。其实在他识仁思想中有不少与佛理相同的,好像他所说的:"天地万物鬼神本无二",④"天人本无二。"与《华严》的"心佛众生三无差别"相同。⑤"物之外无道,道之外无物","道亦器,器亦道。"与《般若心经》"色即是空,空即是色"相同。⑥"自家元是天然完全自足之物","天地万物皆是自己","万物皆备于我,不独人尔,物皆然。"⑦与"一即一切,一切即一"的意义相同。"天地之间,只有一个感与应而已⑧,更有甚事?"与《华严》的感应相同。"道即性也,言性已错","才说性时,便已不是性","只说道时,便不是道"。⑨ 与《大乘起信论》说真如一样。此外如所谓义方敬直诚仁之顺序,仿佛佛教的戒定慧;"与善人处,坏了人,须是与不善人处,

---

① 此非程明道原话,只是意引。此书引文多为意引,一般不再出注。
② 释氏说:原作"云"。如此则不可:原作"非是"。
③ 言免死生,齐烦恼,卒归乎自私:原作"免死齐烦恼,为自私"。其他两句亦非程明道原话。
④ 本无二:原作"二无"。
⑤ 无差别:原作"平等"。六十卷《华严经》有"心佛及众生,是三无差别",略作"心佛众生,三无差别"。
⑥ "心经"二字原无。
⑦ 自家元是天然完全自足之物:原作"自家是天然自足物"。天地万物皆是自己:程颢原话作"仁者以天地万物为一体,莫非己也"。物皆然:原作"物亦然"。
⑧ "与"字原无。
⑨ 只说道时,便不是道:原作"说道时,便已不是道"。

方成就得人",①仿佛菩萨入生死海度众生的意思。即此可见,程颢的学说曾受佛教影响(上引见《宋元学案》卷十三)。②

程颐评佛,大旨与程颢相同,不过他曾经赞美佛教的修养工夫,说道:"只是一个不动心,释氏平生只学这个事。"③他在修养方面主张"心有主",用静坐、主敬、致知的工夫,所以说:"心有主则邪不能入,④无主则外物来夺","为其主者敬是也"。敬与静原是同样的工夫。只因要与佛教有所分别,故用敬字,不用静字。他说道:"才说静,便入于释氏之说也,不用静字,只用敬字。"⑤名字虽不同,工夫是一样的。他又尝与灵源、晦堂往还,灵源给他二封信,讨论到修养方法。他所著的《易传》,用"体用一源,显微无间"的佛教术语。⑥生平注重静坐,杨、游立雪,⑦传为美谈。静坐为禅家的唯一秘诀,其与佛教的关系于此可见。

至于朱熹,学虽祖述程颐,但他对于佛理的批评,理障更甚,远不如张载、程颢等透澈。他曾经说:"佛氏之学原出杨朱,后附以老庄之说",⑧真是盲目之谈。又说:"佛老犯三纲五常之罪";"老庄

---

① 与善人处,坏了人;须是与不善人处,方成就得人:原作"与善人处,反而坏我;须与不善人处"。

② 所引程明道的有些话在《宋元学案》中没有,基本上直接引自林科棠先生的《宋儒与佛教》。所引程明道的这些命题,出自《河南程氏遗书》。

③ 事:原作"字"。

④ 邪不能入:原作"時邪不入"。

⑤ "于"及"之说也"四字原无。"不"字后原有"宜"字。

⑥ 源:原作"致"。

⑦ 杨、游立雪:通常作程门立雪,出自《宋史·杨时传》:"杨时见程颐于洛,时盖年四十矣。一日见颐,颐偶瞑坐,时与游酢侍立不去。颐既觉,则门外雪深一尺矣。"

⑧ 此非朱子原话,只是意引。

不灭尽人伦,佛灭尽人伦,禅则灭尽义理";"禅者直指人心,是不知心,云见性成佛,是不知性,故灭尽人伦。"①这种批评,实在搔不着佛教痒处。但他自己所主张的穷理、尽性、致敬等等学说,类多源于程颐,不无禅家气味(上皆参见林科棠《宋儒与佛教》)。

尤显著的,则为陆王派所主张的心即理,与禅家更相近。故程朱派人往往骂他们是禅,陆九渊所说"宇宙便是吾心,吾心即是宇宙",②正是禅家心本真如的意义。王守仁所说"人人心中有良知",正是禅家人皆有佛性的意义。他们都认人心即天理,天理在人心之中,故陆九渊尝说:

"理,一理也,心即理也,③此心此理,实不容有二。此理本天所以与我,非由外铄,明得此理,④即是主宰,真能为主,则外物不能移,邪说不能惑。"(见《宋元学案》卷五十八)

理不灭,心亦不灭,大而天地,小而人心,无不包含于此理之中,故曰塞宇宙一理耳。王守仁说:

"良知是天理之昭明灵觉处,故良知即是天理⑤……心之

---

① 此三句朱子原话分别作"佛老之学,不待深辨而明,只是废三纲五常这一事,已是极大罪名!其他更不消说";"庄老绝灭义理,未尽至。佛则人伦灭尽,至禅则义理灭尽"(《朱子语类》卷一二六);"释氏……虽自以为直指人心而实不识心虽自以为见性成佛而实不识性是以殄灭彝伦、堕于禽兽之域,而犹不自知其有罪"(《晦庵集》卷七十《读大纪》)。
② "便是"和"即是":原皆作"即"。
③ 即:原作"亦"。
④ "明"字前原有"我"字。
⑤ "是"字原无。

本体,即天理也。"

"良知为人人先天所同具的本体,无分圣愚,莫不固有。"

"良知是真智慧。"

"良知在先天中圆满具足,了无缺陷。"(见《明儒学案》卷十)

这些理论完全是禅的主张,较诸程朱派尤为清楚。近世刘仁航曾译日本《阳明与禅》一小册,讲到这两方面关系很详,这里恕不赘述了。

总之,理学是中国的形而上学,历宋元明而至清,不下数百家,然总不出上列几家的范围。他们虽多有批评佛教的话,但是所讨论的理气心性都带着佛教的气味。所以说理学是出发于宗教思想,或说是宗教与哲学混合的结晶,都无不可。尤其是理学家的修养工夫,无论主诚、主敬、主静、主寡欲、主返观内心、主致良知、主敬以直内义以方外等等,莫不含有宗教上祈祷面目。因此,我们认为这也是一种宗教思想的表现。

四 佛教的全盛与高僧

佛教传入中国,在唐朝以前可以说是萌芽时代,唐朝才到了发达的时代;唐朝以后则渐渐凋落了。我们现在来说唐朝的佛教,应当说到开创的皇帝高祖,他是很重佛教的,他曾经舍旧宅改为兴圣寺。他那身经百战的儿子太宗,也是觉得杀戮太多,有些悔惧;当他即位之后,马上叫京城里的庙宇礼忏七日七夜,并且在战阵各地建立了寺宇:在幽州破薛举处建立昭仁寺,在洛州破王世充处建立

第五章　唐宋元的宗教思想

昭觉寺,①在洺州破刘黑闼处建立昭福寺,在汾州破刘武周处建立弘济寺,在晋州破宋金刚处建立慈云寺,在台州破宋老生处建立普济寺,②在郑州破窦建德处建立等慈寺。又建立弘福寺、慈恩寺,为后来玄奘等译经之所。这就是《大唐内典》中所说"四方坚垒,咸置伽蓝,立碑表德,以光帝业"。他曾经亲自撰著《大唐三藏圣教序》,诏令度天下僧尼,可见他对于佛教的提倡是很有力的。

　　高宗亦然,敬礼玄奘,好像石勒敬礼佛图澄,姚秦敬礼鸠摩罗什一样。他生了儿子,就是中宗,命玄奘为他题名叫佛光王;所以中宗即位,就敕东西京各建佛光寺。武后篡唐,礼佛更甚。西来僧徒日愈多,译经事业亦发达。贞观时有光智自中天竺来,译经于胜光寺。同时,有在佛教史上最著名之人物,首推玄奘。他是洛州人,在贞观三年八月西游印度,历五十六国,亲受业于戒贤门下,治《瑜伽》等大乘之学。及贞观十九年四月归国,前后共出国十六年,带来梵经,有二百二十四部大乘经,一百九十二部大乘论,③十七部迦叶臂耶部经律论,④四十二部法密部经律论,六十七部说一切有部经律论,三十六部因明论,十三部声明论,⑤共五百二十夹,六百五十七部。即开始在长安译经,历十九年手未释管,共译出七十五

---

① 洺州:或作"邙山"或"芒山"。
② 台:或作"莒"、"吕"、"侣"。宋:或作"霍"。
③ 乘:原作"众部"。此处遗漏了"上座部经律论一十五部,大众部经律论一十五部,三弥底部经律论一十五部,弥沙塞部经律论二十二部"。见(唐)慧立、彦悰:《大慈恩寺三藏法师传》卷六,《高丽藏》本,参见该书中华书局 2000 年版第 127 页。《大唐西域记》卷十二和《开元释教录》卷八所记"上座部经律论"皆为"一十四部"。吕澂先生所校支那内学院本《大慈恩寺三藏法师传》无"大众部经律论一十五部"。
④ "叶"字原无。
⑤ 因明论:或作"因论"。声明论:当作"声论"。

部,一千三百三十卷(参见梁著《佛典之翻译》玄奘译书目表)。①其出游情形详记于自著之《大唐西域记》,其生平事迹详载于《续高僧传》及慧立所著之《慈恩三藏法师传》,②皆可考见其译务之勤,说:

> "专务翻译,无弃寸阴,每日自立程课,若昼日有事不充,必兼夜以续……三更暂眠,五更复起,读诵梵本,朱点次第,拟明旦所翻。"(见《大慈恩寺三藏法师传》卷七)③

译梵为汉之外,又译《老子》为梵文以遗西域,复将《大乘起信论》从汉文更译梵文,使印度已失传之《起信论》得复保存。其在译业上的贡献,实高出于罗什。

玄奘弟子有三千之多,窥基为弟子中的第一;其次如圆测、普光、法宝、神泰、靖迈、顺璟、嘉尚、慧立、彦悰、神昉、宗哲,④都是弟子中的杰出者。窥基即慈恩大师,传玄奘唯识因明之学,这是印度的逻辑,首由玄奘输入中国的。窥基译著之现存者,有二十二部一

---

① 关于玄奘大师所译佛典总数,慧立、彦悰《大慈恩寺三藏法师传》作"七十四部、一千三百三十五卷"(此据吕澂先生所校支那内学院本,《高丽藏》本"五"作"八",参见慧立、彦悰:《大慈恩寺三藏法师传》,中华书局2000年版第220页);《玄奘法师塔铭》作"七十四部、一千三百三十八卷";《续高僧传》卷四作"七十三部、一千三百三十卷";《大唐故三藏玄奘法师行状》作"七十五部、一千三百三十一卷";《开元释教录》作"總出大小乘经律论等合七十五部、一千三百三十五卷,又别撰《西域记》一部",加《大唐西域记》十二卷为"七十六部、一千三百四十七卷"。在叙述此事时,部数和卷数当从其中一家,不宜分别从一家。
② "续"字原无。
③ 寺三:原误作"等之"。
④ 泰:原作"恭"。

百余卷;其中关于唯识学者占半数,为中国法相宗的根据。自玄奘译《俱舍论》(即《新俱舍论》,以真谛所译为《旧俱舍论》)后,弟子中发挥《俱舍》者甚多。普光、法宝、神泰皆撰注疏,称为《俱舍》三大家。窥基弟子慧沼,慧沼弟子智周,亦有许多著作,这个时代是唯识学最发达的时代,但自安史乱后便式微了。

与玄奘同时的,有一个中天竺人名叫那提,在高宗时也携带了五百多夹一千五百多部大小乘经律论到中国来,安置在慈恩寺。他本来是印度法性宗大师,亲出龙树之门;到了中国之时,①正是玄奘声誉最隆的时候。后来奉派到昆仑诸国去采药,等到回来,他所带来的经典都为玄奘搬去了,②他就没有方法可翻,那正像罗什对付觉贤的故事一样,③那提因此没有什么表现,④道宣《续高僧传》很为他可惜。⑤

当时在译著事业上著名的,如阿地瞿多、会宁、佛陀波利、地婆诃罗(即日照)、提云般若、实叉难陀、义净、菩提流志、善无畏、金刚智、不空、般若等人为最著。此外自印度来的,与华人中通梵语自译的甚多,其中尤以实叉难陀、义净、菩提流志、不空为杰出。实叉难陀译出《华严》八十卷,即今所存的唐译《华严》。原来自汉支娄迦谶所译《兜沙经》,支谦译《菩萨本业经》,及西晋竺法护所译五种,皆《华严》品分。后罗什译《十地品》,佛驮跋陀罗译《华严》六十卷,⑥为晋译《华严》,皆不很完全,实叉难陀所译较为完备也。

---

① "之时"二字原无。
② 此说不确,似当作"都被他人为玄奘搬去了"或"有人都为玄奘搬去了"。
③ 觉贤:原误作"贤觉"。
④ 现:原作"见"。
⑤ "续"字原无。
⑥ 华严:原误作"严华"。

义净是中国人,慕玄奘风,游印度二十五年之久,得梵本经律论约四百部,译出五十六部二百三十卷,并著有《求法高僧传》、《南海寄归内法传》等,①为佛门掌故珍重之书,玄奘以后的第一人。

菩提流志,南天竺人,完成《大宝积经》百二十卷,玄宗赐谥曰开元一切遍知三藏,可以知其学问了。此二人——义净、流志,曾参与实叉难陀《华严》译务,其贡献亦甚大。

不空为完成密宗(即真言宗)最重要之一人,译密部经咒凡百四十余卷,与善无畏、金刚智同来中国,同为密教功臣。后来传入日本。般若翻四十《华严》,为唐代最后的翻译家。其他著名作品,如玄应的《一切经音义》二十五卷,道宣的《大唐内典录》十卷,圆照的《贞元新定释教目录》三十卷,②《大唐贞元续开元释教录》三卷,与前此智昇的《开元释教录》二十卷,同为佛教重要的史料。

此外如灌顶的中兴天台,③更有荆溪大师湛然,尤为天台宗重要人材。法藏及清凉大师澄观、圭峰禅师宗密的宏扬华严宗,以及禅宗在此时所出的慧能,律宗中的相部法砺、南山道宣、东塔怀素,都是唐代的高僧。又有念佛宗,此时分善导与慈愍二派,亦极兴盛。但是,唐代佛教经安史之乱与武宗之难后,又加以五代的纷扰,也便衰落了。

宋太祖承周世宗毁佛之后,即行恢复佛教;首先命张从信雕《大藏经》于成都,为中国《大藏经》版的起始,《佛祖统纪》有"开宝五年,④诏京城名德玄超等入大内,诵金字《大藏经》"的话。太宗

---

① 寄:原误作"案"。
② "目"字原无。
③ 灌顶:原作"善导"。
④ 纪:原作"记"。

复太平兴国寺,其时西僧赍梵经来中国的亦络续不绝,如法天、吉祥、天息灾、施护等名僧,特建译经院(后赐名传法院)于太平兴国寺之西,①收罗他们从事译务。《佛祖统纪》记天息灾所定译经仪式:②

> "第一译主,③正坐面外,宣诵梵文。第二证义,坐其左,与译主评量梵文。第三证文,坐其右,听译主高读梵文,以验差误。第四书字,梵学僧,审听梵文,书成华字,犹是梵音。④ 第五笔受,翻梵音成华言。第六缀文,回缀文字,使成句义。第七参译,参考两土文字,使无误。第八刊定,刊削冗长,定取句义。第九润文,官于僧众,南向设位,参详润色⑤。"(参看蒋维乔《中国佛教史》卷三十第六章)⑥

译经院西设印经院,译毕即雕版,又选拔童子十人,在院学习梵学,使传译经之业,惟净即此十童中之一,后译著甚多;此为国立译场,经费皆由官给,可见太宗对佛教的热忱了。时有通慧大师赞宁,著《宋高僧传》、《僧史略》等书。⑦ 真宗时西来僧徒有法护、日称,仁宗时则有智吉祥、契丹国师慈贤,徽宗时则有金总持等,皆从事译

---

① 后赐:原作"即"。
② 纪:原作"记"。译经仪式:原作"实例"。
③ "第"字前当有"于东堂面西粉布圣坛,开四门,各一梵僧主之,持秘密咒七日七夜,又设木坛布圣贤名字轮,目曰大法曼拏罗,请圣贤阿伽沐浴,设香华灯水殽果之供,礼拜遶旋,祈请冥祐,以殄魔障。"
④ "犹"下四字原无。
⑤ "色"字后当有"僧众日日沐浴,三衣坐具,威仪整肃,所须受用,悉从官给。"
⑥ "蒋维乔"及"第"四字原无。
⑦ "赞宁"及"宋"三字原无。"传"字后原有"三集"二字。

著。综宋一代，佛教皆得国家保护，惟徽宗以信道故，曾抑佛教，然而未有若何影响。当时天台宗发生山家山外之争，也是佛教史上一件大公案；由于教理上发生不同的见解，及对于天台大师所著《金光明经玄义》广略本的真伪问题而起，①以晤恩的《发挥记》为导火线，一方对于荆溪所作《十不二门》亦起争端。② 在山外方面有源清、宗昱等，山家方面则有知礼，两方辩难，著作甚多。这是天台宗的内部问题，然亦影响于当时的佛教。当时惟禅宗最为发达，虽分为五家七宗（即曹洞、临济、沩仰、云门、法眼五家，临济又分杨岐、黄龙二派，故谓七宗），而各有其传授系统，极为隆盛。名僧如契嵩、圆通居讷为云门宗人，灵源、常总为黄龙派人。元代虽重喇嘛，然以信用禅僧刘秉忠故，禅宗亦极发达。明太祖幼为禅僧，明之佛教多为禅宗，有憨山大师德清、蕅益大师智旭，③皆富于著作。此外如律宗中的南山律，有允堪、元照以著作而宏其教，华严宗有长水、净源以著作而兴其宗；念佛宗尤为包罗万象，无论何种宗派，皆从念佛法渐趋于融合。

佛教在唐代为登峰造极的时代，宋代虽曾产生不少学者，已不及唐代，自宋以后更无足述。惟元代则有特别的喇嘛教自西藏流入，成为元代的国教。喇嘛教本为唐太宗时从中土输入之佛教，与西藏原来之巴恩教融和，④渐成为带有密教色彩的喇嘛，后出有宗喀巴其人改良其教义。但元世祖尊八思巴为国师，末流所至，乃至演成演撰儿的怪现象，即广聚女子以取乐的恶风，佛教堕落，一至

---

① "大师"二字原无。
② 十不：原作"不十"。
③ 旭：原误作"昶"。
④ 巴恩教：即苯教，又称苯波教、黑教、蓬菩教。

于此。

五　帝王与道教

唐代虽称为三教鼎立,但是因为国姓与老子相同,故终唐代二百多年,特别尊崇道教。排佛的傅奕曾为道士,贞观十一年,有洛阳道士与佛僧辩论之事,以道士得势之故,把道士女冠列于僧尼之前。① 尤其是玄宗,几以老子教为国教,称老子为大圣祖玄元皇帝,② 诏诸州立玄元皇帝庙,并设立崇玄馆,③使诸州学生皆习《道德经》与《庄子》、《列子》等书;封庄子为南华真人,称其书为《南华真经》;封列子为冲虚真人,称其书为《冲虚真经》;封文子为通玄真人,称其书为《通玄真经》;封庚桑子为洞灵真人,称其书为《洞灵真经》;④设道举之制,置博士、助教以教授诸生,官吏登庸,皆由道举出身。

是时道教虽借托老子之名,然颇多迷信;以神仙长生之术诱人信仰。唐代诸帝,如太宗、高宗、宪宗、敬宗、武宗,皆惑于道士之言,服食丹药而死。先是王浮作《化胡经》,说老子、尹喜因欲化胡成佛,投身为释迦、文殊。至是二教讨论《化胡经》的真伪,法明乃问老子往印度成佛,用华语抑用胡语?使道士无言可答,于是高宗命将道书中化胡之语尽行除去,中宗亦命道观中撤去《化胡图》,⑤因当时知道此种虚搆事实,与老佛产生年代不符,不能自圆其说。

---

① 冠:原作"道士"。
② 祖玄:原作"教"。
③ 崇玄:原作"玄学"。
④ 上文两"灵"字或作"虚"字,四"真经"原皆作"经"。
⑤ 撤:原作"撒"。

唐武宗之灭佛教及外来宗教,独留道教一事,尤为显然,会昌元年,武宗召赵归真等道士八十一人入宫,亲受法箓,衡山道士刘元靖得帝信仰,①为光禄大夫,任崇玄馆学士。又招罗浮山道士邓元超,②互相结纳,以厚其势,于是演成扑灭道教以外宗教的惨剧。

宋太宗集天下道经七千卷,修治删正,真宗亦选道士为之详订,成三千九百五十七卷之《宝文统录》,并赐御序,即为《道藏》。徽宗极信道教,赐道士徐知常为冲虚先生,自称教主道君皇帝,任用林灵素、徐守信、刘混康等人,建玉清昭阳宫,奉祀老子。改天下佛寺为宫观,奉长生青华帝君像,行千道会,费帑无数。诏道箓院烧毁佛经,称佛为大觉金仙,称菩萨为仙人大士,称僧为德士,尼为女德士,德士位在道士之下。使道士居佛寺之中,其意盖欲使道佛二教混合为一,亦即欲吞灭佛教而仅成一道教。但不久即取消前诏,恢复旧观。

元世祖时,曾有烧毁道藏之令,除老子、《道德经》外,悉禁止;并刻碑立石,记其始末。其事盖起于道士丘处机、李志常等毁灭佛像寺塔,占为道观,至有四百八十二所之多;并据《化胡经》说压迫佛教。宪宗乃令佛道辩论,道士失败,于是有焚毁伪经之命。说谎经文尽行烧毁,至是已凡三次,令道为僧,不愿者为民,当时罢道为僧者有七八百人。其原因实由于道教徒的侵占佛寺而起的反动,《辩伪录》有载《焚毁诸路伪道藏经之碑》;《佛祖通载》列此焚毁道藏书目凡三十九部,道士之归佛者十七人,这是佛道争衡中一大公案。

---

① 元:或作"玄"。靖:或作"清"。
② 超:或作"起"。

当时道教中的著名学者,有孙思邈著《千金方》,司马承祯著《坐忘论》,张志和著《元真子》,罗隐著《两同书》,谭峭著《化书》,杜光庭著《广成集》,①吕纯阳著《吕祖全书》,②张君房编《云笈七签》等,更有无能子、天隐子、刘进喜、叶法善、赵归真、林灵素等皆为道教中著名人物。

总之,道教除老庄外,学理浅薄,迷信甚多,远不如佛理高深,故虽一时得帝王的信仰提倡,偶有一时的兴盛,然不久即消声匿迹,并无特别发旺的机会,这是道教本身不良的缘故。而且这时候的道教,无非复演汉魏以来的金丹服食符箓等等迷信,没有什么思想上、学术上、宗教上的贡献。

第五节 也里可温教的传布

一 也里可温与景教的关系

也里可温,是元代基督教的名称。在唐朝有景教,在元朝有也里可温教,名称虽然不同,但同是基督教的一种。佛教在唐武宗的时候遭遇了不幸,一时在中国内部似已无基督教存在,实则在中国的西北方与南方,仍不绝基督教教士的足迹。尤其是在北方的蒙古,与欧洲的基督教国有特别的关系,基督教士也就跟着蒙古人的势力而复兴于中国。当元太祖时,正值欧洲十字军之争,太祖、太

---

① 杜:原作"孙"。
② 著:原作"的"。该书多为后人依托或扶乩降笔。

宗曾予罗马教皇以助力,因此常有密切的往还。及世祖入主中华,基督教因随而传入中国,名之为也里可温。也里可温,本蒙古语,意思就是福分人,或有缘人,或即"奉福音之人"。多桑谓蒙古人呼基督教为 Arcoun,唐景教之阿罗本,或即是也里可温的古音。清洪钧著《元史译文证补》卷二九中有《元世各教名考》,①说道:

> "也里可温为元之天主教,②有镇江北固山下残碑可证;自唐时景教入中国,支裔流传,历久未绝,也里可温当即景教之遗绪。"

又说:

> "多桑译著《旭烈兀传》,有蒙古人称天主教为阿勒可温一语,始不解所谓,继知阿剌比文、回纥文,也阿二音往往互混,③阿勒可温即也里可温。"

也里可温这个名词,数见于《元史》中,且常与和尚、先生、答失蛮并列,和尚为佛徒,先生为道士,答失蛮为回教徒,那末,也里可温就是基督徒了。

元世祖是一个雄主,很可以比美唐太宗,对于宗教也是同样的宽大,佛、耶、回诸宗教都能容纳。其母别吉太后,为基督教信徒,所以当马可孛罗觐见世祖后,世祖便命其携书致教皇,且请求派遣

---

① "卷"下三字原无。
② 为元之:原作"之为"。
③ 互:原作"相"。

道行高深的教士百人来华,并取来耶稣墓前灯油以为纪念(见《马可孛罗游记》)。可见基督教在中国又开一新纪元了。也里可温既然就是基督教,那末,也里可温与佛教有什么关系呢? 我们先来看一看梁相《大兴国寺记》所说:①

"薛迷思贤,②在中原西北十万余里,乃也里可温行教之地。愚闻其所谓教者……祖师麻儿也里牙(按即马利亚)……今马薛里吉思是其徒也。教以礼东方为主,与天竺寂灭之教不同……十字者,取像人身,揭于屋,绘于殿,冠于首,佩于胸,③四方上下以是为准。薛迷思贤,地名也;也里可温,教名也。公之大父可里吉思,父灭里,外祖撒必,为太医。太祖皇帝初得其地,太子也可那延病,父、外祖、舍里八、马里哈昔牙(义即信耶稣者)徒众祈祷始愈。充御位舍里八赤(舍里八义即智慧,赤即官也),本处也里可温答剌罕(答剌罕义即一国之长)。至元五年,世祖皇帝召公驰驿进入舍里八,赏赉甚侈。舍里八煎诸香果,泉调蜜和而成。④ 舍里八赤,职名也,公世精其法,且有验,特降金牌以专职。九年,同赛典(贵族)赤平章往云南,十二年往闽浙皆为造里八,十四年钦受宣命虎符怀远大将军、镇江府路总管府副达鲁花赤。虽登荣显,持教尤谨,常有志于推广教法。一夕,梦中天门开七重,二神人告云'汝当兴寺七所',赠以白物为记。觉而有感,遂休官务建寺:首于

---

① "大"下四字原无。
② 贤:当作"坚",或作"干"。
③ 佩:原误作"侣"。
④ 蜜:原作"密"。

铁瓮门舍宅建八世忽木剌大兴国寺,次得西津竖土山并建答石忽木剌云山寺、都打吾儿忽木剌聚明寺,二寺之下创为也里可温义阡;又于丹徒开沙建打雷忽木剌四渎安寺,登云门外黄山建的廉海牙忽木剌高安寺,大兴国寺侧又建马里吉瓦里吉思忽木剌甘泉寺,杭州荐桥门建样宜忽木剌大普兴寺:此七寺实起于公之心。公忠君爱国,无以自见,而见之于寺耳。完泽丞相谓公以好心建七寺奏闻,玺书护持,仍拨赐江南官田三十顷,又益置浙西民田三十四顷,为七寺常住。公任镇江五年,① 连兴土木之役,秋毫无扰于民;家之人口受戒者,悉为也里可温,迎礼佛国马里哈昔牙、麻儿失理河、必思忽八,阐扬妙义,安奉经文,而七寺道场始为大备;且敕子孙流水住持。舍利八世业也,谨不可废,条示训诫,为似续无穷计,益②可见公之用心矣。"②(见《(至顺)镇江志·卷九·大兴国寺记》)③

我们在这段记事中,不但可以知道镇江也里可温的创始情形,更可以看出也里可温与景教实是相同的基督教。所以在《马可孛罗游记》中有"镇江府有景教礼拜寺二所,千二百七十八年,大可汗命景教徒名马薛里吉思者为其地长官,寺即其所建"等话,这是明明说镇江也里可温寺为景教寺的起头。后来俞樾序杨文杰《东城记余》说道:

"余读其中大普兴寺一条,称其奉乃也里可温之教,有十

---

① 任:原作"住"。
② 益:原作"盖"。
③ 国:原误作"园"。"卷九"二字原无。

第五章 唐宋元的宗教思想

字者,乃其祖师麻儿也里牙之灵迹,①上下四方以是为准,与《景教流行中国碑》所云'判十字以定四方'者,其说相合。"②(见《春在堂杂文》六编卷九)③

这也是认也里可温为景教之说。最近麦克纳在《中国基督教四大危急时期》的演说中,叙述景教之后即曰:

"基督教在中国本部未及推广;其在中亚则继续传布,至十三世纪中叶元世祖时,东方基督教日渐来华,重整旗鼓。"

这是认也里可温与景教本为一脉之传。不过也里可温乃元代基督教通称的名字,当时并不知道中间的派别,或统称为十字教、十字寺而已。洪钧《元史译文证补》卷二十九有很详细的记载,可以参考。

二 也里可温兴盛的一斑④

元代起自蒙古,当其未入中国之先,曾据有中亚细亚诸地,即基督教广行的地方,后来又西侵欧洲,北抵俄罗斯,罗马派与希腊派的基督教都为所吸收。及至入主中国,此等教派都亦随之而来,弥漫内地。最显著的则为镇江杭州的七寺,其实并不是独盛于镇

---

① "儿"字原无。
② 合:原作"同"。
③ "六"下四字原无。
④ 斑:原作"班"。

江杭州,之所以如此,①乃是由于镇江《大兴国寺碑》文独保存在《(至顺)镇江志》中的缘故。② 假使我们看一看元朝的官制,在《元通制条格·僧道词讼门》有一条记载:

"至大四年十月十四日,省台官同奏:昨前宣政院为和尚、也里可温、先生、等,开读了圣旨的上头,奉圣旨教俺与御史台、集贤院、宣政院、崇福司官人每,一同商量者么道,圣旨有来,御史台、集贤院、崇福司来省里一处商量来。崇福司官说:杨暗普奏也里可温教崇福司管时分,我听得道来,这勾当是大勾当,不曾与省台一处商量,省台必回奏,如今四海之大,也里可温犯的勾当多有,便有壹佰个官人也管不得③,这事断难行,么道说有。"④

宣政院是管释教的,集贤院是管道教的,崇福司是管也里可温教的,当时杨暗普做江南释教总统,崇福司就根据他的奏章提出这番意见;可见也里可温人数之多了。再从《(至顺)镇江志》户口类看:侨寓户三千八百四十五之中有也里可温二十三户,一万五百五十五人口之中有也里可温一百六人,二千九百四十八单身之中有也里可温一百九人。从镇江一区讲,一百六十七户中有一户也里可温,六十三人中有一个也里可温人。宜乎要说"一百个官人也管不得"了。但这还是单从江南一部分讲,若从《元史·职官列传》去

---

① "之"下五字原无。
② "由于"二字原无。
③ 佰:原作"伯"。
④ "么道"二字原无。

看，有许多写着也里可温字样：北方如山西、陕西、河南、山东、直隶等省，南方如广东、云南、江浙等省，皆有也里可温驻居，那当然也有礼拜寺及崇福司等在各该处。再据《元史·顺帝纪》，说到别吉太后之丧有：

"后至元元年三月，中书省臣言，甘肃甘州路十字寺奉安世祖皇帝母别吉太后"云云。

甘州有十字寺，马可孛罗也提及过："甘州者……其地基督教徒于城中建大礼拜寺二所。"别吉太后是信奉基督教的，《文苑纪》有"命也里可温于显懿庄圣皇后神御殿作佛事"的话，这不独可以知道别吉皇后是基督徒，更足以证明也里可温已普遍于全国了。《元史》所见"某某者，也里可温人"，有达官，有孝子，有良医，有学者，有义士……很多很多，而且他们的名氏又多与古基督徒相同。元代著名的文学家马祖常（见《元史》卷一百四十三），本是聂斯脱里望族，也是历代的大官，从他所著的曾祖《月合乃神道碑》（见《元史》卷一百三十四），①便可以知道他们是元代大族，都是也里可温人。黄溍曾著《马氏世谱》，记载极详，余阙《合淝修城记》记马世德政绩，也有也里可温国人字样（见《青阳集》卷三）。

《中国基督教四大危急时期》里说到，罗马教王尼古拉司第四，②命佛兰西司可派教士孟德可儿米诺来华，由印度至燕京，孜孜布道，得世祖许可，建教堂于燕京，信徒达六千余人。后又得可隆

---

① "从"字原无。
② "中"下五字原无。

教士阿诺尔来相助,教务愈加发达。孟德将印度及中国教会情形报告到罗马,教王嘉其功绩,封为中国主教。后来罗马教士继续来华传教者日多,基督教便日益兴旺。不过这里明说是佛兰西司可派,那末,与江南的聂斯脱里的派别不同,不过在当时都称为也里可温,现在我们也无法把它分别清楚;①好像现在中国传教的一百三十多宗派,都叫它基督教一样。

三 也里可温与佛道的争端

在元代文告中,每以和尚、也里可温、先生并称,或称僧、道、也里可温,于是便发生朝贺班次的争端。《至元辨伪录》卷三曾有:②

"释道两路,各不相妨,只欲专擅自家,遏他门户,非通论也。今先生言道门最高,秀才人言儒门第一,迭屑人奉弥失诃言得生天,达失蛮叫空谢天赐与,细思根本,皆难与佛齐。"(见钱大昕《廿二史考异》卷八十七所引)③

这是出于佛教徒之口,可见当时各教互争的情形。又《元典章》卷三十三有:

"大德八年,江浙行省准中书省咨礼部呈奉省判集贤院呈:江南诸路道教所呈:温州路有也里可温,创立掌教司衙门,

---

① 它:原作"他"。
② "卷三"二字原无。
③ 《廿二史考异》无"只"下十四字。廿:原作"二十"。

招收民户,本充教户计,及行将法箓先生诱化,侵夺管领,及于祝圣处祈祷去处,必欲班立于先生之上,动致争竞,将先生人等殴打,深为不便。申乞转呈上司禁约事。① 得此,照得江南自前至今,止存僧道二教,②各令管领,别无也里可温教门。近年以来,因随路有一等规避差役之人,投充本教户计,遂于各处再设衙门,又将道教法箓先生侵夺管领,实为不应。呈乞照验。得此,奉都堂钧旨,送礼部照拟,议得即目随朝庆贺班次,③和尚、先生祝赞之后,方至也里可温人等,拟合依例照会外,据擅自招收户计、并挽管法箓先生事理,移咨本道行省严加禁治,相应具呈照详。得此,都省咨请照验,依上禁治施行外,行移合属并僧道箓司、也里可温掌教司,④依上施行。"

这一道咨文是根据道教的呈控,其重要原因乃在将法箓先生诱化。所谓招收民户,充本教户计,认为侵夺管领之权。其余如祝圣祈祷时的班次,甚至将法箓先生殴打等话,原属附带的问题,并不十分重要,但也可想见也里可温的兴盛,乃至引起佛道二教的排挤。现在礼部既明定朝贺班次并禁止招收户计,并谓投充户计是为规避差役,这自然是片面的判决,然亦适足反证基督教人数的加增影响到法箓先生。

还有一件与佛教的争端,就是镇江十字寺的交涉,竟至被佛教没收改作金山下院,也里可温实受了一大打击。金山寺本来是晋

---

① 乞:原作"讫"。
② 存:原作"有"。
③ 目:原作"日"。
④ "道"字原无。

朝建武时建立的，初名叫泽心，后来梁天监水陆法式，就在寺中营斋，宋大中祥符的时候改名叫龙游；到元朝至元十六年的时候，马薛里吉思做镇江达鲁花赤，建立十字寺于西津冈头，到二十七年，乃收金山寺为下院，这是赵孟頫的按语。到这时候，元仁宗颇信仰佛教，收十字寺复改为金山下院，归佛教所有，赵孟頫奉敕撰碑，①立于其地。其碑文中有：

"也里可温擅作十字寺于金山地，其毁拆十字，命前画塑白塔寺工刘高，往改作寺殿屋壁佛菩萨天龙图像，官具给须用物，②以还金山。庚辰，荐降玺书护持，金山也里可温子子孙孙勿争，争者坐罪以重论……特奉玉音，③金山地外道也里可温倚势修盖十字寺既除拆所塑，其重作佛像，绘画寺壁，永以为金山下院。命臣孟頫为文，④立碑金山，传示无极云"云。（见《（至顺）镇江志》卷十）

同时，潘昂霄也奉敕撰碑，⑤有：

"至元十六年，也里可温马薛里吉思者，绾监郡符，势张甚，掇危峰秀绝之所，⑥屋其颠，祠彼教，曰银山寺，营隙为侪类

---

① 敕：原作"旨"。
② 须：原作"需曰"。
③ 音：原作"旨"。
④ "臣"字后原有"赵"字。
⑤ 敕：原作"旨"。
⑥ 秀绝：原作"绝秀"。

葬区……今皇践祚,①敕宣政臣婆间等,即寺故像撤去之,②仿京刹梵相,朱金绀碧,一新清供,付金山住持佛海应声长老,锡名金山寺般若禅院,举域一辞,归诚赞羡。"③(同上)

也里可温经打击以后,或日即于衰微,而至于灭亡,亦未可知。考查也里可温灭亡的原因,除了异教徒的压迫以外,尚有一重大的原因,在《四大危急时期》中说:

"中国景教徒为数颇众,大半系蒙古人,非中国人,威廉罗伯鲁不克来华,即在中亚传道,与中亚景教接触,评其缺乏智识……设此两派耶教均以基督为法,互相敬爱……则耶教在华在亚之发展,必无限量也……总主教约翰初居北京宁夏时,景教徒极力反对,是以两方互仇,不能协力同心……约翰尝捕入法庭,屡受污辱……"

由此可知,物必自腐而后虫生,两派基督教既自相倾轧,自然佛教得收渔翁之利。此所谓景教,即指南方的也里可温,依唐人名而名的。仁宗以后,元朝的国势日衰,历三十年即亡国,斯时的基督教也就随着国祚而消灭。因为它既然藉着国家的势力而兴隆,当然要随着国势而衰灭,固不单是由于教派倾轧的缘故。

---

① 祚:原作"阼"。
② 撤:原作"撒"。
③ 羡:原作"美"。

第六章　明清及近代的宗教思想

第一节　宗教生活概况

一　佛道的衰落

以曾经做过皇觉寺小沙弥的明太祖,对于佛教当然有一种特别的因缘;故即位以后,锐意振兴佛教。惟因为元代佛教所发生的流弊,乃加以严厉的约束,凡欲为僧者,必须经过经典考试,给予度牒,不准私自薙度。设僧道录司,专管佛道二教。成祖以禅僧道衍(即姚广孝)之力,得逐惠帝而为天子,于是重用姚广孝,与元代的重用刘秉忠如出一辙。校刻藏经,实为成祖对佛教最大功绩。[①] 武宗信佛尤笃,惟世宗因信仰道教之故,毁宫中佛像及京师佛寺,道士邵元节、陶仲文皆为显宦,道教之势力渐大,竟因误服道士王金丹药而死,佛教又复隆盛起来。其时佛教,分禅讲教三种,禅重参悟,讲重说法,教则专事祈祷礼拜等仪式。佛教的形式虽具,精神已渐衰落,喇嘛教的势力犹驾佛道而上之;但普通宗教思想皆趋于三教一致,即佛教亦仅余禅净二宗流行民间。清代以满族入主中

---

① 绩:原作"蹟"。

国,有蒙古人尊崇喇嘛之遗风。惟清代帝王中颇知尊重儒术,提倡佛教,以笼络中国人民。顺治为帝,亦如明代限制僧徒出家,但游民之穷无所归、以僧院为逋逃薮者,又比比皆是。于是流品既杂,佛教愈陷于破产地步。同时以尊崇喇嘛之故,留宫唪经皆为喇嘛,真正佛教已无足述。

但是清代诸帝中,如顺治、康熙、雍正、乾隆,皆喜参禅理,尤以雍正的《御选语录》收其禅师名言,与乾隆的集刻《龙藏》,①又以满洲语翻《大藏经》为最大工作。嘉道以后,一以因佛教内部的腐化,一以因太平天国的影响,佛教遂一蹶不振了。

形式的佛教虽衰,而研佛的居士却渐多,如宋世隆、毕奇、周梦颜、彭绍升诸人以外,②江都郑学川、石埭杨文会,皆注意于刻经事业,狄葆贤设流通处于上海,并办《佛学丛报》。民国以后,有中华佛教总会成立,以及上海佛教居士林,佛教净业社,常熟的华严学院,武昌的佛学院,厦门的闽南佛学院,③常州的清凉学院,南京的内学院,都是谋中兴佛学的组织。沙门中有赤山法忍、天宁清镕、鼓山古月、留云密融等宏扬禅宗,谛闲、月霞的大开讲筵,以及天童敬安的奔走护法。发刊杂志的,如太虚所主的《海潮音》,欧阳竟无所主的《内学》,咸期有以发扬教理。当光绪庚子时,自敦煌千佛洞发现唐人写经,最足予不绝如缕的佛教以新生命。于是从最近的佛教看来,寺院的佛教仅存庙宇,为游人的凭吊,与僧徒的寄食,衰落已到极点,而学者的研究,在学理方面却大有发展,思有以迎合时代的潮流。

---

① 龙藏:原作"大清重刊三藏教目录"。
② 颜:原作"贤"。
③ "佛"字原无。

至于道教,自明世宗一度尊崇以后便毫无生气,仅有世袭的张天师专恃符箓祈禳以延其残喘。民间的宫观与逐食的道士,亦不过为营业之一,绝无宗教意义。清代帝王中未有注重道教的,甚至康熙有"一切僧道,原不可过于优崇"之谕。道光停止张天师入觐,最近且并张真人的封号亦取消;道教几已无形消灭了。不过学者中对于老庄诸子颇多从哲学方面加以研究,不以宗教上的经典目之了。

二 基督教的宣传

自元代亡国,基督教亦随而消灭,至明代末年,基督教又复卷土重来,是为基督教传教于中国第三期。开创第三期工作的教士,要算意大利的利玛窦;其实在利玛窦之前、与利玛窦同时的,又有好些人,不过这些人没有显著的成绩,所以不能取得历史上的盛名。惟有利玛窦,他在1582年偕劳吉耳同来中国,[①]居于澳门,不久劳吉耳仍返罗马,只留利玛窦一人,潜易僧服至广东肇庆,便在肇庆学习中国语言。后来得到郭制台的允许,代为奏请朝廷,许其留居肇庆,奏请的理由则为:

> "因澳门商旅杂遝,市阛喧阗,为交通孔道,而不便于研究学术,拟在肇庆建筑房屋,设立教堂,得以祈祷、求学、幽居、默想,对于所学必更能增进。"(见《大西利先生行迹》)

---

① 1582:原作"一五八二"。他处径改。

从此，利玛窦便在中国有托足之地，渐渐地扩展起来，以致于成功了第三期的基督教宣传，不可谓非煞费苦心。因为这一期的宣传工作，与前两期大不相同，前两期都是受着皇帝的欢迎、大官的提倡，这一期乃纯从教士自己的努力，并没有借着帝王的势力。我们从艾儒略所著《大西利先生行迹》看来，至少可以看出利玛窦几点成功的要素：

（一）他善于交际中国朝野的学士名人，当初到香山墺的时候，便得制台陈文峰的邀请同商墺事，及至端州，又获交郭制台、王太守，赠以地图、浑天仪、地球、考时晷、报时具等物，以是乃得于肇庆有立足地。后来获交名士姑苏瞿太素、京兆王玉沙；在江西得谒中丞陆仲鹤及建安王，陈交友之道，作《交友论》以献。显宦如王忠铭、赵心堂、祝石林、王顺菴、吴左海、冯琢菴等，名儒如李心斋、李卓吾、李公素等，莫不与之往还，艾《传》所举不下百人。卒得刘心同之介绍，入京觐见，又获交京中名士，得徐玄扈（即光启）、李我存（即之藻）、杨廷筠的皈信，为此时基督教柱石，称为圣教三杰，利氏著作皆出其手。

（二）他能努力研究汉学，主张融通儒理。利氏初居端州约有十年，其时专习语言文字，诵读中国书籍，六经子史无不通晓。不独能写作流畅的中国文字，并能摹拟中国下级社会谈吐，熟悉各种风俗礼节，了解中国人固有的宗教信仰，对于儒家的祀祖祭天极主容纳，并且尊敬孔子学说，所以得学士大夫的欢迎与朝廷的优遇。但亦因此引起教会内部的反对，为后来衰落原因之一。

（三）他能介绍西洋学说，开发中国人的闭关思想。当时中国人绝不知有世界之大与科学之名，一见世界地图、时辰钟等物，咸惊为见所未见。自利氏首先以西洋学说输入中国，使中国在天文、历数、舆地等等学术上，得开一新局面。他所译著的《天学初函》，分理、器两编，一以发挥天主教义，一以介绍格致之学，于中国学术界发生很大的影响。

综利氏一生工作，不可谓非基督教在中国第三期开创功臣。厥后继承利氏而起的教士亦皆努力于此，藉学术以发扬教义。天主教遂得流行于上级社会，极一时的兴盛，但不久便引起了两次非教风潮，一在明神宗时礼部侍郎沈㴶主动的，一在清圣祖时钦天监杨光先主动的，虽受一时的极大打击，而基督教潜势力的伟大未见稍衰。及至教会内部发生派别之争，乃有解散耶稣会之举，于是耶稣会自利氏以来一百九十年的工作归于消灭。但耶稣会虽经解散，而别派天主教乃继续传布，至今不绝。距耶稣会灭亡后三十四年，有英国马礼逊传入基督新教于广州，盖即基督教第四期在中国的开始，迄今又传布一百三十多年之久了。当马礼逊初来中国的时候，亦感受很多的困难，不独遭中国人的反对，亦遭外国人的反对，英国商人既设法阻止其来华，葡萄牙人又恐影响其商业，加以天主教在澳门的教士百般的反对，不能入中国境内。但马氏排除一切阻碍，毅然来华，隐居广州有二十七年之久，翻译《圣经》，印刷书籍。① 厥后虽有英德美三国继续来华的教士，然皆不能公开传教，进入内地。及至道光年间，因鸦片条约许开五口商埠，教士得传教条约的保护，于是络续而来，宣教事业日渐发达。各宗派之来中国者，有一百三十余派之多。英国教士戴德生到上海，组织内地会，用刻苦的精神，推广及于汕头、宁波等等内地。庚子一役，北方教会受义和团的反对，杀戮教士和教徒无数，但基督教反因此而更

---

① 翻译：原作"繙绎"。

形发达。直至民国成立,发生非教运动,基督教自知内容的腐败,力图整顿,有本色教会的提倡,脱离不平等条约的束缚,于是基督教又造成一种新的趋势。总本期基督教的工作,影响及中国思想的改变,有很显著的下列几点:

(一)平等自由的主张,掀动了中国固有的思想。首先提倡男女平等,兴办女子教育,如福州的敏英女学,自办理至今已历七十余年。于是女子之读书求知者日愈多,受教育之女子从阶级制度中得解放。提倡天足,扑灭缠足的恶风;婚姻自由,打破买卖式的制度。今日女子解放的结果,不能不说是从此起头的。

(二)介绍科学,较前期基督教尤为努力。当时西来的教士,莫不以翻译西洋科学书籍为最大工作。于是中国学术界鉴于八股试帖的毫无实用,渐知研究科学,破除迷信。当中国尚盛行科举的时候,基督教即仿西洋学校制度创办学校,列格致为学校课程。中国变法维新,废科举,设学校,而所采用的格致课程,尤多仰给于教士的译本。当时教会所设立的译著机关,如至今尚存的广学会,乃其一也。

(三)德谟克拉西的思想,影响到中国的政治和社会。久伏于皇帝统治下的人民,渐知中国乃中国人的中国,不但发生种族的革命,尤其发生阶级的革命,于是帝制果然推翻了,一切社会的组织亦渐趋于平等。封建社会,阶级制度,渐渐崩溃。当革命未成之前,能公然宣传平等思想,惟有藉条约保护的教会不受政府的干涉。是以有若干革命领袖,都借教会为宣传的地方,孙中山亦曾为基督徒,而受此种思想的影响的。

现在的基督教虽处在风雨飘摇的时候,为一般社会所唾弃,但追原其起初的贡献,似不能从历史上将它一笔抹煞。

三　思想解放与趋势

五十年以前的中国人民，完全处于儒家思想支配之下，只知道所谓三纲五常，紧紧地为旧礼教所束缚。海禁既开，西洋学说随着各国商船载入中国，科学思想，平等精神，渐渐动摇了中国固有的礼教，产生出革命的思想。首先倡种族革命的洪秀全，虽然功败垂成，但种族平等的思想却种入于中国一般人的脑海。可惜这个时候，大多数的中国人还是皇恩深重，为满清效忠，如曾国藩一流人，为中国旧礼教忠君主义的奴隶，犹抱着天下之大，中国独尊，西学之入，认为是用夷变夏，当加以严厉拒绝。士大夫中既不少此类人，无知愚民因此酿成排外的举动，如义和团的扶清灭洋，结果反受了极大的损失。于是从排外的思想变为媚外的态度，处处以摹仿西洋为事，全盘地承受外来的方法，以为凡属西洋方法都是好的，这是一个极大的反动。康梁维新，演成戊戌的政变，虽亦失败，而满人已知道适应时势，为表面上的敷衍。卒以辛亥一举，帝制消灭，成为五十年来新思想运动所结出的第一果实。

政治上虽有这一度的表现，而社会思想方面犹复蹈常习故，因循敷衍，于是陈独秀等人以北京大学为大本营，发起新思想运动的团体，发刊的《新青年》杂志，专以破坏旧礼教旧思想为务，青年人受其影响者速于置邮传命。同时胡适等提倡白话文，推翻贵族文学，吴稚晖等提倡注音字母，谋语言的统一，这都是思想解放的先声。厥后五四运动的霹雳，不但惊觉了政治家夜郎自大的心理，更是唤醒了全国人的迷梦。

从此解放之声，自政治家以至于贩夫走卒，咸知奔驰于自由之路。于是社团的组织日益多,鼓吹的刊物日益众,有关于男女社交的,有关于家庭制度的,有关于文学思想的,有关于经济组织的,有关于伦理道德的,莫不向旧社会旧思想宣布独立,奔向自由的目的。最近三民主义的革命成功,尤注意于民族的解放,努力于国际间的奋斗,从不平等条约中求解放,谋建设一平等自由的新中国。

宗教思想方面,当然要随着历来的新思想运动发生极大的改变。无论唯心唯物的人,都觉得仪式的宗教是一种迷信的表现,应当从人类社会中把它消灭。尤其是唯物主义者,绝对不承认宗教的地位,要从根本上把它铲除。但在唯心的人,以为宗教尚有其精神上的价值,须从实质上加以改良,把精华的所在提贡于人们。于是现在独盛的佛教与基督教两种,皆起了内部的革新运动,期适应现代的潮流。此外关于中国固有的天祖崇拜,与种种神怪风水星相等迷信,皆已臻于末路,将不旋踵而消灭了。这也是思想解放中的一种趋势。

第二节　耶稣会的输入与传布

这时候在宗教中占得最大势力的,除佛教外,只有基督教一种了。佛教在中国已有深长的历史,影响于一般人民的生活自然是很大;不过现在的佛教,也已经从宗教的地位变成哲学的研究了。下等社会的信仰佛教,虽然还是带着迷信的色彩,而智识阶级中人大多主张吸取其学理,打倒其宗教。在佛教本身方面,亦无何种特殊的贡献足以引起社会的注意。

至于基督教,却占了现在中国宗教中特别普遍的地位,所以值得特别的提起。

一 耶稣会的输入

元代在中国传布的基督教，也就是所谓天主教，不过当时有显然的两派：一派叫聂斯脱里派，就是唐朝的景教，一派叫佛兰西司可派，两派曾经发生过冲突；但是在元朝灭亡以后，这两派基督教都一齐消声匿迹。

明朝的起初，正值欧洲有新旧教之争，那些旧教徒便向东方发展，到了嘉靖三十一年，有耶稣会派教士沙勿略（St. Francisco Xavier 1552），也有人翻做圣舫济，①奉罗马教会之命，从印度来到中国广东的山川岛——葡萄牙人居留地，葡萄牙商人恐怕基督教事业影响他们的商务，竭力阻止他到陆地上去，不多几时他就死在这个岛上。后来就有同派的奴涅司（Nunes 1555）、克鲁司（Cruz 1556），以及奥古斯丁派的赫拉达（Herrade），佛兰西司可派的阿尔法罗（Alfars），先后来华，居于岛上。直至1560年，有法里那尼（Valignani）来居澳门，②因不能入中国境内，乃于1571年建耶稣会教堂于澳门，努力于日本传道事业。他因为不能到中国，所以曾经对中国界上的石山发出沉痛的叹息，说道："磐石呀！磐石呀！什么时候可以开裂、欢迎吾主啊？"可见当时传道进中国的不容易了。

到1580年，耶稣会继续派遣罗明坚（Michaele Ruggieri 或译劳吉耳）与利玛窦（Matteo Ricci）二人同到澳门，③法里那尼便叫他们

---

① "co"原无。圣舫济：通常作"圣方济"或"方济各"。
② 法里那尼：通常作"范礼安"。
③ "Michaele"原无。"ri"原作"rs"。

入中国传教。不久罗明坚回罗马去了,独利玛窦改换僧服,潜入广东肇庆,这就是基督教在中国第三期的开始。

利玛窦既然到了肇庆,学习中国语言,得了抚台的允许,请愿朝廷,就在那里建寺营居。十年后他移居到韶州,便把肇庆的寺宇让给司马刘公。起初,他为了便于居留的缘故,曾经身穿僧服,这时候听了范礼安之劝,改穿中国儒者的服装,以便与中国士大夫往来。于是他的生活完全是中国化了;不独专心研究中国文字,更能仿效中国下级社会的谈吐,接交了许多中国文人学士。1601年偕庞迪我同到北京,觐见中国皇帝明神宗,①把经像及万国舆图、自鸣钟、雅琴等物献给朝廷,颇蒙嘉奖,遂赁市房于京师。在京约十年,至1610年病殁,朝廷赐予葬地。

综计利氏在中国约三十年,由广东到江西又到南京以及于北京,到处受中国士大夫的欢迎,甚至有慕其学问远道来访的。因而皈依其教的有二百人之多,其中如钟铭仁、黄明沙等人,后来竟因此而受极大的艰苦,又有如徐光启、李之藻、杨廷筠等人,帮助他译著了许多书籍。他自己也能写作流利的中文,所献给建安王的《交友论》,出于他自己的手笔,后来经过万历进士王肯堂修改,但是他的原本文字亦很通顺,可见他学问的渊博,所以得人的信仰。欲知他的生平,有艾儒略所著《大西利先生行迹》。

二 教士的著作与事业

利玛窦在中国传教的工作,最大的贡献厥有四项:(1)赞扬儒

---

① "明"字原无。

教,(2)结交名士,(3)介绍科学,(4)翻译书籍。大部分的工作还是在著作方面,在韩霖等所编的《圣教信证附录》里提起他所著的书,有《天主实义》、《畸人十篇》、《辨学遗牍》、《几何原本》、《交友论》、《同文算指》、《乾坤体义》、《勾股义》等十五种。

在这编中所列举的八十九个教士,大多数都有遗留的著作,最著名的如:龙华民著有《地震解》、《圣教日课》等八种;庞迪我有《七克》、《人类原始》等七种;高一志有《西学修身》、《西学齐家》、《西学治平》、《励学古言》、《幼童教育》等十五种;熊三拔有《泰西水法》、《简平仪说》、①《表度说》等三种;阳玛诺有《圣经直解》、《景教碑诠》、《经世金书》等八种;毕方济有《灵言蠡勺》、《睡答》、《画答》等三种;艾儒略有《西学凡》、《几何要法》、《职方外纪》等二十五种;邓玉函有《奇器图说》、《测天约说》等六种;汤若望有《浑天仪说》、《古今交食考》、《恒星表》等二十三种;罗雅各有《比例规解》、《五纬表》等十九种;利类思有《超性学》、《不得已辩》等十八种;南怀仁有《康熙永年历法》、《坤舆全图》等十三种。这些都是关于天文学、历算学、舆地学等等有名作品。此外如傅汎济的《名理探》,则为西洋论理学输入之始;邓玉函的研究《中国本草》至八千种之多,是为中国植物学研究之始;张玛诺的设学淮扬,为中国有学校之始。其他各教士阐道的作品实在不胜枚举,内中有不少尚可以从天主教图书馆中找到的,可见明末清初的教士他们介绍西学的努力了。这些教士大都散处在燕京、广东、江西、江宁、浙江、江苏、河南、山西、福建、陕西等省传教,有几处公共的墓地,如北京阜成门外的滕公栅栏,广东的香山墺,杭州的方井南,南京的

---

① "说"字原无。

聚宝门外雨花台侧,福州北门外十字山,都是当时教士们丛葬的地方,现在还可以找到它的形迹,这也可以看见当时基督教发达的一斑。

不但如此,当利玛窦传教北京以后,汤若望、罗雅各等教士颇为明思宗所信任,所以当时的教士得在中国十三省中自由传教,于极短的时间内,信道人数达到数万。上自皇帝廷臣,下至庶民士子,都有信仰其教的。瞿纱微、卜弥格竟能感化明熹宗皇后及崇祯帝信教,①同时皇族中受洗者有百四十余人。明室既亡,偏安于两广的桂王,其大臣如瞿式耜(即瞿太素之孙)、丁魁楚(即立唐王于福州者,此二人后皆殉国)、庞天寿等人,首为基督教热心信徒。名媛如金声之女、许缵曾之母(即徐光启孙女)以及清初名画家吴历,都信奉其教。永历太后(圣名烈纳)、马太后(圣名马利亚)、王皇后(圣名亚纳)、太子慈烜(圣名当安)皆受洗奉教。明廷既陷于危难,还想借教士的力量恢复国家,所以派遣教士卜弥格携带永历太后谕文及庞天寿书信,赴罗马呈请法王因诺曾十世;庞天寿复派家人随往,由广州西行,经印度及波斯而至罗马。不意其时适因诺曾逝世,亚历山大第七继任,及卜弥格得新法王覆书回华,桂王已力穷势蹙,播迁云南,永历太后及庞天寿皆已物化,卜氏遂流离安南,次年亦即病死。

明室既亡,清人入主中国,仍优待当时教士;汤若望以治历算之学,得为钦天监监正之官。当时天主教新堂落成之时,世祖亲赐"钦崇天道"的匾额。这些教士因长于历学制炮之术,颇得朝廷信仰;虽先后有沈㴶及杨光先两次的反教风潮,不久仍渐恢复,能够

---

① "明"字原无。"信"字前原有"的"字。

自由地传布。①

三　教士在科学上的贡献

明末清初之交，天主教士所以能取得朝廷的信任而有公开传道的机会，都是由于他们努力于科学和艺术的介绍。我们从上述的各教士著述中，看见有许多关于科学艺术的作品，这便是西洋学说输入中国的起端。那时候的中国并不知什么叫做科学，一看见万国舆图、天文仪器、自鸣钟以及关于天算的书籍，都诧为新奇，便引起了许多人的羡慕和学习。在那些教士，不过欲用学术来做传道的工具，想不到却因此下了中西学术沟通的种籽。

他们在介绍这些学术以外，并且亲身帮助明清两朝铸造枪炮，这原是与基督教宗旨根本违反的，但是却因此反而予基督教以良好的机会，不可谓非绝大的侥幸。首先为明代铸造战炮的，要算罗如望与阳玛诺二人，在1622年的时候，熹宗皇帝鉴于满洲势力的日渐张大，而且有白莲教作乱，把已经放逐的教士（因沈㴶奏参的）召回来制造铳炮。到毅宗的时候，又继续命汤若望与罗雅各等制造，然卒不能挽回垂亡的明代。偏安在南方的桂王，还想借教士的力量向西方基督教国请求援助，予以精锐的武器，恢复国家；到底因为内乱频仍，满人已乘机侵入，无法挽救。到了清朝，一般教士仍获得世祖的信任，汤若望等继续其治历的职位。及至三藩抗命的时候，圣祖又命南怀仁于治历之余铸造铁炮，造成大小百二十尊，分送陕西、湖广、江西等处；后来又造成轻便的欧罗巴式神威炮

---

① 地：原作"的"。

三百二十门,在卢沟桥试放,圣祖亲临观看,大加赞赏,赐以工部侍郎职衔,以示优宠。

至于他们在天文历算方面的贡献尤为巨大;自明熹宗起用教士龙华民、邓玉函开历局于宣武门内首善书院,推步天文,制造天算仪器及纂修历书以后,汤若望、罗雅各、徐光启等亦多参加是项历算的工作。崇祯以汤等所著《新历书》较诸钦天监的推算为准确,遂拟颁布西洋新历,适因明室灭亡,遂不果行。清世祖定鼎后,仍优待汤等,颁行新历,斥去《大统历》,命汤若望掌钦天监印信,引起了杨光先的反对,废弃西历,复用明历。不久又因推测日影的错误,复起用教士南怀仁为钦天监副,又招致恩理格、闵明我、徐日升等共治新历,修整仪器;南怀仁著成《新制灵台仪象志》十三卷,西法新历又复颁行。此后教士中为历政顾问的不一而足。圣祖又命教士等分赴蒙古及中国内地测量地形,制为地图,名曰《皇舆全览图》。可见教士于天文历算炮术舆图等的尽力;西洋物质文明影响到中国的学术界,不可谓非有相当的贡献。

四　非教风潮与天主教的衰落

在明清之交,发生过两次非教风潮:一在明神宗时由礼部侍郎沈㴶主动的,一在清圣祖时由钦天监员杨光先主动的。先是利玛窦既得神宗的尊敬及士大夫的钦仰,教会日臻发达,便引起一般人的反对。及利死后,即有强烈的反动发生于南京,沈㴶连上三疏奏参远夷,以暗伤王化为理由禁止传教,朝廷卒为其言所动,于是于1616年拘捕钟明礼等信徒八人,严行鞫审,送司法定罪。第二次又拘捕钟鸣仁等十一人及幼童五人,分别定罪。这就是所谓南京教案。由礼部会审了好几次,认为一桩非常重大的案件,那些被捕的人吃了许多苦楚,甚至有因此丧命的,这可以说是中国基督徒第一次为教而死的。西教士王丰肃也被捕监禁,①并移解出境。我们读了当时沈㴶的三疏及礼部会审的记录,与递解王丰肃的移文,均觉得这次的风潮是非常之大的。其余在中国的传教士也一律驱逐出境,教会几乎因此消灭,虽有徐光启所上《辨学章疏》,竭力为教士等辩护,也没有效果。但是当时朝野中赞成天主教的人也很不少,不过对于这件案子也无法挽救。东林党叶向高曾有《赠西国诸子》诗,盛称其教理的宏深,有"拘儒徒管窥,达观自一视,我亦与之游,泠然得深旨"的话。② 李卓吾、李日华、池显方等皆有赠教士诗,极表其敬慕之意。沈光裕听汤若望讲经,也感而赋诗;钱路加有五言二十韵长诗赠汤若望。这些可以见得当时士大夫中对于教会的好感。但是也有痛骂的诗,如姚燮的《天主堂》诗,周瀛邅的《有感》,都以夷狄禽兽骂之。见于文告的也有两方面各是其是的文字,如山西绛县雷翀的告示,题名为"尊天祛邪",说"佛道二教,使人不尊天而尊己;③西儒修身事天,爱人如己"等云。福建建宁县左光先(左光斗之弟)的告示,有"天主为普天共主,群生大父,利先生首入中华,倡明景教,艾等皆西儒拔萃……盖西儒之学足辅王化,毋妄相揣度"云云。同时福建巡抚海道施邦耀的告示,却诋为邪教,并搜捕信教之人,有"通夷罗在不赦,捕得黄克私、李财六及夷人二名,令县民具结,十家连坐"等话。这可以见得两方面的意见。

非教文字中的最有力的,莫如黄贞的《不忍不言》、《破邪集》、

---

① "丰肃"原倒。他处径改。
② 泠:原作"冷"。
③ 己:原作"已"。

《请辟天主教书》等。他是一个信佛的人，自称为天香居士或白衣弟子，他的非教理由以佛教为立场，所以说："佛道至高，以摄九十六外道之法摄之，免其惑世诬民；毋以十字刑枷，置祖宗神祇之上。"他曾经上书于其师颜茂献，举天主教的可患可愤者五条，请其著论辟之。他的《破邪集》中收罗了许多非教的文章，如张广湉的《证妄后说》，有"西人诬妄先师"的话；邹维琏的《辟邪管见录》，有"诪张为幻，左道惑人"的话；释普润的《诛左集·缘起》，有"斩祖先之祀，乱秉彝之大伦，于是集缁素之文，以诛左道"的话。他的原意，欲鼓动佛教的联合战线，所以便引出许多和尚的作品，如普润的《诛左集》，密云的《辨天三说》，袾宏的《天说》，①圆悟的《辩天说》，通容的《原道辟邪说》，如纯的《天学初辟》等类甚多。

此外如王朝式的《罪言》，钟始声的《天学初征》、《再征》，虞淳熙的《利夷欺天罔世》，林启陆的《诛夷论略》，许大受的《圣朝佐辟》，李生光的《儒教辩正》，陈侯光的《辩学刍言》等类，皆为非教有力的文字。他们非教的理由，大约以破坏中国伦常为骨干，以阴谋不轨为罪状，故能唤起了许多人的同情。

第二次非教运动由杨光先首先发难，响应的人也不少；清廷竟因此下汤若望、利类思、安文思、南怀仁等于狱，以谋为不轨的罪状，将宣告死刑，同时各省教士都加以拘禁。官吏中有信教者革职处罪，天主教在此时几乎完全扑灭。不意因为迷信地震为天之示戒，竟释放被囚教士，放逐之于澳门，不多几时，又因召制枪炮，得恢复其布教自由。这一次非教也是非常厉害，杨光先所著的《不得已辑要》，中间有三篇《辟邪论》，都是很有刺激性的文字。在钱大

---

① 袾：原作"袜"。

昕《笔记》中谓"戴东原尝言,欧罗巴人欲以重价收买《不得已》而焚之"。这是不是事实?现在不得而知,不过在《不得已》中所载的几篇文章,确引起了极大的风潮。其驳斥教义的理由,与沈㴶等的意见差不多,中间自然有许多不情不实、捕风捉影的话,也是时代思想使然。最足以激动人的地方,就是说教士们的行动都是含着不可测度的危险,包括于"谋为不轨"四字,于是帝王也受了激动,要扑灭它了。他们都以辟邪自命,究竟所欲辟之邪,一半是由于卫孔的热心,一半是由于传闻的误会。在《不得已》书中所刊着的曾国藩《致威妥玛》书与《湖南阖省公檄》中,有许多可笑的话。曾书以孔教为立场,无非那一套用夷变夏的老调,但也写得很有声色;《公檄》举七妄十害,竟有取童精,剜目制药,取黑枣,探红丸等罪名,这种谣传在最近三十年前还很普遍,当时人的智识如此,固不足怪。不过就文而论,比现在一般非教文章,实在还要高明得多。

这两次的非教运动是不是使天主教衰落的原因?那绝对不是的。天主教真正衰落的原因,乃起于教会的内讧。内讧的焦点就是多美尼可派、佛兰西司可派与耶稣会派神学思想的冲突。耶稣会派自利玛窦到中国来,迎合中国人的风俗习惯,即以崇拜祖先与尊敬孔子,认为无妨教旨,大开方便之门。而多美尼可派等则认为耶稣会士的卖教求荣,便呈控于法王因诺曾十世,①法王便斥耶稣会派的不当。耶稣会派即派遣卫匡国赴罗马申辩,适值新法王亚历山大七世继位之初,听耶稣会派的解释,认为适当。过一年,因诺曾十一世的时候,②为调停两派纷争的意见,用一种模棱两可的

---

① 因诺曾:通常作"英诺森"。
② "世"字原无。

话来解答:"如果这些仪式不是当作偶像的崇拜,而是当作一种社交的方法,便可不必过问。"这种意见不但不能满足两派的意见,反而增加了两方的争论。

这时在中国总辖教会的主教名叫梅格罗(Maigrot),他也反对耶稣会派的主张,所以报告法王,说耶稣会报告与事实不符,法王克勒勉十一世发教书责耶稣会士的不当,[①]并宣谕:此后对神称谓,不得用天或上帝,须用天主之名;并遣主教铎罗代表法王觐见中国皇帝,呈递教书。康熙帝告以中国祀祖的意义,否认法王有规定中国教义之权。铎罗见势不佳,深恐清廷与法王发生纠纷,把法王教书匿不发表,想先令清廷承认他有总辖中国教会之权,逐渐使耶稣会派教士服从法王命令,这是他的一种权宜之计。但是康熙帝很右耶稣会派的主张,以为中国之天与基督教之神,是一而非二;中国拜孔祀祖,与基督教义并无冲突;基督教圣书与中国经书可以融通;家中供奉祖先神位,非绝对的不可能。这即是耶稣会的主张。康熙帝便把这意思布告全国教士,凡不遵从此意见的立即放逐出国,所以当时因此被逐出国的教士很多,主教梅格罗也在其内。但是铎罗所携的法王教书,他既然不敢用法王的命令公布,却用自己的名,取其精义,发表公布,谓凡不服从法王命令的立即退出中国。康熙帝见了大怒,拘捕铎罗,放之澳门监视,竟死在狱中。清廷又发一种居留证于教士,凡没有这居留证的不准居留中国。同时法王亦有相反的命令,谓凡不服从法王命令的不许在中国传教;并且为了要实行这条命令起见,派遣嘉禄主教到中国来。他见了康熙帝这样的坚决,同时又听了耶稣会教士的分诉,觉得法王的命令很

---

① 克勒勉:通常作"克雷芒"。"世"字原无。

难实现，他就在法王教书的后面，加上八条调停的话，大旨说，教会所行仪式如果是纯粹的社会仪式，不妨容纳。这种让步原想得到两方的谅解，岂知法王绝对否认，于是当时教士便陷于进退维谷之势。雍正继位，适有教士参与八卦教阴谋嫌疑，于是闽浙总督满宝奏请放逐外人，并禁止诸色人等信教，同时法王亦有解散耶稣会的命令，于是在中国有过一百九十年工作与二十万信徒的耶稣会天主教，就此疾终正寝了。耶稣会虽已消灭，但别派天主教仍得继续活动，如拉杂利司特派的在南北两京，佛兰西司可派的在陕西，密西翁司派的在四川，多美尼可派的在福建，葡萄牙教会的在澳门，可见天主教的传教事业并未中断，不过换了别派的人罢了。这是第三期基督教在中国的大概情形。

第三节　基督新教百年来的情形

一　马礼逊的来华

传入基督新教到中国的，谁都知道是英国马礼逊，他是1807年（嘉庆十二年）到中国的。当时从英国到中国来，只有东印度公司的商船，英国人都反对马礼逊到中国来传教，因为恐怕影响他们的商业，所以不准他买票登轮；他既然不能直接到中国来，他就乘轮到美国，再从美国到中国的澳门（这是西人的居留地），跟着东印度公司中的书记叫士丹顿的，到了广州，他努力于翻译《圣经》的工作。[①] 因为他没有到中国以前，曾经得到一个中国人叫容三德的，

---

① 翻译：原作"繙绎"。

教他汉文华语;又在伦敦博物院里得着一本汉译的《圣经》,他就亲手把它抄录三十页,容君帮助他抄到《希伯来书》为止,他就把它带到中国,作为翻译圣经的根据。当时中国官吏对付洋人非常严厉,所以他在广州布道翻译很多不便,就在1812年退到澳门。澳门是在天主教势力范围之下,他所译著的书被天主教认为邪说,悉数焚毁。他又回到广州襄助商务,白天办公,晚上传教著书。他所著的第一本小书叫《神道论赎救世总说真本》,第二本叫《问答浅注耶稣救法》,第三本叫《古时如氏亚国(即犹太国)历代略传》,第四本叫《养心神诗》。因为广州官吏严禁传教印书,不得已将印刷工作迁到麻六甲,1814年有米怜教士到中国来,帮助他创办印刷局于麻六甲,印成马礼逊所译的《新约》并其余所译的书籍(马氏是第一个把《圣经》译成汉文的人,其完成这伟大的工作是在1819年11月25日,脱稿于广州)。这一年在澳门收得第一个信徒叫蔡高,他本来是一个印刷手民,后来为天主教所陷害,死在监里。越二年米怜在麻六甲收纳第二个信徒叫梁发,做中国第一个宣教师,他的坟墓现在迁在广州岭南大学里。马礼逊在澳门译完《新约》后,又译《旧约》,并著成《华英字典》,①这是中国第一部英文字典。他曾经到北京任英使馆翻译,不久即南回。第二年又收了一个信徒叫屈昂,后来在香港帮助李雅各办理印刷事业。② 马礼逊死于1834年,前后在中国工作二十七年,在译著的方面与前期的利玛窦差不多。米怜也帮助他译《旧约》,梁发也著了些布道小书,叫《劝世良言》。当米怜在麻六甲的时候,创办一个英华书院,这是教会创办学校的

---

① 原作"汉英字典"。他处径改。
② 李雅各:通常作"理雅各"。

起头,后来李雅各做这个学校的校长。这是马礼逊开创第四期基督教的大概。

二 基督新教的扩充

自马礼逊以后,伦敦会继续派教士来华;米怜至广东,麦都思至上海,米怜之子米利尼至宁波,杨格非至武汉、天津,艾约瑟至烟台及北京,于是由粤而推广到北方。李雅各曾把中国的四书五经译成英文,这也是一件极大的工作。

1830年,公理会有美教士裨治文至广州创办英文报章,为中国有报纸的第一种。1835年有葛兰德女士在新加坡创办女学校,1844年阿尔德女士创女学校于宁波,这都是中国有女学的起始。后来也逐渐推广到福州、直隶等处。孙中山也在1883年在香港喜嘉理牧师那里受洗。从此各教会纷纷派遣教士来华,礼贤会郭士立设教会于香港,王元深(即王宠惠之祖)是首先信教的一个。圣公会有骆君等由厦门而到上海,后来在1851年设学校于上海,即今之圣约翰大学。及至鸦片战争以后开五口商埠,传教士得乘此进入中国自由传教。但是这时候对于教会犹多疑惧,《天津条约》成立后,中国人民的观念渐渐改变,基督教遂得以尽量的扩充。于是先后来中国传教的教会,如长老会的扩充到北方,归正会在厦门,浸礼会在宁波,美以美会在福州,圣道会在天津,内地会在杭州,基督会在南京,瑞华会在河南,信义会在湖北,英美会在四川,协同会在陕西,圣洁会在山西,遵道会在湖南,自理会在云南……都次第建立,到现在多至一百三十余不同的宗派,布满全国,向内地四出布教,虽有小小非教风潮,卒赖条约的保护,一般人民都敬而恨之。其间最努力于传教事业者,要算内地会的戴德生,他在1865年自动到中国来,并不受什么教会的差遣,他穿着中国衣服,与中国人一同生活,用刻苦的精神设立教会于杭州,后来推广到南京、镇江、扬州,以至于安徽、湖南、山西、浙江、蒙古、贵州等处,其范围为最大。他们的传教士都是勤劳耐苦,他们的教会不分国籍,不分教派,也不劝募捐款,全以信仰为基础。五十多年以来,教徒有十二万左右。从内地会开了这种刻苦传道的方法,其他教会都想效法它,于是传教的风气为之一变。

当时传教的方法,除注重在口讲宣传外,又皆注重于儿童教育,创办男女学校及主日学校。一部分创办译著机关,著作发扬教义的书籍及翻译西洋科学,发行许多布道小品。宣教士如马礼逊、裨治文、李雅各、费来、卫三畏、丁韪良、狄考文等,在著作方面虽不比前期的成绩,但是影响到中国的学术思想者很大。例如花之安用中国的经书来阐明教义,李提摩太用佛理来解释教义,林乐知介绍西洋学术,办《万国公报》,李佳白创办尚贤堂,融通各教,以及其他创办杂志报章,组织天足会、济良所,都对于中国的革新运动有巨大的影响。各处又创设医院,疗治疾病,办理赈灾事务及其他孤儿院、盲哑学校等慈善机关。教会在各处渐渐取得人民的同情,信徒之数日益增加,及今统计有四十余万之多,可以说发达到了极点了。

三　反教的风潮

教会既日益发达,人品自渐渐复杂,内地教徒往往有不良分子,借假教势,为非作恶。同时天主教收罗许多下等游民,结怨民众,地方人民皆饮恨侧目,于是各处常有扰动情事,甚至杀害教士,拆毁教堂,外国政府乘机取得许多利益。每一次教案发生,中国便遭一次巨大损失;赔款租地,有好些是以教案为导火线的。又有一事使民教互相水火的,就是教会所宣传的教义,与中国固有的风俗习惯发生绝大的冲突,好像反对崇拜祖先,与反对种种鬼神迷信,主张男女平权……都极端违反一般社会的思想。固执的人认为是破坏中国礼教,等于洪水猛兽,于是一般社会与教会有积不相能之势。又见西教士的举动,都疑心其别有作用,于是发生许多谣言,说他们是外国侦探。果然也有不良的教士,把中国社会中的丑恶情形及国家内幕报告到外国,影响到中国的国际地位。加以历来从战争所受的损失,归咎到教会身上;从此结怨愈深,乃发生庚子年义和团的暴举。这原不能完全归咎于教会,但是教会却也不能辞其咎的。义和团之变原是一种愚忠的举动,北方教会受巨大的逼迫,教士教徒的被杀不计其数。结果,八国联军攻入北京,清帝蒙尘,赔款讲和,中国在国际上又受莫大的耻辱。然从另一方面看来,教会却因此得一良好的教训,不良教徒渐加淘汰,教会根基更加稳固。中国人民对于教会亦改换一种观念,民教渐渐相安,这是从反对风潮中所得的结果。

民国成立以后,思想自由,从不平等条约的问题迁怒到教会身上,又发生非教运动,比较庚子年的一时暴动更为有力。数年以来,教会日处在反对声浪之中,工作几陷于停顿(这一层下节当另说明)。但同时在基督教中因受了外来的非难,渐渐觉悟,从内部上加以整顿,主张创造本色教会,洗涤西洋色彩,以适合中国固有的国情,所以最近的几年来,宗派思想的渐渐消灭,西国教士的渐渐卸责,教会的名称渐改为"中华基督教",自立自传的声浪亦日益高唱，教会学校亦渐向中国教育部注册，这些都是从反教而来的影响。同时我们看出，在教会内部有两派思想的冲突，就是所谓新旧的战争，这虽然是教会历史上从来不断的争衡，然而在中国却是因时代的潮流而发生更显著的现象。所谓旧派的，大概受基要主义的影响，认《圣经》为上帝的话，每字每句都当确信不疑，《圣经》所记童女生耶稣、耶稣肉身复活，都是无可怀疑的事实。所谓新派，或者可以叫它理智主义，主张科学宗教相调和，所以对于《圣经》中一切不合理智的记载，像基要派所奉为天经地义的东西，都认为是一种寓言或神话，不是事实，尽可以不去理它，只要注重在耶稣的人格方面。这两派思想，中国教会中已经发现很显著的冲突了。①

四　最近基督教的事业与影响

最近基督教在中国还不到一百三十年，比较前三期还是很短，但是在这短时间内所成就的事业却已可惊了。现在我们从四部分来观察：

（一）宣教方面

庚子的变动是中国基督教在宣教方面一个大转机；庚子以前，全国信徒的数目只有八万五千人，庚子以后，数目的加增是一个几何级数，到现在不过三十年，已达四十余万人（天主教徒尚不在内）。这个调查是否确凿？却不敢断定；而且这些所称为信徒的，是否忠实不含别种意义？也不敢说。不过人数的锐进确是一件事实。其次则为教堂的普遍，无论在通都大邑，总有若干不同宗派的

---

① 现：原作"见"。

教堂,即穷乡僻壤、山陬海滨,亦莫不有一个小小的教堂与宣教者的足迹。从前所诧为异教的,今则全国妇孺皆闻之烂熟,可见宣教事业的锐进了。据1925年纽约社会宗教研究院调查,在华西教士总数有七千六百六十三人,分驻在七百四十处,又据协进会在1925年的调查,全国天主耶稣教合并计算,教堂有一九二三一所,信徒有二三〇七四四五人,西职员有八六三九人,华职员亦相等,可见一斑了。初期基督教宣教工作都由西国教士主持,最近却从华人自己努力,进展的快速也是为此。国内布道会的组织,传教于云南、满、蒙,自立教会的叠起,自负宣教的责任,以及最近所发生的五年运动,随在足以表显华人努力宣教的精神,期能早达自立目的,脱离外国的经济关系。

(二)教育方面

最初基督教设立学校不过是为教育信徒的子弟,俾免受非教会教育的影响;也有些是专门培植传教人材与教会学校教师而设。后来教育的范围渐渐扩大,认教育可以辅助传教事业,于是教会政策中列办理学校为传教重大工作之一,所需经费比任何事业为大。教会学校的进行遂有一日千里之势。据最近调查,全国教会学校有大学十六所,中学二百三十一所,小学六千八百十二所,统计全国大中小学校学生总数有三三七七四四人。教会创办学校迄今已有八十年,其实在八十年前已有香港的英华书院,在中国各省首先办理的学校,如福州的毓英女学,上海的圣约翰大学以及宁波的育英义塾,以及其他所办的男女学校,开中国办理学校的先河。当中国尚在通行八股试帖的时候,教会学校即教授英文、格致等学课,从这些学校里所造就出来的人材,成为中国政治上社会上的领袖人物,这原是不可抹煞的事实。不过原始教会学校以发扬教义为宗旨的意义，至今日认为不当，于是强迫的宗教教育便为一般人所诟病，遂改变方针，列宗教为自由课程。最近因尊重中国教育部的主权，教会学校次第立案，内容多所改变。但是教会学校已往的贡献足以影响到中国的学术与生活，自不能从历史上把它抹去的。

（三）著作方面

译著书籍，为基督教传教的入手工作。初期的著作大概由西教士主持，继则中西人合作，近且渐趋向于中国人独立主持。马礼逊翻译《新旧约圣书》以外，以《华英字典》为最有贡献之作，内含汉字四万余。他又著《英华文法入门》、《中文法程》、《五经四书择要简本》等书，皆为当时切合实用的著作。在教义方面，他著了《新约历史总纲》、《赞美诗》、《圣教问答》、《天国之道》、《公用祷文》等，共计大小作品凡十九种。

米怜助马氏译《旧约》并《劝世文》十五种，及《圣谕广训注解》，亦颇切合实用。

丁韪良在中国传道五十年，曾与范约翰、林乐知等创办中国圣教书会，刊行《劝世文》、《布道小册》、《圣书注释》等书。他所著的有《天道溯源》、《邦交提要》、《格物测算》、《机器大业编》等。又受清廷之聘，任北京同文馆馆长，竭力提倡新学，灌输科学智识。

倪维思亦著有《圣徒指南》、《系统神学撮要》、《宣道归纳》、《两教辩正》，以及一部分的《新约注释》。

此外如戴德生的《内地会小史》等，杨革非的《德慧入门》等，韦廉臣的《二约释义丛书》、《格物探原》等，狄考文的《算学书》多种，当时各学校皆采为课本。花之安的《自西徂东》、《马可讲义》、《经学不厌精》，于中国经学有过精密的研究。林乐知有《五大洲女俗通考》、《中东战纪》、《人学》等，并主编《万国公报》。李提摩太的

《泰西新史揽要》、《万国通史》、《五洲史略》等等史学以外,又多阐教及新学之书,曾办山西大学堂,其关系尤为重大。潘慎文亦著书十数种,又且若干现存的西教士主持五十年来的广学会,为历史最久的著作机关,在学术上有特殊的贡献。当时那些西教士所著作的书籍,大都有中国人为之笔受,如蔡尔康、任保罗、谢洪赉、范子美等人,皆其著者。迄今西教士从事著作的渐少,一切著作事业大都操于中国人之手。据《协和书局图书汇报》,分书籍为二十七类,约二千三百余种,最近三年中出版书籍有二十二类,七百余种。报章杂志统计有一百三十六种,可见教会著作事业最近的锐进了。

(四)慈善方面

教会慈善事业中,莫先于医院的设立。1836年彼得伯驾创医院于广州,为中国有医院之始。1861年北京又设立教会医院。庚子以后,医院的设立更多,及今统计,全国教会医院大约有四百所,如北平的协和医院,长沙的湘雅医院,南京的鼓楼医院,上海的仁济、同仁等医院,举凡通都大邑,莫不有教会医院的设立。而且从教会培植出来的医士为数更不少,孙中山亦为教会医学出身的医生。医院以外,有孤儿院、盲哑学校、婢女学校、妇孺救济会、华洋义赈会、天足会、红十字会等等,莫不从教会发起创办,渐与地方人士合作。因为基督教教义的第一要义,是在赒济,所以对于一切慈善事业,都认为应尽的义务。

至于说到它的影响,也不是几句话所能说了的;现在概括地说起来,①最大的影响莫如破除迷信、新伦理思想、政治革命、社会服

---

① 地:原作"的"。

务、中西学术沟通的几大端。基督教传教的第一步,就是劝人不拜偶像、不拜祖先、不信鬼神等事,所以一受基督教思想影响以后,便从一切鬼神风水星相卜筮等等迷信中解放出来,甚至有侮辱偶像之事,激起民众的反对。其次,基督教的平等思想,予中国固有阶级伦理以大打击。基督教讲孝道,不单是子的义务,父母也有责任。夫与妻尤为平等,而且反对多妻,不许娶妾蓄婢;男女平等,婚姻自由,提倡小家庭制度,使宗法社会失其根据。这种新伦理思想却有非常重大的影响。说到政治革命,在表面看来,与宗教毫无关系,实际上却亦受平等思想的鼓动,泯灭阶级,①世界大同,为基督教的根本思想;一切社会问题、政治问题所掀起的风潮,莫不出发于此。看世界各国的革命先例,与中国首倡革命的领袖,皆富有宗教的精神。社会服务为百余年来基督教所注重的一点,设义学以教贫寒子弟,办医院以疗人疾病,一切对于社会公益的事莫不尽量实行,一般教士的注重下层工作,尤足以影响到一般社会思想。在中西学术沟通方面,我们从上文已经可以了解。再看初期基督教所用浅显的文字,白话的《圣经》,不可谓非中国文学革命的先导。基督教的办学校,教授科学,翻译西洋书籍,皆足以影响到中国学术方面的改变。这些都是很显然的事实,至于在宗教思想方面,也是如此。

---

① 泯:原作"泯"。

第四节　太平天国与宗教

一　太平天国的兴起

　　清廷以异族入主中国,用种种方法来消灭汉人的民族思想;但是潜伏在秘密党会中的反清复明思想,却并不因此而根本消灭,自乾嘉以后,满人的威福日盛,国势又日益衰弱,草野之间往往有志士揭竿而起,以官逼民变相号召;有道光六年的贵州之变,十五年的赵城之变,虽经次第荡平,然继此而起的几于无年不有。最著者如:天地会之于湖南,三合会之于广州,潜滋暗长,大有此仆彼起之势。彼满人既不思根本改图,反而骄纵自恣,专事压迫,外交上遂着着失败。鸦片战后,门户开放,国土日削,民生日敝。加以天灾流行,饥馑频见,卒至民不聊生,铤而走险,①遂酿成洪杨之役,树民族革命之旗,由广西而弥及全国。十三年命运的太平天国,事虽未成,亦足予满人以重大打击。记其事者往往目为寇逆,加以种种恶名,如《平定粤匪纪略》一书,记自道光三十年起至同治三年止,并附以《贼名邪说逆迹琐闻》四卷,都足为历史参考材料。又如《太平天国野史》、《太平天国外纪》等书,一方面见得满洲功狗片面的夸诞,一方面却可以见得太平天国的声势。满清的未遭覆灭已属几希。

　　太平天国的首领洪秀全,于嘉庆十七年生在广东花县,野史中

---

① 铤:原作"挺"。

有《天王本纪》一篇,载其自幼聪颖,喜研历史,于历代成败兴亡事迹尤为注意。曾应童子试,不第,或谓其曾为秀才。一日在路上遇一相面的人,告诉他"子非青紫中人,然贵不可言",同时又遇一身穿明朝服装的人,送他一本书名叫《规时良言》,共有九卷,有人说这就是马礼逊所著的《新约圣书》;这本书或者就是他的革命动机。先是他曾与冯云山同入朱九畴所创的上帝会,原来这个会阳以传教为名,阴实图谋恢复明室。后来朱九畴死了,他就被推为上帝会的教主,与杨秀清、李秀成等研究这本所谓《规时良言》,加增了他们的宗教热忱。当时清廷对于一切秘密会社严厉地取缔,①上帝会也自然在捕禁之列。所以他就逃到香港,投入耶稣会中,跟着英教士郭士立研究基督教道理。大约在这个时候,他正式入了基督教,所以他到广西去传教,在鹏化山中结合了许多同志,仍用上帝会的名义召人入教。称耶火华为天父,称耶稣为天兄,自己是天父次子。创立保良攻匪会,②练兵筹饷,揭竿之势已成,为桂平县令所捕,并搜得入教名册,将处以死刑,卒为桂抚郑祖琛所释。到了道光三十年六月,遂起事于金田村,有众万人,兵皆蓄发,与清提督向荣、副都统乌兰泰战,清兵大败。于是其势大盛,建国曰太平天国,自立为天王,封杨秀清为东王,萧朝贵为西王,冯云山为南王,韦昌辉为北王,石达开、洪大全、秦日纲、胡以洸等皆封王列侯。清廷大震,遣兵讨伐皆失利,于是太平天国遂得由广西北上,蔓延于江淮之间,而定都金陵。当秀全起兵之初,即以宗教约束军队,并诡称自病中得上帝指示(纪中言其病死七日,有老者赐以剑印,语太荒

---

① 地:原作"的"。
② "创"字前原有"一方面"三字。

唐),规定天条,禁止吸烟饮酒、缠足薙发。① 每七日举行礼拜,悉依基督教仪式,其一切文告中都举天父上帝之名,宗教空气非常浓厚。

二 太平军队的宗教化

洪秀全既建立了太平天国,便用宗教来驾驭军队,他初出兵时那篇檄文都带有宗教色彩。开端数说满人的罪恶,继便说自己是奉天父天兄之命来拯救人民,尔等官民人等,从前误为满人所用,现在应该弃暗投明,作天圣之子女,并且天皇恩德高厚,果能敬天识主,莫不一视同仁。在这篇长凡千五百言的檄文中,不独充满着民族精神,更是充满着宗教思想,一则曰"天父天兄,命我真圣主天王降凡御世",再则曰"尔等官民人等,亦皆是天父之子女",可见太平军处处以宗教信仰相号召,务使军队宗教化。故其军队也都富含宗教精神,每遇战争,奋勇当先,绝不怕死,又非常服从,所以成功了精锐无敌的军队了。当他从金田出发时,每战辄胜,所向无敌,满军(即当时所谓官兵)一败涂地,毫无纪律。使非借用外兵,满廷早已倾覆了。这是太平军用宗教精神来训练军队的效果。

当太平军要攻取一城一邑的时候,他们先派间谍去张贴许多布告,宣传革命的目的,并且说到太平军是禀承天父的旨意,来驱除满族妖魔、拯救天父的儿女的,凡欢迎太平军的就可以出迷途而登天国。这一套话颇能迎合一般人民所谓"真命天子"的思想,所以每每军队还没有到那个城,已经得了人民的欢心了。军营中所

---

① 薙:通常作"剃"。

定的军律,尤其处处充满宗教意义,如军营规例中的第一条便是"要恪遵天令",第二条"要熟识天条赞美,朝晚礼拜,感谢规矩及所颁行诏谕"等类,没有一种仪式不是从基督教采取而来的。他们所说的天条就是基督教的十条诫命:(1)崇拜皇上帝,(2)不好拜邪神,(3)不好妄题皇上帝之名,(4)七日礼拜,颂赞皇上帝恩德,(5)孝顺父母,(6)不好杀人害人,(7)不好奸邪淫乱,(8)不好偷窃劫抢,(9)不好讲谎话,(10)不好起贪心。这完全与基督教的十条诫命没有两样。他们又在每条的底下附着一首极其通俗的四句韵语,或者可以叫它是诗,像第一条底下说:"皇天上帝是真神,朝夕礼拜自超升,天条十款当遵守,切莫鬼迷昧性真。"其余各条底下都有这样的一首诗,这与现在基督教里所歌唱的那些赞美诗,真是如兄若弟的。除了这十条天条之外,还有许多歌词之类,要每个军队中人背得很熟,否则便要处罚,或责打,或处死。这是强迫的宗教,假使当时太平天国成功以后,这便成为国教无疑。

现在我们来看一看他们所用的宗教经典,有好几种很通俗的东西,这些东西是很浅近的,好像白话一样。在贵族文学极盛的时候,竟有这种平民文学出现,也不能不说是一桩奇事。自然,在那些讲究典雅的学士大夫眼里看是一种极俚鄙的东西,但是从平民阶级方面看来,却是一种普及思想的利器。这些东西也许是从初期基督教教士们所译著中采来的。他们所常用的,就是每礼拜要诵读的,有《新遗诏圣书》、《旧遗诏圣书》。我们现在把《新遗诏圣书》的话来与《新约·马太福音》比较一下,完全是一样的,第一章讲耶稣的谱系和耶稣的降生,以下每章都与《马太》所记相同,全书也是二十七章,这大约就是那本《规时良言》,是马礼逊所译的《新约》中之一。

还有一种《三字经》、《幼童诗》，原来要把它颁发到民间，作蒙童的读本的。《三字经》共有三百五十二句，自上帝创造天地起头，一直叙到耶稣为止，都是根源《新约》、《旧约》的历史编成的，与初期基督教所编用的《三字经》毫无两样。所谓《幼童诗》，是五言的，也是讲到礼拜上帝的事，仿照从前幼童读本《神童诗》的方法。另外还有一种叫做《天父上帝醒世诏》，也叫《十全大吉诗》，是七言的，一共有十首，每首诗都用拆字的方法暗藏着一个字，是很奇怪的，好像第二首说："人字脚下一二三，一直不出在中间，为人不可起歪心，全敬上帝自无尤。"是暗藏一个"全"字，每首诗都是这个样子。那时候在他们的文告中、经书中，有好些忌讳的字，像"丑"字改作"好"字，"卯"字改作"荣"字，"亥"字改作"开"字。还有一种特别的名词，像什么"灯草"、"放草"、"宽草"、"一条草"这一类，我初读这种东西的时候有些莫名其妙，后来才想出"草"字是代替"心"字用的。究竟为什么要这样改法？看不出是甚么意思，或者是由于广东、广西的方音罢！但也不敢断定。

　　现在我们再来看一看他们的宗教仪式，他们的军队中必定有一个礼拜的地方，他的军队驻扎到什么城市村墟，都必建造一个宏大的板房于旷野之中，为房虚星昴四天礼拜之用。他们礼拜的仪式，一方面采取天主教的方法，另一方面复参以中国拜天的习惯，所以便成了一种特创的仪式。在堂的正中设了一张方桌，前面系着一条绣花的红桌帏，外面挂着一个帏幔，张灯彩，挂些楹联画幅，陈设鼎彝花瓶屏镜玻璃明角灯之类，名曰天主桌，近于佛教的佛堂。惟不设香案，以其不燃香烛故，或设油灯两盏。又设花瓶或帽筒一对，插尖角小黄绸令旗一面，桌前立长三尺的小竹板，① 上面写

---

① 板：原作"版"。

着"奉天令"三个字,为戒责之用,这又好像衙门中的公案。桌后设坐椅若干,椅上各披椅衣,自三座至七座不等,看头目与先生的多寡而定,礼拜时各头目先生皆坐于其位。

礼拜的前一日,有人负着一面旗帜,鸣钲行市中一周,一面口里喊着明天礼拜,到夜里三更时分,即开始礼拜,燃点桌上油灯,并供清茶三杯,饭三盂,肴三盘,鸣锣聚众,头目先生各坐正中,余皆环坐,齐诵赞美,然后先生跪诵章表,写着全馆(即全营)中的人名,诵毕焚化,这又好像道教的建醮形式。此后或讲道理,以所供肴馔分享众人。这是七日礼拜的大概情形,各馆中都是这样举行的。平日亦有两次礼拜,即在朝餐和晚餐时举行,也是鸣锣召聚,像礼拜日一样,不过稍微简略一些,礼拜既毕,然后就食。这种仪式后来渐成为一种具文,那些礼拜的人心里都觉得讨厌,[①]暗暗地咒骂,但是因为法令森严,无法规避。如果有人无病贪睡,闻锣不到,必杖责数百板,三次无故不到的,斩首示众,所以心里虽然不愿礼拜,但却不敢不到。

各王宫中也是有礼拜场所,陈设较为侈丽,凡遇礼拜,得向天厨中领取海菜及点心之类,为敬天之用。各馆中虽不能领取,但亦必杂陈食物,遇喜庆事,都行此种礼节,盛馔取乐。一切事务都以礼拜之期为标准。礼拜之外,很注重讲道理,无论举行何事,都必以讲道理相号召,在讲道理时,必向众人演说如何敬拜天父,如何练习天情,如何熟悉天条;有时或讲天父七日创造天地故事,我们所遇境地,都得天父照顾,万事都由天父安排,不要惧怕。这一类的话,无非藉此激励人心服从命令。每逢出发打仗,或打仗回来,

---

[①] 都觉:原作"觉都"。

或胜或败,皆要召集大众讲道理,有时把打败的罪孽归在一个人身上,说他犯了天条,致干天父之怒,就把他当众处死。要治一个人的罪,也用这种方式办理,天王自己有错,也要当众受杖,这种方法当时很有效果的。

太平天国十三年中,全在军事时期中,一切法令都照军法,辅之以宗教。所以当时在宗教组织上也很简陋。后来洪仁玕从英国回来,才把宗教制度改良起来,规定凡二十五家为一教区,设天主堂一所,有一教士主管教务,合数教区设一牧师长,在县有县牧师,在省有省牧师,这些牧师大概是地方长官兼任的。这可以见得政治军事都是宗教化了的。

三 太平天国的失败

太平天国举义之初,勇气百倍,纪律严明,全国三分之二尽为所占。① 不意自定都金陵以后,既有诸王的内讧,复苟且偷安,不知进取,卒至渐渐衰落,以至灭亡。推究其原因,虽非一端,但宗教上的关系却是很大。藉宗教之力而兴,也是因宗教之故而亡,我们可以在这里说明一下:

(一)天主教的反对

洪秀全起初所组织的上帝会,原是取法于天主教,因为那时候的天主教还是传布得很普遍,所以他所采用的宗教仪式大半是摹仿天主教的。后来他又受耶稣教的影响,反对天主教的偶像,不崇拜首先所注重的,毁灭一切偶像,不独当时佛道教的偶像尽被毁

---

① 占:原误作"估"。

坏,即天主教的圣母像等也为他所踩蹦。天主教徒于是便深加仇恨,报告到罗马教皇和法国政府,竭力诋毁太平天国,认为是破坏教会的乱党,要求法政府派兵保护。于是法政府和英政府都听信天主教士的话,先后派兵来帮助清政府平乱,所以太平天国在军事上受了很大的打击。

(二)耶稣教的反对

太平天国的宗教,既不是纯粹的天主教,也不是纯粹的耶稣教,各取其所长,更羼以中国的宗教仪式,成为一种新的宗教。于是那些在华的西教士都认为是宗教上的叛逆,加以反对,也各向他们的本国报告,说许多坏话,各国政府对于太平天国就生了怀疑。虽然也有赞成的人,究竟敌不过那些反对人的势力,到底受了很不好的影响。我们看见在郝姆士的《南京游记》中有一段说:"洪秀全不是一个诈骗者,也必是一个无知识的狂徒;从他的人都是些危险分子。他的组织无异于一群盗匪拥戴他做盗匪的头儿罢了。"这篇《游记》由英公使转呈到英政府,英政府就信太平天国是一群乱党,故毅然地派兵帮助清政府攻打,都是这些教士反宣传的缘故。但是林利氏在《太平天国外纪》中却说了几句公道话,说道:"基督教在中国三十年中仅得千四百信徒,今太平天国一旦有七千万信徒,而欧洲教士不知加以扶助教导,其外交官且禁止教士入太平境,此其颠倒之甚者矣。"又说:"太平之宗教战争不背上帝之诚,而欧洲教士之至支那者,未能扶助此宗教之革命,如维多利亚主教,如约翰等,皆未尝反对太平,独郝姆士等则狂诋太平,不足与言传教矣。"林氏这种观念不为无见,假使当时教士能扶助此种革命,则太平天国必不致失败,或亦不致失败如是之速。

当时有一个美国人名叫白齐文,他鉴于太平天国的宗教信仰,竟表示非常的佩服，他特地从清军中出来，投身到太平军中，为之计画军事。他曾经说："锋镝之中，乃能笃信宗教，不失仪节，其道德自当高出于清军，吾何愦愦，乃为虎作伥，凭利器而杀上帝之信徒哉！"于是他便在神前忏悔，誓致忠于天国，后竟为太平天国而死。可见西人中赞成太平军的也大有其人，可惜各国政府受一般反对者的蒙蔽，①卒把太平天国推翻了。

（三）一般人民的反对②

太平军的革命不独是在种族方面，也连带及于宗教及社会。它那种毁坏偶像，③与不拜祖先的举动，要推翻中国数千年来牢不可破的积习。太平军领袖大都痛恨中国固有的迷信和风俗，所以凡太平军所到之处，庙宇偶像无一幸免。起初，人都知道太平军是纯粹的种族革命，所以十分欢迎；那知到了南京以后，却变成社会革命，连一切宗教上的遗传都用激烈手段去破坏。不但如此，凡一切习惯和风俗都要澈底地加以改革；④如禁止缠足，改用阳历，实行共产，都足以引起旧社会的反抗，所以后来的人民不但大失所望，更是起了仇恨的心。说者谓这是太平军操之过激的缘故，其实是一般社会程度的幼稚；满清政府便得利用这种社会的弱点，从旧礼教旧宗教方面去鼓动人民反抗，普通人民便堕其术中，使垂成的太平革命仍归失败。但是话又须回过来说，太平军以破除迷信为前提，而它自己所举行的宗教仪式仍旧是一种变相的迷信，⑤想要利

---

① 蒙：原作"朦"。
② 般：原作"班"。
③ 它：原作"他"。
④ 地：原作"的"。
⑤ 它：原作"他"。

用宗教做手段来达它的目的,①那自然要失败的;而且这种强迫的宗教方式即使成功,也毫无用处,迟早也要引起人的反抗的。所以从太平天国的本身上看,他们太把宗教当做一种工具,这是他们失败的最大原因。

第五节　宗教思想的变迁

一　秘密社会中的宗教

我们在这里提起秘密社会,并不是承认秘密社会在宗教上有甚么特殊的贡献,也并不是承认秘密社会中的宗教性有甚么影响到现代宗教思想的变迁;因为这个问题很少有人研究,而且也不容易研究。不过它在宗教方面确有一种关系,在研究中国宗教思想的范围中似乎也应当提到的。既然这样,我们不知道应当把它放在甚么地方,不过它是近时代的产物,尤其是在清朝起头的,包含着民族思想在内,所以我们就把它放在这一节里。

现在我们先应当知道秘密社会产生的原因和它的种类。我们知道一切秘密会社莫不带着政治的臭味,他们用低级社会的宗教思想来联络起一般同志,②秘密地进行政治活动。孙中山在《三民主义》里说:

---

① 它:原作"他"。
② 般:当作"班"。

"明朝遗民……再没有能力可以和满洲抵抗,就观察社会情形,想出方法来结合会党……知道不能专靠文人去维持民族主义,便对于下流社会和江湖上无家可归的人收罗起来,结成团体,把民族主义放到那种团体内去生存……好比在太平时候,富人的宝贝自然要藏在很贵重的铁箱里头;到了遇着强盗入室的时候,主人把宝贝藏在令人不注意的地方……或者要投入极污秽之中……故明朝遗老想保存中国的宝贝,便不得不把它藏在很鄙陋的下流社会中。"①

这是很明白地讲到秘密会社的起源。现在来讲到它的种类罢！历史最久的要算"白莲会",相传产生于元朝的起初,因为那时候宋室灭亡,栾城有个韩山童,借着他祖父所立之白莲会,用佛教念佛的名义号召了许多人,图谋恢复宋室,以红巾为号,一再起兵。后来也称为白莲教,清乾隆的时候,教首刘松及其徒刘之协等一再谋叛,嘉庆时有李文成、林清贿通内监刘金等图谋起事,虽然没有成功,可见这种团体是政治革命的团体,用宗教名义来联络的。白莲会外,尚有各支派:什么顺刀会、虎尾鞭、义和拳、八卦教诸名目。八卦教中又分什么大乘教、金丹八卦教、义和门、如意门、离卦教、坎卦教等,名目繁多。后来反对基督教的义和团,也称大刀会的,就是白莲会分支中之一。还有小刀会、理教,都是白莲会支流。白莲会诸派都附托宗教仪式,故可以说是秘密的宗教。

其次为天地会,起源于少林寺的和尚,在康熙时从军有功,为廷臣陈文耀所忌,谋残灭之。仅存蔡德忠等五僧秘密结合,图谋报

---

① 它:原作"他"。

复,就成为这天地会;这五僧就是他们的祖宗,称为五祖或五虎的。也有人说这就是三合会,或者叫三点会、洪门会,其分支有清水会、匕首会、双刀会等名目。三合会成立于康熙十三年,乾隆末台湾林爽文的叛乱与道光时两广、湖南瑶族的叛乱,①皆由三合会发动,闽广间最盛。后世多以洪秀全为三合会头目,实则不然,洪秀全乃上帝教,但是很容纳三合会的。上帝教是基督教,三合会是佛道教,所以不同。在厦门的支会叫匕首会,是新嘉坡人陈正成创设的。革命党郑弼臣系三合会头目,于光绪二十六年与兴中会合作。会中的规约都带宗教意味,崇拜唐太宗,也拜上述天地会的五祖。有戒条,与太平天国的天条差不多。

还有一种叫哥老会,或者叫哥弟会,在乾隆年间成立的。分红帮青帮,红帮或称为洪家,专门袭劫不义之财,李鸿章经湘水时曾为所劫。青帮就是安庆的道友会,大概是盐枭光蛋,也有称潘家的。此外有所谓黑帮白帮,即江湖上拐骗窃盗一流,散布在下等社会中。其初宗旨与三合会相同,主张反清复明,后来变成排外团体,失去了原来宗旨,经孙中山的联络,得复践其民族革命的原意。马福益就是其中的首领。孙中山初创兴中会,首先联络这些会党,所以在最初的革命人材中,有好许多是会党中人,那时的兴中会、同盟会、光复会等等,均在禁止之列,及至民国成立,始正式公开,组织共进会等,后来渐渐地变成为政党了。上述种种会党,②起初皆用宗教面目,内部也有好许多是用宗教的意义来联络的,而且也富含着宗教的信仰,或者运用这种信仰到主义上去。详细情形有

---

① 瑶:原作"猺"。
② 会党:原作"党会"。

《中国秘密社会史》可以参考。

还有几个宗教性更浓厚的结社,也带一些秘密性,如一种叫做"理门"的,也叫做"理教"、"白衣道",信教的人叫做"在理"。他们很注意禁吃烟酒,现在他们向政府立案,已经公开了,但当时却是秘密的。他们有两个开创的祖师,一个叫杨祖,名叫莱如,字存仁,后人误叫他羊诚证,山东即墨人,明末的一个进士,是龙门派的道教出身。一个叫尹祖,名叫岩生,乾隆初年生于天津科牛村,受道于杨祖,热心济世,就在邵公庄设所传道。这是在他们的《尹祖历史》里的话。嘉庆时白莲教反乱,理门也有同派的关系,就在捕禁之列,各处公所都被封毁。光绪九年,御史李瑢曾经有一个奏章,说到"理门以戒人吸烟饮酒为名,互相传引,人数众多,闻系白莲教变相,教首即在天津,请饬密拿"等语,可见一斑了。

理门在宗教方面脱胎于佛道两教,他们公所中供奉金身老佛爷,就是观音;楼上设杨祖、尹祖偶像,前殿有弥勒佛、韦驼像,很像庙宇的山门。每逢朔望,社员必到堂焚香礼拜,一年有六个大斋期,仪式也很隆重,除焚香拜祷外,也演说"禁烟酒"、"修道德"等问题。要入教的人必须经过几种手续,引见、虔求、保证,然后准许入教,授以"五字八戒",这五字八戒不能泄漏给外人,必须在观音面前宣誓。还有许多见面的规矩,他们在茶肆中遇了同教的人,可以用茶壶茶杯排成许多方式表示他们的意思,同教的人一看就会知道。有《理门系统全书》及《理铎报》可以得其大概。

又有所谓"悟善社"的,也称"世界六圣宗教大同会"。在民国四年间四川人唐焕章创设的。混合儒、释、道、天主、耶稣、回回六教的意义,做成他们信仰的根据。唐氏自称第七大教主,刊有《霹雳一声雷》、《大劫临头》等书,来恫吓愚民,于是加入者很多。入社手续亦很繁复,先须到神前叩首三次,每叩九首,然后跪着宣誓,有什么"功夫誓愿学,秘奥誓不泄"等话,再须叩首九次,方可入社。入社之后,必须介绍社员,以介绍人数的多寡为功德的大小。能介绍至三十人,则可称为上帝的儿子。从四川起头,蔓延到北平、南京、江苏、山东等处,有他们公开的机关。他们很注重掩埋尸骨的一件事,常常雇了工役替人家修理坟墓。他们内部的修练工夫非常奇怪,近乎荒谬。

"同善社"有一些相同的性质,大约在民国十年左右由江朝宗那一班人发起的。以研究精神生活为号召,实在含着政治的意义。比较悟善社高明一些,悟善社是流行在下级社会里,同善社是流行在上级社会里,他们也以三教混合的意义来号召,供着释迦、孔子、老子的画像,一切陈设悉仿道院佛庙的样式。入社不很容易,也要经过许多叩头礼拜等事。很注重"静坐"的工夫,从静坐可以悟道,可以却病延年,可以长生不老。当时信仰的人很多,而且也公开地传布,①也有妇女入社的。个中也有许多秘密,不许向外人泄漏的,若然泄漏了神秘,便要遭五雷击打。

还有什么"道德社"、"大同教",山东省最盛,说山东有一个姓张的神童,曾经著了许多书,解释《礼运》的大同及《大学》等书。也以三教混合与五教混合,认释迦、孔子、老子、穆罕默德、耶稣为教主,这几种大略相同的。

还有一种叫"道院",大约是变相的道教。在民国八九年的时候发生于山东济南,用扶乩的方法引人信仰,并且揭橥所谓大同胞主义,以为世界各宗教皆可融合,所以无论信仰何种宗教,皆可自

---

① 地:原作"的"。

由。他们用扶乩术治疾病,卜吉凶,迷信得很厉害,军政商学各界的人都有,在山东、直隶、江苏等处设立的机关很多,全国有百数十个,颇受一般迷信人的欢迎。

尚有许多我们所不能知道的会社,我们无法可以调查了。这些东西大都含着秘密的性质,是一种变相的宗教,所以叫它秘密宗教也无不可。不过这些秘密宗教统统是立脚于迷信,以宗教大同为号召,到现在还是很盛行,实在是宗教思想中最低下的东西。梁启超在《评非宗教同盟》里有过一段话说:"现在弥漫国中的下等宗教,就是我所说的拿信仰做手段的宗教,什么同善社呀,什么悟善社呀,五教道院呀,实在猖獗得很……他的毒害,是经过各个家庭,侵蚀到全国儿童的神圣情感……或者假借这种信仰来做手段,所以复辟派首领打复辟派首领,洪宪派首领、革命派首领、胡匪首领可以聚陇在一齐干事;所以和尚庙里头会供关帝、供财神,吕祖济公的乩坛,日日有释迦、耶稣来降乩说法。"这是写尽了当时一般下等宗教的现象。

二 科学思想与宗教

讨论科学与宗教的问题,不知道有多少人发表过意见:有认科学与宗教是不相容的,科学发达,宗教必定破产,同时宗教发达,科学便不会进步;有认科学与宗教是可以调和的,它们俩都是以寻求真理为目的,历来有多少科学家是信仰宗教的,所以见得并不冲突。这两方面的意见,我们现在不必去讨论它;我们单从中国最近所发生的现象来观察一下,见得中国现在的宗教思想从科学思想方面受了甚么影响。

第六章　明清及近代的宗教思想

　　首先应当研究的,就是中国从科学输入以后影响到一般人的思想的是什么?很显而易见的,就是科学思想给予我们以价值的重估,无论对于甚么问题,都要叫我们问一问为什么?这"为什么"三个字,是掀动了中国人安定的思想,对于一切古来的遗传、社会的习惯以及关于生活的种种问题,都得要找证据来证明它的价值,用理智来把它分析一下。这样一来,从前可以模模糊糊过去的事情,现在就不行了,从前可以人云亦云地相信,①现在却看见它的盲从和矛盾了。新文化运动所给予我们的就是这一点,就是使我们知道生活科学化。生活原是包含得很大,宗教也是生活中的一部分,对于历来遗传的宗教思想,自然也须要问一问为什么了。中国固有的天鬼崇拜,经不起这么"为什么"的一问,便要根本地动摇起来。② 天是什么?鬼是什么?拿证据来,无论怎样答覆,终是落到玄妙的范围。假使用"天道福善祸淫"的老调来证明,但是世界上有许多善不福淫不祸的又是什么缘故呢?假使用历史上鬼能索命因果报应来解说,放在心理学的炉里一冶,却完全化为乌有了。所以科学一来,那些神秘的迷信的不能用理知来分析的种种宗教思想,就完全没有立足的余地了。

　　中国数千年遗传下来的社会思想,甚么问题都带着些神秘的色彩。个人生活的穷达,向来都以为是"死生有命,富贵在天"的,而科学思想则示人以死生无常,富贵在己;从神秘的天命说里解放出来。婚姻是月下老人所支配,必须听命于求签问卜,而科学思想则告诉我们,男女结合是终身幸福的关系,必须凭自己慎重选择;③

---

①　地:原作"的"。
②　地:原作"的"。
③　"己"字后原有"自"字。

便从神秘的因缘说里解放出来。① 疾病是神鬼的作祟,向以为祈禳巫觋、消灾求福可以获愈,而科学则示人以卫生求医;便从神秘的祸福说中解放出来。推诸其他一切属于神秘的问题,都一样地给那位赛先生(Science)冲破了,所以科学思想唯一的功效就是破除迷信。举凡一切社会上的医卜星相、风水命运,自然没有存在的价值了。

  但是迷信是不是即是宗教?宗教是不是完全迷信?现在相信科学万能的人没有把它仔细地分析;②所以要破除迷信,先须打倒一切宗教,因为宗教尽是迷信,这是现在青年人思想中的一般趋势。据我们的意见,迷信必须破除,宗教不一定要打倒,而且也不必打倒。为什么呢?迷信虽然是由宗教产生的,但却不是宗教的本质。好像一柄刀,原不是用来杀人的,但却有人把刀来杀人了;刀与杀人自然是相连的,我们不能因为它能杀人,连刀也一并把它消灭。刀果然消灭了,那末就可以没有别种杀人的东西吗?科学也是这样,它能利人,③但也能杀人。这是很显然的,迷信是宗教的产物,却不即是宗教。因为宗教另有超越的意义,决不是科学、美育所能替代的。屠孝实说过:"人生的实际不是仅仅理智一方面,感情的活动、意志的活动也很占了一大部分。人生全体的发展,一定要各方面调和起来方能有望,决不能单从一方面进行的。"又说:"在十九世纪的后半叶,欧美科学上的进步很快,各种重要的发明接二连三地出现,④大家高兴的不得了;因此就发生了一种科学万

---

① 神秘:原作"秘神"。
② 地:原作"的"。
③ 它:原作"他"。
④ 地:原作"的"。

能的思想,当时人以为哲学是空谈,宗教是迷信,只要有科学就够了……到了后来,得着个实现暴露的悲哀。他们失去了理想的光明,觉得优胜劣败,弱肉强食,是人类的命运。宇宙之间,只有盲目的物质势力,毫没有人类精神自由活动的余地;我们试看这种人生观里,除了残酷、冷淡、凶暴、自私、悲伤、烦闷、恐怖、失望等黑暗光景以外,还有什么?"这是替我们说得很清楚,使我们觉得宗教不能从人类生活中除去的,也不是用什么东西来替代的。信仰科学万能的人想把科学来替代宗教,同时有信仰美育的人想把美育来替代宗教,信仰主义的人想把主义来替代宗教,我们都认为是不可能的。科学重理智,美育重感情,主义重意志,都不过是整个生活中的一部分,决不能用一样来替代三样的。那种活泼泼的精神情绪,赴汤蹈火、摩顶放踵的精神,除了宗教以外,没有别的东西可以把它维系的。但是宗教虽然属于感情的,同时也运用理智去估定它的信仰,运用意志来实现它的信仰。① 这样,宗教与科学是互相为用,而必须并存的,不过宗教是先信后证、科学是先证后信的不同罢了。

现在一般青年智识阶级大都迷信科学万能,这正是走欧洲十九世纪所已经走过的路。引到这条路上去的自然有好些人:像罗素的反对宗教,胡适的崇拜物质,蔡元培的美育代宗教,以及五四以后所产生的新思想,与苏俄所宣传的马克斯唯物史观,这些都是引导现在中国青年走向唯物之路而否定宗教的价值的。

---

① 上两"它"字原作"他"字。

三　反宗教运动

反宗教运动不是今日新奇的事,在历史上常见到的。例如三武一宗的反佛教,明末清初的两次反基督教,不也是雷厉风行、盛极一时么?但是说到最近的一幕,是发生于1922年。因当时在北京清华大学开一个第十一次"世界基督教学生同盟会",引起了北京学生界的怀疑,就发生了"非宗教同盟",他们以为一切宗教都是无意识的举动,都是麻醉人民的思想的。"宗教是人民的鸦片",做他们的唯一口号。这一次新运动的立足点是基于科学万能的思想,所以他们以为一切宗教都是违反科学的迷信;足以消失人的智力,束缚人的自由,是人生进步的最大障碍。发表了许多非宗教的文章,大概根源于这种意思。后来经过许多学者的讨论,像梁启超的《评非宗教同盟》与屠孝实的《科学与宗教果然不两立的么》这一类的东西,用公平的眼光发表他们的意见,后来"非宗教同盟"却变成"非基督教大同盟"了。从这种改变中,很可以见出他们对宗教观念的不同了。主持这"非基督教大同盟"的是学生联合会,当时由学生联合会发刊许多宣传品,上海学生联合会总会训令全国学生会,一致作反基督教宣传,规定12月22日至28日为"反基督教周",那时基督教受着很大的打击。同时苏俄的反宗教思想输入到一般青年的脑中,[①]他们就尽量地作破坏教会的工作。同时也影响到军队,国民革命军北伐到江南的时候,首先破坏各地的教堂。这也是一种反基督教的表现。到现在虽然表面上平静了许多,但

---

① 般:原作"班"。

是那些反文化侵略运动,收回教育权运动,都是反基督教运动中的一部分,而且潜伏在一般青年学生的脑海中,等候着活动的机会。

综合非基同盟的意见,他们的观点也各不相同,有的立足于科学思想的,有的立足于国际观念的,有的立足于唯物主义的。他们非基的理由大致不外四端:宗教是不合科学的,宗教是阻碍进化的,基督教是文化的侵略,基督教是帝国主义的先锋。前者是欲把一切宗教都扑灭,后者不过是反对附带于宗教上的势力。同时,基督教内部亦因外来的刺激,欲求得一般人的谅解,努力于内部的改良,修正神学上的信仰,主张取消不平等条约,创造中国本色教会等等,在思想上亦起了极大的变化。佛教内部也发生新旧思想的冲突,各处庙寺均处在坐以待毙的境地。新佛教运动藉文字的鼓吹,从学理上给人以信仰的价值。其余的宗教既无多少活动的力量,亦遂不受人的攻击,听其自生自灭。一般下等社会的迷信与一般变相宗教的会社犹极普遍,并不因此而稍杀。

但是从非基运动的动机上看,不可谓非一种爱国思想的表现,要求国际地位上的平等。不过他们要把一切历来外交上的损失一笔写在基督教账上,把政治与宗教混作一谈,以为前面是《圣经》,后面是大炮。我们并不说基督教绝对没有罪恶,不过基督教的罪恶不在此而在彼。教会与教义,应当把它分为两部分。这个道理,在反对基督教的陈独秀,也知道耶稣的崇高人格,与教会截然不同。可惜多数人把它混在一起,人的罪恶便牵连到教的身上,所以许多反教的文章都因不满意于人的缘故,连教也一致攻击。影响最大的反教文章,要算是朱执信的《耶稣是什么东西》那一篇。这虽然是根据日本幸德秋水的《基督抹煞论》,却是从教义上施以攻击。不过这也是欧洲数十年以前已经过去的问题,但在中国却是很新的,所以历来非教的作品,除了那些千篇一律的谩骂帝国主义走狗及文化侵略以外,从教义上立论的都逃不出他的范围。于是觉得那些非教文章大半是一种刺激感情的肤浅理论,绝没有用研究的态度来攻到要害的,所以非基运动好像还不能动摇基督教的基础。

再从非基运动的本身上看,的确是一种宗教思想的新表现,可以证明一部分智识阶级的青年趋向到无宗教的路上去。

四 宗教思想的新趋势

从上面"二"、"三"两条,已经可以看出这种新趋势了。现在再来解释一下,作为本书的结束。

从消极方面看,中国固有的天祖崇拜,似已到崩坏的地步。自西洋哲学思想输入以后,有意志的天就变成了哲学上的本体,虽然有唯心唯物观念的不同,却是从具体的客观的存在变为抽象的主观的思想了。像吴稚晖所发表的《一个新信仰的宇宙观及人生观》,把"漆黑一团"来估定这个本体,一般智识阶级受他的影响。一方面宗法社会为一般人所反对,于是祭祖的遗风也受了动摇。但这还是限于一部分维新的智识阶级,而普通的平民生活中却尚未发生何种改变。

其次,则附带于宗教思想产生的鬼神迷信,不独在智识阶级方面已经绝对地否认,[①]即政治的势力亦欲取缔到这一方面。所以关于社会的迷信物品,用寓禁于征的方法加增其捐税,于是香烛业、

---

① 地:原作"的"。

纸马业、和尚道士的经忏业,都渐形衰减。以星相卜筮为职业的瞽目与巫觋也渐渐加以取缔,必须登记,令其改业。社会的迷信不久即可以肃清,这是一件很乐观的事情。

佛道宗教影响于中国人民生活者,既久且大,一时似不易消灭;但在现在却也发生极大的影响了。取消张天师的封号,便予道教以根本打击;收没寺观为学校,也使佛道二教同受影响;藉经忏为营业的和尚道士几乎陷于绝境。寺观庙宇不过供一般人的游玩凭吊。佛道宗教的崩溃也是显而易见的事。

从积极方面看,各宗教都趋向到实际生活方面去努力。单从基督教讲,虽无显著的衰落,但处在反对空气极浓厚之中,也很不容易活动。所以一般基督教徒的思想,都从天堂地狱的宣传中,改移其目光到实际的社会服务,很觉悟得"人生宗教"建设的需要,宗教是为人生而有的,离了人生,便无所谓宗教,竭力把宗教应用到人生上去。可见一般的宗教思想,对于一切宗教中所有的非人生教义,都加以否定,如佛教的轮回,基督教的天堂地狱,以及其他关于鬼神的问题与一切神话的遗传,都认为是非人生的东西,绝对应当把它除掉。只求能于人生有实际利益的,无论属物质的属精神的,总不能离开了实际的生活,所以现在的宗教也是注重到实际生活的方面。这是显而易见的思想趋势,固不待琐说的。

王治心先生学术年表[*]

1881 年（光绪七年）

7月，出生于浙江吴兴县（今湖州市吴兴区）月河漾，本名王树声，字治心，为家中长子，兄妹十一人，父亲王联章，从事丝茧经营。

1888 年（光绪十四年）

入私塾，习四书五经，中途在父亲的安排下学过一段时间中医，后放弃，再治经学八股。

1900 年（光绪二十六年）

考取秀才。为求生计，始设私塾招收乡间弟子。庚子之变时，初热切反对洋人，攻击教会，后因与教会人士接触，转而开始慕道。

1901 年（光绪二十七年）

受洗为基督徒，隶属基督新教卫斯理宗监理会湖州教会。后相继在湖州东吴第三中学、华英学校（女塾）教授国文与历史。

1904 年（光绪三十年）

参加中国科举史上的最后一次乡试，取得贡生资格。

1910 年（宣统二年）

与湖州浸礼会牧师倪鸿文之外甥女周彩霞（式耶）喜结连理，婚后共育有二子五女。

---

[*] 本年表由王兴撰写。

1913 年

赴上海,受聘《兴华报》编辑,履职期间,对民国成立后的内外时局(如中日交涉、袁世凯称帝、"一战")与教会事工屡有精彩、犀利的评点、指摘,同时广开销路,获评"吾圣教不可多得之人才"。

1916 年

因侍亲尽孝辞职《兴华报》,随后数年于吴兴、上海间往返,除了执教过上海裨文女学、惠中女学外,还曾筹资开设上海(真如)乙种商业学校、代为主理监理会上海慕尔堂、义务布道,并创办了吴兴三余学社。

1918 年

担任监理会吴兴海岛堂益赛会会正。

1921 年

与范皕诲(子美)等在上海组建中国基督教监理会教友协会,主编《教友季刊》(1924 年 6 月改《教友半月刊》)。

秋,受聘南京金陵神学院,教授汉文与哲学(曾自说为 1919 年,应为记忆错误)。

居宁后,时常组织基督徒学生团契,亦尝负责主编《中华教会公报》。

1922 年

4 月,针对非基督教运动的指控,发表《非非宗教同盟》,反对"盲目的非"。

5 月,作为特约会员,参加基督教全国大会,欢迎"中国教会"的主张,但亦对会议组织、公平问题略有微词。

同年冬,兼任金陵神学院院刊《神学志》编辑,前后发表《基督教与佛学》、《列子哲学与基督教》、《中国理学家所言之"诚"与基督教所言之"灵"》等文,对耶佛、耶道、耶儒进行比较、调和。

1924 年

出版《基督徒之佛学研究》(广学会)、《中华基督教历史——甲编》(主编,金陵神学志)。前者秉其"不研究佛学,不足以传道"之洞见,将佛教的历史、佛学与基督教进行了全面对比,实开近代中国基督教界佛教借鉴之先驱。

1925 年

1 月,发表《中国本色教会的讨论》,开始系统关注本色化建设。

3 月后,发表《对非基督教运动说几句话》《基督教是侵略的么?》等文,对所谓基督教的罪状逐一予以辩论解释。

5 月,在南京发起成立"中华基督徒废除国际不平等条约促进会",表明中国基督徒反对不平等条约的立场,敦促在华传教士协助废除不平等条约,并当选会副。

7 月,发表《基督教与爱国运动》,论证基督教天下一家的国际主义与正当的爱国思想无违。

10 月,呼吁创立中华基督教会。

同年出版《中国学术源流》(协和书局)、《孔子哲学》(国学社)、《墨子哲学》(金陵神学出版部)、《道家哲学》(出版者不详)、《中华基督教历史——乙编》(主编,金陵神学志)、《评基督抹杀论》(编著,金陵神学志)。

1926 年

6 月,参加上海基督教著作家自由活动团体——"景社"。

7 月,受聘中华基督教文社机关刊物《文社月刊》编辑主任。

10 月,与文社代理总干事沈嗣庄巡回各地,宣传文社理念,推广文社出版物,发展社员,征求文稿。

12月,《教友半月刊》与《中华教会公报》合并为《直道》(周刊),连任主编。

同年出版《中国历史的上帝观》(中华基督教文社)、《古文今译中国故事》(1、2、3、4集,广学会)。前者详细考证、疏理了上古以来中国诸家的上帝观,并将之与基督教的上帝观相比较,堪为作者"用中国思想重新估定基督教的价值"的前探。

1927年

2月,发表《十年来中国新文化运动之结果》,回顾新文化运动,评价其成就与影响。同月,参与组建上海基督徒新团契,并在团契中推行本色化实践。

3月,作《欢迎国民革命军》,呼吁军民一致,打倒军阀。

6月,应江南中学夏令会邀请,赴普陀作《三民主义与农工问题》演讲。

7月,《直道》因反帝排外言论、立场,被迫脱离监理会教友协会,独立编发。

8月至9月,应广港学生夏令会邀请,赴广州、香港、厦门、福州等地演讲、访问,推介文社,后作有《南游纪略》、《南游杂感》。

同年,在《中华基督教会年鉴》发文《五卅事变于教会之影响》,反对外国势力藉教会以入,提出"教会宜由中国人自负责任,无劳外国人终于越俎";另出版《三民主义在中国文化上的根据》(国学社)、《基督教与民权主义》(中华基督教文社)、《中国文化与基督教》(编,青年协会书局)。

1928年

6月,因被指"言论激烈""工作不力",与沈嗣庄、张仕章同辞文社干事之职。担任《文社月刊》主编前后，发表大量鼓吹基督教本色化、调和基督教与中国文化，以及回应反基督教运动的著述，如《本色教会组织法草案》(金陵神学志)、《教牧与中国文化》(金陵神学志)、《本色教会与本色著作》、《本色教会的婚葬礼刍议》、《本色教会应创何种节期适合中国固有的风俗》、《中华基督徒之本色家庭生活》、《青天白日旗下的基督教》、《我们的革命观》、《耶稣是什么东西？》等，获赞"本色教会运动中的一员健将""吾教著作界中可能性最富的一个作家"。《文社月刊》在其主理下也名噪一时，被《申报》誉为"宗教杂志界三大权威之一"。同期，还参加了上海基督教传道联合会。辞职文社后，亦曾合创《野声月刊》。

秋，应福建协和大学校长林景润之邀，出任该校国文、中国哲学教授。

同年出版《孟子研究》(群学社)。

1929 年

出版《庄子：新式考证注解》(群学书社)。

1930 年

当选福建协和大学文学院院长。任职协大期间，积极发展国文教育与研究，更"发刊协大学报、组织福建文化研究会、出版（福建）文化月刊"。除了发表《明堂制度与宗教》、《中国古代科学上的发明》外，还撰发《泉州与中西交通》、《关于荔枝的一些掌故》、《福建版本史述略》、《福建理学系统》等福建地方文化研究论文。

1931 年

福建协和大学在国民政府教育部立案登记，兼职国民党党义教授。

12 月，发表《从国难说到戚继光》，疾呼再出一个戚继光，以铲除倭寇。

同年出版《三民主义研究大纲》(中华书局)、《孙文主义与耶稣主义》(青年协会书报部),热情颂扬三民主义。

1932 年

1 月起,相继发表《对日意见》、《从国难说到郑成功》等文,支持自卫抵抗,批判国军无所作为,呼唤抗日英雄。

1933 年

出版《中国宗教思想史大纲》(中华书局),纵贯古今,横摄诸教,创中国宗教史研究之先河,获评"脍炙人口,风行海内",后多次再版,并于 1940 年出现日文版(《支那宗教思想史》,富田镇彦译;稻津纪三修补,东京:大东出版社)。

1934 年

受上海沪江大学校长刘湛恩之邀,辞职福建协和大学,出任沪江大学文学院中国文学系主任,力主发展国文教育。

同年出版《中国学术体系》(福建协和大学),完善了《中国学术源流》提出的中国学术七期论,内有对同时代学人、思想家(如鲁迅)的评论。

1935 年

秋,发表《中国书法史述略》。

1936 年

6 月,发表《我对于国难教育的意见》,呼吁促进国难教育,培养抵抗的力量和决心。

同年发表《中国奴隶制度之一瞥》、《介绍西洋学术的第一人——徐光启生平》;另出版《庄子研究及浅释》(群学社)。

1937 年

6月,发表《吃的问题在中国》。

夏,抗战爆发,妻携子女避难湖州,自己留沪坚持教学。

11月后,发表《分文救济运动》、《圣诞与救济》等文,号召广大基督徒发起"分文救济运动",节省庆祝费用,以救济受难同胞,同时积极参加上海基督教知名人士发起的"周二聚餐会",组织寒衣捐赠,支持前方抗日。

1939 年

6月,发表《基督教与中国》,呼吁基督教改变自救出世思想,参与抗战服务与战后新中国建设,做社会的面酵。

同年出版《现代青年在中国》(托名项新嗣,出版者不详)。

1940 年

出版《中华基督教史课本》(广学会)、《中国基督教史纲》(青年协会书局)。后者为华人中国教会史研究的"破天荒"、近代中国基督徒最重要的著作之一、中国基督教史研究首选教材,广受赞誉,屡屡再版。

1941 年

合编出版《中国历代名人传略》(第5集,青年协会书局)。

1942 年

沪江大学"无限期休学",后又取消国文系,为生计所迫,开始四处兼职投稿。

1943 年

10月至12月,发表《谈谈识字问题》、《再谈识字问题》、《三谈识字问题》。

同年出版《中国文化史类编》(上、中编,作者书店),属其毕生中国文化研究之集大成者,可惜未有下编。

1944 年

1 月,发表《中国的名学》。

3 月,发表《改良文字的旧事重提》。

8 月,发表《值得提倡的颜李精神》。

9 月至 10 月,发表《拗相王安石》。

12 月,发表《历代文体的改革》。

1945 年

5 月至 6 月,发表《中国学术史上的四大争端》。

1946 年

8 月,发表《反对基督教的汪精卫》、《我也来谈谈民主》。

10 月起,连续发表《对于青年的期望》。

12 月起,连续发表《中国家庭制度的沿革》。

同年合作编著出版《格言集》(出版者不详)。

1947 年

7 月至 8 月,应同道协助考察台湾教会之请及在台子女之邀访问台湾,后作《从宗教考察记台湾之游》、《台湾记游》记述行程、感受。

1948 年

8 月,发表《大学教学的回顾》,回顾自己 40 余年的新式教育生涯。

12 月,发表《对于基督教文字事业的一点意见》。

同年,从沪江大学退休,再次受聘金陵神学院国学教授、《金陵神学志》主编;另出版《耶稣基督》(合编,中华书局)、《中国历代名人传略》(第 6 集,合编,青年协会书局)、《中国哲学史》(沪江大学期间作品,出版者、出版时间不详)。

1949 年

4月起,发表《论基督教与社会主义》、《论基督教与中国文化》、《关于教会自养的我见》等文,再次强调基督教的平民性与社会思想,反思中国文化弊端与既往本色化的缺陷,为面临新时代的中国教会献计献策。

1950 年

9月,作为神学界人士,首批签名响应吴耀宗等人发起、发表的"中国基督教在新中国建设中努力的途径"宣言。

1951 年

响应中国基督教三自革新运动,对自己在《中国基督教史纲》中的立场进行了检讨。

1952 年

1月,《天风》刊载《王治心先生要求销毁〈中国基督教史纲〉》一文。

11月,发表《从不平等条约说到基督教与太平天国》。

同年在重组的金陵协和神学院教授中国教会史。

1953 年

发表《不平等条约与中国基督教》、《不平等条约与教案》等文,指控基督教侵略中国,无意引发教界"史学控诉运动",本人也受到批判。

1954 年

2月,发表《我对于学习过渡时期总路线的一点体会》,检讨自己的"自由主义资产阶级残余思想",调和共产主义与基督教信仰,并为基督徒联系实际参与社会主义建设出谋划策。同月,在《关于

〈不平等条约与中国基督教〉等文的商榷》中,表示接受同道批评帮助。

1955 年

6 月,发表《基督徒必须反帝爱国》,再次表明反对帝国主义利用基督教的立场。

9 月,发表《已矣王明道!》(十六韵),对王明道进行了"揭露"和嘲讽。

1956 年

从金陵神学院荣退,移居北京,依靠回国任职的次子、北京大学力学系教授王仁。

1957 年

7 月,以"二忘"为笔名在《教会早期的自立运动》(上、下)中,提出"旧三自"和"新三自"相区别的观点,并肯定"旧三自"的若干成就,再次引发教会内部争论。

10 月,发表《再谈中国教会早期的自立运动》,为自己的文章和观点作"护短式的辩解",后销声匿迹。

1968 年

7 月,病逝于北京,骨灰无存。享年 87 岁。

提要钩玄　高屋建瓴
——王治心先生《中国宗教思想史大纲》读后

赵建功

二十世纪初期,内忧外患、乱象丛生的古老中国,正在艰难地跨越历史的沧桑,面临着黎明前的黑暗,经历着"启蒙与救亡的双重变奏"。① 这给整个中国带来了雷霆万钧的震撼和天翻地覆的剧变。

正是在这险象环生、动荡不安的历史大调整、大转换中,在新世纪的曙光终于重新普照神州大地的社会大背景中,中国现代学术拉开了壮丽的帷幕。

新文化运动以来,迫于启蒙与救亡的双重严峻压力,慑于启蒙思潮振聋发聩的巨大影响力,学者普遍急功近利,意气用事,浮躁轻狂,对国学的研究大多采取大是大非、非此即彼的武断态度,②所

---

① 李泽厚:《中国现代思想史论》,东方出版社1987年,第7页。
② 学者这种武断态度明显受到了当时启蒙思潮的影响,例如新文化运动的领袖人物、五四运动的总司令陈独秀明确主张:"要拥护那德先生,便不得不反对孔教、礼法、贞节、旧伦理、旧政治;要拥护那赛先生,便不得不反对旧艺术、旧宗教;要拥护德先生,又要拥护赛先生,便不得不反对国粹和旧文学。"见陈独秀:《〈新青年〉罪案之答辩书》,载《独秀文存》卷一,安徽人民出版社1987年,第242–243页。

以从表面上看，好像是轰轰烈烈、硕果累累，其实并没有真正触及思想和问题本身，难怪连沉潜温厚的汤用彤先生也批评其"浅隘"。③

与此同时，也有一大批学者，满怀刻骨的忧患意识和崇高的历史使命感，以"独立之精神，自由之思想"，④吸收西学东渐带来的新的学术理论和方法，潜心投入到对国学的认真反思和深入求索中，并且成就斐然，嘉惠学林，为中国现代学术奠定了博厚的根基，树立了高明的楷模。王治心先生正是这样一位学者。

王治心（1881–1968），名树声，字治心，以字行，浙江吴兴（今湖州）人。自幼接受国学教育，考中前清庠生（秀才）及贡生。1901年皈依基督教（卫斯理宗监理会），曾任湖州东吴第三中学、华英学校、上海裨文女学、惠中女学等校的国文教员。辛亥革命后，于1913至1918年间任上海基督教刊物《光华报》(Chinese Christian Advocate，或称《兴华报》)编辑，其间接受按立并主理过上海慕尔堂。1921年，出任南京金陵神学院国文及中国哲学教授，后兼任院刊《金陵神学志》编辑。1926年，任中华基督教文社《文社月刊》主编。1928年，应福建协和大学林景润校长之邀，出任该校国文及中国哲学教授，兼任文学院院长、国文系主任。1934年，应上海沪江大学刘湛恩校长之请，出任该校中国文学系主任。1948年从沪江大学退休后，再次受聘为金陵神学院国学教授，并出任《金陵神学

---

③ 见汤用彤：《评近人之文化研究》，载《汤用彤全集》第五卷，河北人民出版社 2000 年，第 274 页。参见王锦民：《中国哲学史研究》，福建人民出版社 2006 年，第 119 页。

④ 陈寅恪：《清华大学王观堂先生纪念碑铭》，载《陈寅恪集·金明馆丛稿二编》，三联书店 2001 年，第 246 页。

志》主编。1956年二度荣退后移居北京,1968年辞世,享年87岁。

王先生才华横溢,著述宏富,是当时中国基督教界乃至中国思想史界有相当影响的学者之一,主要著述有《中国宗教思想史大纲》、《中国基督教史纲》、《孔子哲学》、《孟子研究》、《中国历史的上帝观》、《庄子研究及浅释》、⑤《道家哲学》、《墨子哲学》、《中国学术源流》、《中国学术体系》、《中国文化史类编》、《基督徒之佛学研究》、《孙文主义与耶稣主义》、《三民主义研究大纲》、《中华基督教史课本》、《古文今译中国故事》、《耶稣基督》(与朱维之合编)、《评基督抹杀论》(与范子美合编)、《中国历代名人传略》(与李次九合编)等。

作为一位国学素养深厚的基督教学者,王先生提出了一套极具特色、试图会通基督教与中华传统文化的本色化思想,是中国基督教本色化运动的先锋和重要代表人物;而他在中国基督教史及中国宗教史研究方面所做出的开创性贡献,又奠定了其杰出的教会史学家和中国宗教史家的历史地位。⑥

除了为数众多的国学著作和关于基督教本色化的系列文章之外,作为当时中国基督教界最高产的作家之一,王先生的杰出成就主要体现在他的两本宗教史学专著上:《中国宗教思想史大纲》和《中国基督教史纲》。

《中国宗教思想史大纲》开笔于1928年秋,完成于1931年12月,由上海中华书局出版于1933年,再版于1940年,同年出了日文

---

⑤ 该书由上海群学书社于1929年出版,版权页略称《庄子》,有人据其封面及目录页称为"《庄子:新式考证注解》"。
⑥ 见王兴:《王治心:中国基督教本色化运动的先锋与杰出的教会史学家》,《中国宗教》总105·106期。

版,1988年三联书店上海分店出了影印本,1996年东方出版社出了简体横排本,台湾中华书局1977年已印行该书的第4版。⑦ 下面我们就尝试在学习此书的过程中,对其优长和缺失进行初步的探讨。

一、玄览古今,高屋建瓴

此书以短短16万字的篇幅,就涵盖了中国宗教思想史的几乎全部内容,如中国原始宗教的基本状况,佛教的输入及弘传,道教的创立及发展,基督教(包括景教、也里可温教、耶稣会和基督新教等)和回教(即伊斯兰教)的传入和演变,乃至中国的民间信仰问题,太平天国与宗教的内在关联,秘密社会中的宗教问题,科学思想与宗教的关系问题,历代的反宗教思潮,宗教思想发展的新趋势,等等。同时,此书既努力探寻各宗教思想的起源与发展过程,又注重分析宗教思想与社会政治的互动以及诸家(包括儒家、道家及各宗教)之间的冲突与会通。

因此,在中国学术思想史上,此书首次超越了学术界对中国宗教史零星研究的局限,视野宏阔,通览古今,提要钩玄,有条不紊,语言畅达,娓娓道来,将中国宗教思想史纷繁复杂的基本内容和发展历程,从容不迫地展示于读者面前,正可谓是一部十分难得的奠基之作。著名中国古典文学史家、思想史家陈钟凡先生,在为此书所作的叙中早已指出:"他这一部中国宗教思想史,系贯串今古,作

---

⑦ 以下简称"此书",引用只注本版页码。

综合的系统的研究,一扫从前某宗某派零碎记述的缺点,而又能驭繁就简,纲举目张,来说明历史的演化,使我们翻阅一遍,便可了然于中国宗教思想的大概情形。这是一部新的有价值的著作。"读者在看了此书以后,就会知道这是十分中肯的评价。

由于王先生具备了深厚的国学功底,又是一位虔诚的基督徒,因此,中外宗教与文化对于他就不再仅仅是一些外在的枯燥知识,而实际上已经化为他的生命,这就使他对中外宗教与文化都能有深厚的感情和真切的体会,从而能够以一种博大的胸襟和超然的气度,通观中外宗教及文化,总览全局,高屋建瓴,就中国宗教思想史从宏观上提出一系列真知灼见,足以引领潮流,惠泽后人。

1. 中国是一个多宗教国家

关于中国有无宗教、"中华民族是不是宗教的民族"的问题,历来有两种相互对立的观点,有人说中国是个非宗教国,有人说中国是个多宗教国。王先生则以超然的态度就此指出:"上面的两种说头,在表面看来,固然截然不同,但是从实际上观察,却可以说是一事的两面。"(12页)王先生先着重考察并有力反驳了"中国无宗教论",八十多年后的宗教学者仍然认为,王先生的"这种考察工作既比较早见又较为全面"。[⑧]

实际上,王先生是主张中国是一个多宗教国家的,他接着就从历史和人性的角度明白地提出:"我们从历史上考察,汉以前本没有具体的宗教,迨自佛教输入,道教创立,遂有制度的宗教出现。但是无论如何,宗教思想,却是人人所同具的先天属性。"(12页)

---

⑧ 张志刚:《"中国无宗教论"反思》,《北京大学学报(哲学社会科学版)》2013年第3期。

可见，无论是从中国历史的事实，还是从人的天性来看，中国都是一个多宗教的国家。王先生用三年多的时间来撰写《中国宗教思想史大纲》，就明确无疑地宣示了他的基本立场。陈文渊先生在为王先生的另一名著《中国基督教史纲》所作的序中即已提醒我们："我要读者知道《中国基督教史纲》和《中国宗教思想史大纲》是有连带的关系。许多西方学者，以为中国人宗教思想非常淡薄，甚而至说中国是无宗教的国家，中国学者也有引着此语自豪。殊不知中国在上古时代就有'祝官'和'史官'之设，'祝官'掌天事，'史官'掌人事，一是关于宗教，一是关于历史，所以在中国的古代，宗教和历史是相提并重。并且一切伟大宗教都产生于东方，而这些的宗教，除婆罗门教外，如佛教、明教、回教、犹太教以至于基督教，都曾在中国下了种子。而中国也成了肥沃的宗教园地，除一二萎谢不振外，其余都已婆娑合抱，茂盛蕃滋。关于这个问题，我不欲多赘，只要你们翻开王先生的《中国宗教思想史大纲》，就可明白了。"⑨

王先生后来在他 1940 年出版的专著《中国基督教史纲》中，又从我们有目共睹的现实出发，继续对他的立场进行了论证，他说："我们无论走到哪一处城市，便可以见到许多孔庙、庵院、寺观；即数十户集居之小村落中，亦必有一混合式的庙宇，供着观音、关帝、财神、阎王等等塑像；尤其在普通家庭之中，莫不有土地神、灶神、门神及祖先等神牌，按时按节的焚香烧楮，顶礼膜拜。这一种无可否认的事实，岂不是多神崇拜的宗教信仰么？我们不能根据少数

---

⑨ 陈文渊：《王治心〈中国基督教史纲〉序》，载王治心：《中国基督教史纲》，上海古籍出版社 2004 年。

学者的理想,就把这种事实根本抹去的。"⑩

事实上,中国原本是一个多民族、多文化、多宗教的国家,除了儒释道和基督教、伊斯兰教等外来宗教,还有丰富多样的民间信仰和少数民族宗教。只是至晚从西周建立以后,由于周公等人的不懈努力和杰出的文明塑造力,奠定了中国文化敬德保民的人文精神传统,致使宗教在中国再没有上升到高高在上、君临一切的统治地位。中国新文化运动的主将、被毛泽东誉为"思想界的明星"的陈独秀就此指出:"吾华宗教,本不隆重。"⑪现代新儒家的代表人物冯友兰先生也认为:"中国人即使信奉宗教,也是有哲学意味的。现在许多西方人都知道,与别国人相比,中国人一向是最不关心宗教的。"⑫德国哲学大师黑格尔也早已提出:"我们所叫做'东方哲学'的,更适当地说,是一种一般东方人的宗教思想方式——一种宗教的世界观,这种世界观我们是很可以把它认做哲学的……东方哲学是宗教哲学……罗马的宗教、希腊的宗教和基督教,我们并不把它们当做哲学,它们与哲学没有什么相似的地方……在东方的宗教里,却正好相反,我们非常直接地感觉到哲学的概念,它是与哲学很接近的。"⑬他所谓的"东方"主要指中国和印度。究其原因,著名史学家范文澜先生提出:"汉族本身不曾在巫教基础上制造出一个普遍流行的宗教,许多外来宗教的陆续传入和佛教的一

---

⑩ 王治心:《中国基督教史纲》,第7页。王先生在其《中国宗教思想史大纲》中已以他者的口吻表述过类似的观点(12页)。
⑪ 陈独秀:《驳康有为致总统总理书》,载《独秀文存》卷一,安徽人民出版社1987年,第69页。
⑫ 冯友兰:《中国哲学简史》,北京大学出版社1996年,第3页。
⑬ 黑格尔:《哲学史讲演录》(一),贺麟、王太庆译,商务印书馆1983年,第115–116页。

时盛行,也都不曾取得独尊的地位。一切宗教不能生出深根来,应归功于史官文化,因为它含有抵抗(虽然是不彻底的)宗教的因素。史官文化的主要凝合体是儒学(其次是道家学说)。"[14]清华大学国学研究院创办人之一、"中国比较文学之父"吴宓先生则从另一视角指出:"中西实可古今而下,两两比例:中国之儒,即西国之希腊哲学;中国之佛,即西国之耶教。特浸渍普通,司空见惯,而人在其中者,乃不自觉耳。"[15]

无论如何,我们都不能武断地认为中国没有宗教,更不能说中国人没有信仰。恰恰相反,中国人的宗教思想和信仰世界具有非常深厚的底蕴和无限丰富的内涵,在世界文明史上具有不可替代的重要地位和深远影响。陈寅恪先生明确主张:"佛教实有功于中国甚大,而常人未之通晓,未之觉察,而以中国为真无教之国,误矣。"[16]

而"中国无宗教论"这一离谱的说法,一开始起源于早期的来华传教士,他们基于其西方文化的背景和有意无意的西方中心论立场,对中国文化及宗教形成了一系列偏见和误解,一些中国的学者出于种种原因,也人云亦云,于是"中国无宗教论"便凝结为一种日益强大的思维定势,并且逐渐流行开来,成为一种颇有影响的"中国宗教观"。张志刚先生就此明言:"以利玛窦为典型的来华传教士既是'中国无宗教论'、也是漠视或蔑视中国民间信仰的始作

---

[14] 范文澜:《中国通史简编》(修订本)第二编,人民出版社 1964 年,第 237-238 页。

[15] 见《吴宓日记》第二册,三联书店 1998 年,第 100-104 页。刘桂生、张步洲二先生指出:"疑'通'字为'遍'字之误。"见刘桂生、张步洲编:《陈寅恪学术文化随笔》,中国青年出版社 1996 年,第 291 页。此从之。

[16] 见《吴宓日记》第二册,三联书店 1998 年,第 100-104 页。

俑者。"而"'中国无宗教论'的典型意义即在于,它作为中西方文化传统相遇后最早形成的一种'中国宗教观',也最早地暴露出这样一个基础理论问题:能否用西方的宗教概念来解释中国的宗教与文化传统?"[17]

实际上,关于中国有无宗教的问题,与孔教能否成为国教、儒教是否宗教、汉字是否要拼音化、中医药学是否科学、中国哲学是否具有合法性等问题一样,都是由简单套用西方的概念和范式而产生的"伪问题",[18]是西方的强势文明和话语霸权在学术界的连锁映射,是近现代以来西学在外国列强侵华过程中的强势涌入,使中国人暂时手足无措、慌乱失语、失去了民族自信心的系列反映。康有为早已就此指出:"中国数千年之言儒释,只曰教而已矣,无神人之别也。夫今人之称宗教者,名从日本,而日本译自英文之厘离近 Religion 耳。在日人习二文,故以佛教诸宗加叠成词,其意实曰神教云尔。然厘离近之义,实不能以神教尽之,但久为耶教形式所囿,几若非神无教云尔。"[19]在一次访谈中,余英时先生曾经就儒家是否宗教的问题回应道:"宗教是讲超越的,儒学也有超越的层面……'宗教'是纯西方概念,与'哲学'、'社会学'、'神学'等都代表了西方学科的分类。我们中国学问无所谓宗教不宗教,儒学什

---

[17] 张志刚:《"中国无宗教论"反思》,《北京大学学报(哲学社会科学版)》2013 年第 3 期。

[18] 葛兆光:《穿一件尺寸不合的衣衫》,《开放时代》2001 年第 11 期。张践先生提出:"问题尽管是'伪问题',但是争论却实实在在地将中国文化自身的价值及中国文化应当如何因应西方文化的冲击等'世纪性问题'的研究不断推向高潮。"见张践:《中国古代政教关系史》,中国社会科学出版社 2012 年,第 20 页。

[19] 康有为:《孔教会序》,载《康有为全集》第九集,中国人民大学出版社 2007 年,第 345-346 页。

么都包括,它既包括宗教,也包括哲学,但它同时又非宗教、非哲学……现在说它是不是宗教,是拿西方的概念在套用。但西方宗教的概念并不完全适用于中国。"[20]

因此,在探讨中国文化(包括哲学、文学、史学、宗教、科学及教育等)问题时,可以而且应该借鉴外国的相关成果和思想,但是不能简单套用外国的概念和范式,因为中国文化有自己特殊的范式,正如其他国家的文化也有其自身的独特模式一样,二者可以相互参照、取长补短,而不应该互相否定、"以是其所非而非其所是"。[21]诚如美国学者德克·布德(Derk Bodde)教授所说:"中国人不以宗教观念和宗教活动为生活中最重要、最迷人的部分……中国文化的精神基础是伦理(特别是儒家伦理),不是宗教(至少不是正规的、有组织的那一类宗教)……这一切自然标志出中国文化与其他主要文化的大多数,有根本的重要的不同,后者是寺院、僧侣起主导作用的。"[22]布德先生非但没有因这种"不同"而否定中国宗教的存在,而且从其字里行间可以明显看出他是充分肯定中国宗教的存在的,只是"中国人不以宗教观念和宗教活动为生活中最重要、最迷人的部分"罢了。

"中国无宗教论"尽管是一时的偏见和误解,但是它的产生和流行有着非常复杂的社会历史和文化心理原因,也给学界带来了一次自我反省和调整的宝贵机会。张志刚先生就此指出,关于中

---

[20] 陈致:《余英时教授谈宗教、哲学、国学与东西方知识系统》,载刘笑敢主编:《中国哲学与文化》第七辑,广西师范大学出版社2010年,第223—224页。其中,"非宗教"原作"非科学",疑有误,此据上下文改。

[21] 《庄子·齐物论》。

[22] 德克·布德:《中国文化形成中的主导观念》,见冯友兰:《中国哲学简史》,第3—4页。

国宗教的越来越深入的研究成果,"已使越来越多的中外学者意识到,从宗教与中国文化的关系来看,不仅宗教与哲学是难以区分的,而且宗教与整个中国文化和社会也是难解难分的。这便意味着,与西方文化和社会相比,宗教现象在中国文化背景下显然是更多样、更复杂的,诸种宗教与文化、社会的关系也是更密切的,是不可能用诸如'神与人'、'神圣与世俗'、'现世与来世'、'教会与国家'、'信仰与理性'等西方宗教研究的二分法概念或范畴来划分得一清二楚的。因此,在今后的研究中,如何通过中西方文化传统比较,并着眼于中国文化的基本特征来阐释中国宗教现象的多样性、复杂性、包容性和融合性等,这可以说是'中国无宗教论'留给后人的方法论教益。"㉓

2. 区分宗教与宗教思想

为了避免陷入关于中国有无宗教的无谓争论,王先生在此书中通常以"宗教思想"代替"宗教"来进行叙述,这从此书的书名及许多章节的标题都可以明显看出来。由此又显示出他非凡的远见卓识。

在此书的开篇——第一章第一节,王先生就围绕"宗教思想"进行了前提性的讨论,初步探讨了宗教思想与宗教、哲学、伦理及民族生活等的内在关系,并且给出了"宗教思想"的定义。他先区分了"有形式的物质宗教"与作为"无形式的精神"的"宗教思想"(6页),并且明确指出:"所谓宗教思想者,就是'人们对于精神生活的要求,而表出自然的崇拜行为;从无意识的动作,进而至于理

㉓ 张志刚:《"中国无宗教论"反思》,《北京大学学报(哲学社会科学版)》2013年第3期。

智的分析。'"（9页）而且他就宗教思想的普遍性强调说："现在我们所提起的'宗教思想'，是普遍的，无论哪一种民族哪一种人类都是具有的。"（6页）在下一节他更从人性的高度提出："无论如何，宗教思想，却是人人所同具的先天属性。"（12页）既然"宗教思想"是"人人所同具的先天属性"，"是普遍的，无论哪一种民族哪一种人类都是具有的"，那么中国人自然是具有宗教思想的人，中华民族自然是具有宗教思想的民族。由此可见，在此书的开篇，王先生就对中国有无宗教的争论给予了明确而又高明的回应。

在此基础上，王先生进一步探讨了宗教思想与宗教、哲学、伦理及民族生活等的内在关系。

关于宗教思想与宗教的关系，王先生认为："虽不必人人都有宗教的信仰，却不能说人人都没有宗教思想"（6页），"无论如何，宗教思想，却是人人所同具的先天属性。"他进一步从语言学角度提出："本来Religion这个名词，它的意义，不是单指着有制度的组织而言，乃是包含一切人类心能中的崇敬。但是一译成'宗教'这个名词，便把原来的意义缩小了；所以一提到'宗教'，就变成有形式的组织，为一部分人所专有的了。"（6页）应该说，王先生从人的本质需要和中外语言的翻译所导致的语义的变异，来探讨宗教和宗教思想的异同，他的观点是可以信从的。

关于宗教思想与哲学的关系，王先生超越了"宗教是感情的，哲学是理智的"这一通常的说法，明确指出："我们假使研究到原始的时代，而它们俩不独是没有什么界线可分，简直是出于一个来源……后来，哲学虽然从宗教的母亲怀里宣告了自立，究竟还是有互相连贯的血统关系。在宗教思想中有属于哲学的问题，在哲学中也有宗教思想的质素"，不过二者也不是可以混同的，而是有越来越大的区别的,因为"宗教思想只能知其然,而哲学则欲求其所以然,所以宗教还是感情的产物,先于哲学而有的。"(7 页)尽管这里所说的"宗教思想只能知其然"、"宗教还是感情的产物",未必持之有故,还有讨论的余地,但是至少也可以作为一家之言。

关于宗教思想与伦理道德的关系,王先生提出:"人类对于自然所发生的宗教意识,大概含有伦理的意味,所以可以说伦理思想与宗教思想,是一而二、二而一的。"不仅如此,而且王先生进一步从历史的考察得出:"我们从历史上所见到的那些'杀身成仁、舍生取义'的人,以及一切'动天地泣鬼神'的伟大事业,在伦理道德上有伟大价值的,莫不以宗教思想为其最大的原动力。故可以说宗教思想就是一切伦理道德的根源。"(8 页)有人可能不太认同这一观点,宗教思想与伦理道德的关系确实非常复杂,但王先生此说同样有相当大的说服力。清末民初国学大师章太炎先生即明言:"世间道德,率自宗教引生。"[24]中国现代学贯中西的哲学大师贺麟先生从哲学的体用关系的高度提出:"宗教为道德之体,道德为宗教之用。"[25]被誉为"新时代的先知"的英国文化史学家和宗教哲学家克里斯托弗·道森同样明确指出:"信仰看起来则远离人的世界及其成果;它引导人们走向一种更高尚、更加广袤的实在境界,而不是走向政权和经济秩序所归属的有限而无常的世界。因而,它给人类生活注入了一种精神自由的因素,这种因素可以对人类社会的文化和历史命运、以及对人的内在个人经验产生创造性的、潜移默

---

[24] 章太炎:《建立宗教论》,载陈平原编校:《中国现代学术经典·章太炎卷》,河北教育出版社 1996 年,第 584 页。
[25] 贺麟:《文化的体与用》,载贺麟:《近代唯心论简释》,商务印书馆 2011 年,第 223 页。

化的影响。"[26]

由于受到西方进化论思潮的深刻影响,所以王先生乐观地认为:"人类的智识既渐渐进步,思想亦渐渐改变,对于自然界精神界从前所不能了解的问题,也渐渐地明白起来,遂产生出世界不同的宗教,即同一宗教亦以时代的关系而有不同的理论。这可以证明宗教思想是依时代而进步的。"(9页)实际上,虽然我们都希望"宗教思想是依时代而进步的",但是这可能只是美好的主观愿望,实际上未必如此。正如哲学上的先秦诸子学、魏晋玄学、宋明理学,史学上的《史记》、《资治通鉴》,文学上的汉赋、唐诗、宋词等一样,宗教思想上的隋唐佛学、唐宋道教等同样达到了历史的巅峰,因此,宗教思想及哲学、史学、文学的发展,有其自身十分复杂的内在规律,这种规律恐怕不是一句"依时代而进步"就可以简单说明的。

3. 中华民族在宗教思想上的特点

基于对中国宗教思想史的宏观研究和全面把握,王先生就"中华民族在宗教思想上的特点"发表了自己的一系列观点:

> (1)中华民族在宗教思想上没有入主出奴的成见,信仰有绝对的自由,所以没有宗教上信仰的争端,外来的任何宗教,莫不宏量的容纳。
>
> (2)中华民族不很注重宗教上的限制,纯凭各个人的自由信仰;所以一个人可以同时信仰几种不同的宗教,没有教权集中的流弊。

---

[26] 克里斯托弗·道森:《宗教与西方文化的兴起》,四川人民出版社1990年,第14页。

(3)中华民族政教分离得很早,古代政治虽不免含着神权的色彩,但政由天启的思想,在周代已经打破了。

(4)中华民族的宗教信仰,不受崇拜仪式所拘束,祭礼的规定,虽不免有徒重形式的流弊,但是儒家设礼,多含着政治和伦理的作用,与祈祷礼拜等宗教仪式不同。

(5)中华民族对天的信仰,虽有若干不同的见解,但是大多数人的心理,莫不承认天为至高无上的精神主宰,为一切伦理道德的根源。(13页)

应该说,王先生这些高屋建瓴的总结,符合中国宗教思想史发展的基本事实,至今依然具有很大的参考价值,为大多数学者所认同。例如,其中的(1)(2),与孔子讲的"天下同归而殊涂,一致而百虑",[27]《中庸》中的"万物并育而不相害,道并行而不相悖",孟子说的"先圣后圣,其揆一也",[28]宋儒陆象山说的"古圣贤之言,大抵若合符节。盖心,一心也;理,一理也。至当归一,精义无二。此心此理,实不容有二",[29]牟钟鉴、张践二先生所讲的"中国社会对各种不同的宗教信仰,包括外来宗教,都相当宽容……人们可以兼信两教或三教,这种事情在西方是不可想象的",[30]张践先生所讲的"人文理性主导,多元宗教文化和谐相处才是中国政治文化本质",[31]无疑是遥相呼应的。其中的(3),与王国维先生主张的"中

---

[27]　《周易·系辞下》。
[28]　《孟子·离娄下》。
[29]　(宋)陆九渊:《陆九渊集》卷一《与曾宅之》,中华书局1980年,第4—5页。
[30]　牟钟鉴、张践:《中国宗教通史》(修订本),社会科学文献出版社2003年,第1216页。
[31]　张践:《中国古代政教关系史》,第1226页。

国政治与文化之变革,莫剧于殷周之际",㉜以及徐复观先生所讲的"周初宗教中人文精神的跃动",㉝具有高度的一致性。其中的(4),与之异曲同工的观点有:英国著名思想家罗素指出的"中国实际上是个缺乏宗教的国家,不仅上层社会没有宗教,全体人民也同样没有。虽然有相当明确的伦理制度,但不过激、没有迫害性,而且没有'原罪'观念",㉞梁漱溟先生提出的"在中国代替宗教者,实是周孔之'礼'。不过其归趣,则在使人走上道德之路,恰有别于宗教,因此我们说:中国以道德代宗教",㉟以及美国学者德克·布德教授提出的"中国文化的精神基础是伦理,不是宗教"。㊱ 其中的(5),使我们很容易想起孔子说的"唯天为大,唯尧则之",㊲以及我们常挂在嘴边的"天理难容"、"天理何在"、"人在做,天在看"等口头禅,甚至连德国哲学大师黑格尔也早已认识到:"中国人有一个国家的宗教,这就是皇帝的宗教,士大夫的宗教。这个宗教尊敬天为最高的力量。"㊳

㉜ 王国维:《殷周制度论》,载《王国维论学集》,中国社会科学出版社 1997 年,第 1 页。
㉝ 徐复观:《中国人性论史》先秦篇,上海三联书店 2001 年,第 13 页。
㉞ 罗素:《中国问题》,秦悦译,学林出版社 1996 年,第 11 章,第 151 页。
㉟ 梁漱溟:《中国文化要义》,学林出版社 1996 年,第 108-109 页。
㊱ 德克·布德:《中国文化形成中的主导观念》,见冯友兰:《中国哲学简史》,第 3-4 页。
㊲ 《论语·泰伯》。
㊳ 黑格尔:《哲学史讲演录》(一),贺麟、王太庆译,商务印书馆 1983 年,第 125 页。

二、探赜索隐,精彩纷呈

王先生此书,不仅在宏观上有总览全局、提要钩玄的卓越见解,而且在微观上也是精彩纷呈,高见迭出。下面我们来作具体了解。

1. 王先生引据《诗经》的"敬天之怒,无敢戏豫;敬天之渝,无敢驰驱"、"凡百君子,各敬尔身"、"各敬尔仪,天命不又……夙兴夜寐,无忝尔所生"㊴和《尚书·酒诰》的"天非虐,惟民自速辜",明确提出:"这都是相信修身可挽回天意;假使不能修身,一旦遇到什么祸难,并不是天的暴虐,乃是自取其咎。"(53 页)王先生在这里点出了中国古典哲学及宗教思想的核心内容之一——"命自我立"。㊵

至晚从西周初期开始,"命自我立"就成为中国传统命运观一以贯之的主流思想,在社会各界具有十分深远的影响,是中国宗教思想史中的一项重要内容。《尚书·汤诰》曰:"天道福善祸淫。"《尚书·蔡仲之命》曰:"皇天无亲,惟德是辅。"《尚书·伊训》曰:"惟上帝不常,作善降之百祥,作不善降之百殃。"《诗经·大雅·文王》曰:"天命靡常……无念尔祖,聿修厥德。永言配命,自求多福。"《左传》僖公十六年曰:"吉凶由人。"《左传》襄公二十三年曰:"祸福无门,唯人所召。"《老子》帛书甲本曰:"夫天道无亲,恒与善

㊴ 《诗经》之《大雅·板》、《小雅·雨无正》、《小雅·小宛》。
㊵ (宋)洪咨夔:《平斋文集》卷二十一,《四部丛刊续编》景宋钞本。

人。"孔子曰:"存亡祸福皆在己而已,天灾地妖亦不能杀也。"[41]《周易·文言·坤》曰:"积善之家必有余庆,积不善之家必有余殃。"墨子"非命"而尚力,严厉抨击宿命论,主张人可以靠自己天赋的智力有所作为。孟子明确主张"祸福无不自己求之者",[42]提出"强为善"、[43]"修身立命"的伟大思想。荀子提出:"涂之人百姓,积善而全尽,谓之圣人。"《淮南子·缪称》曰:"知己者不怨人,知命者不怨天。福由己发,祸由己生。"晋代已流传的道教经典《西升经》提出:"我命在我,不属天地。""药王"孙思邈提出:"寿夭休论命,修行本在人"、[44]"四百四病,身手自造,本非由天"。[45]柳宗元主张:"变祸为福,易曲成直,宁关天命?在我人力。"[46]北宋思想家程颐提出了"天命不可易也,然有可易者,惟有德者能之"、[47]"人力可以胜造化,自是人不为耳"[48]的著名命题。王阳明的再传弟子袁了凡十分准确地总结说:"凡称祸福自己求之者,乃圣贤之言;若谓祸福惟天所命,则世俗之论矣。"[49]

由此可见,"命自我立"的思想,一直是中国宗教思想史乃至整

---

[41] 《说苑·敬慎》。《孔子家语·五仪解》作"存亡祸福皆己而已,天灾地妖不能加也"。
[42] 《孟子·公孙丑上》。
[43] 《孟子·梁惠王下》。
[44] (唐)孙思邈:《孙真人养生铭》,明胡文焕《寿养丛书》(文会堂版精抄本)辑本。见张作记等辑注:《药王全书》,华夏出版社1995年,第836页。
[45] (唐)孙思邈:《备急千金要方》卷二十七《养性·道林养性》。
[46] (唐)柳宗元:《愈膏肓疾赋》,载《柳宗元集》,中华书局1979年,第67页。
[47] (宋)程颢、程颐:《河南程氏遗书》卷十五,载《二程集》,中华书局2004年,第161页。
[48] (宋)程颢、程颐:《河南程氏遗书》卷二十二上,载《二程集》,第291页。
[49] (明)袁了凡:《了凡四训》第一篇《立命之学》。

个传统文化中最有价值、最激动人心的华彩乐章。尤其是卜筮、祭祀、修身立命、积德行善等在中国的盛行更加说明,中国人很早以来就一直相信"命自我立",一直在努力趋吉避凶,改造命运,而以积德行善为其方法论的核心,"祭祀不祈",[50]"善为《易》者不占",[51]在任何际遇中都须要"反身修德",[52]一直是中国传统文化的主流。[53]

可惜的是,尽管王先生也认为,中国古代的"一切命运祸福的信仰,虽没有现在那样流行的宗教形式,却不能不说是一种宗教思想的自然表现"(6—7页),但他在此书中没有能够对此展开论述,只是在几处一笔带过,这不能不说是此书的一大缺憾。

2. 就魏晋玄学尤其是王弼对中国宗教思想史的影响,王先生明言:"自王弼注《老》《易》,开六朝玄学之先,于是一般学者,咸以研精《老》《易》为一时风气,以为儒学浅薄,不若老庄;老庄浮诞,不若佛理。于是舍儒学老,舍老学佛,这便成了当时学术思想上的普遍趋势。老佛学说因而大兴,竟夺孔子的地位。"(104页)如果没有对中国宗教思想史乃至全部中国思想史的深刻领悟,是很难提出这种超凡见解的。

其实,"舍儒学老,舍老学佛",不仅是"当时(魏晋)学术思想上的普遍趋势",而且直到宋代,仍然是"学术思想上的普遍趋势"。宋儒陈善曾经记载当时盛传的王安石与张方平的一段著名的

---

[50] 《礼记·礼器》。
[51] 《荀子·大略》。
[52] 《周易·象·蹇》。
[53] 见赵建功:《中国哲学天人观及其与易学关系之研究》第五章,上海科学技术文献出版社2013年。

提要钩玄　高屋建瓴——王治心先生《中国宗教思想史大纲》读后

对话：

> 世传王荆公尝问张文定公曰："孔子去世百年，生孟子，亚圣后绝无人，何也？"文定公曰："岂无？只有过孔子上者。"公曰："谁？"文定曰："江西马大师、汾阳无业禅师、雪峰、岩头、丹霞、云门是也。"公暂闻，意不甚解，乃问曰："何谓也？"文定曰："儒门淡薄，收拾不住，皆归释氏耳。"荆公欣然叹服。其后说与张天觉，天觉抚几叹赏曰："达人之论也。"遂记于案间。㊴

王荆公即王安石（1021-1086），北宋丞相、新党领袖。张文定公即张方平（1007-1091），神宗朝官至宰相，反对王安石新法。张天觉即张商英（1043-1122），先习儒排佛，后归信佛教，大观四年（1110）代蔡京为相。可见，佛学在隋唐达到鼎盛，直到北宋仍然影响甚巨，以致于像张方平、张商英、王安石这些当时士大夫的翘楚，皆称赏马祖等诸位禅师，以为其造诣超过孔子之上。

张商英的思想转变历程非常典型。他早年崇儒，偶入僧寺，见藏经梵笑齐整，乃怫然曰："吾孔圣之教，不如胡人之书人所仰重？"欲作《无佛论》以排斥佛教。后读《维摩诘经》，阅到"此病非地大，亦不离地大"处，叹曰："胡人之语亦能尔耶！"由是归信佛乘，著《护法论》称扬佛法。㊵ 这种现象在中国古代相当普遍，以致于宋儒二程声言："今异教之害，道家之说则更没可辟，唯释氏之说衍蔓迷溺至深。今日是释氏盛而道家萧索。方其盛时，天下之士往往

㊴ （宋）陈善：《扪虱新话》上集卷三《儒释迭为盛衰》。
㊵ 见（宋）道谦编：《宗门武库》，《大正藏》第47册，第9页。

自从其学,自难与之力争。"㊱其弟子吕大临也无奈地感叹道:"今大道未明,人趋异学,不入于庄,则入于释。疑圣人为未尽善,轻礼义为不足学,人伦不明,万物憔悴,此老成大人恻隐存心之时。"㊲

甚至直到近现代,梁启超先生依然认为:"社会既屡更丧乱,厌世思想,不期而自发生,对于此恶浊世界,生种种烦懑悲哀,欲求一安心立命之所;稍有根器者,则必遁逃而入于佛。"㊳堪称"较乾嘉诸老更上一层"㊴的陈寅恪先生,就此做出了更加深入的说明:"汉晋以还,佛教输入,而以唐为盛。唐之文治武功、交通西域、佛教流布,实为世界文明史上大可研究者。佛教于性理之学(metaphysics)独有深造,足救中国之缺失,而为常人所欢迎。惟其中之规律,多不合于中国之风俗习惯,如祀祖、娶妻等,故昌黎等攻辟之。然辟之而另无以济其乏,则终难遏之,于是佛教大盛。"㊵

王先生此处,可能主要是受到林科棠先生《宋儒与佛教》一书的影响。林先生在该书开篇即明确指出:"儒教则不然,魏晋以后,历南北朝隋唐,殆全入睡眠状态。此时儒教中之铮铮者,均遁入释道。"㊶而王先生超越前辈的地方,则是把"舍儒学老,舍老学佛"这一魏晋以后的普遍趋势,与王弼及整个魏晋玄学思潮的演进结合起来,以中国学术思想史发展的大视野进行动态透视,于是就能得出不同凡响的结论,足以丰富和推进相关的学术研究。

㊱ (宋)程颢、程颐:《河南程氏遗书》卷二上,载《二程集》,第38页。
㊲ 《宋史·吕大防传》附《吕大临传》。
㊳ 梁启超:《清代学术概论》三十,东方出版社1996年,第91页。
㊴ 陈寅恪:《与妹书》,载《陈寅恪集·书信集》,第1页。
㊵ 见《吴宓日记》第二册,三联书店1998年,第100–104页。
㊶ 林科棠:《宋儒与佛教》,商务印书馆1930年,第1页。

提要钩玄　高屋建瓴——王治心先生《中国宗教思想史大纲》读后

3. 任继愈先生说："三教关系是中国思想史、中国宗教史上的头等大事。"⑫王先生此书，就三教关系着力甚大，并且提出了一系列发人神智的观点。

儒道两家辟佛的一条重要说辞是，佛教是外来的宗教，创立佛教的是外国人。例如汉魏之际的《理惑论》即记载当时已有人提出疑问："吾子弱冠学尧舜周孔之道，而今舍之，更学夷狄之术，不已惑乎？"⑬以后的三教之争，几乎每次都涉及夷夏之别问题，到南朝宋齐之际道士顾欢作《夷夏论》，提出"舍华效夷，义将安取？"⑭将夷夏之争推向了高潮。直到唐宋，一些儒者仍然在以所谓的夷夏之防排斥佛教，如韩愈说："佛者夷狄之一法耳"，"佛本夷狄之人"；⑮二程说："佛者一點胡尔"。⑯ 王先生就此明确指出，这"是中国人固有的自大思想，以为世界之大，只有中国是礼义之邦，余皆不过蛮夷戎狄，即孟子'吾闻用夏变夷者，未闻变于夷者也'一样思想。"（172页）王先生此说诚可谓是一语中的，在中外学界一直是主流观点。例如牟钟鉴、张践二先生就此明言："顾欢的《夷夏论》强调了文化的民族性与地域性，要求保持中华文化的民族特点，有可取之处。但是其理论又有严重的狭隘民族主义和文化保守主义倾向。其尊夏贱夷、道优佛劣的种种说法都是妄生分别，没有多少

---

⑫　任继愈：《唐宋以后的三教合一思潮》，载任继愈：《汉唐佛教思想论集》，人民出版社1998年，第295页。
⑬　《理惑论》，载《弘明集》卷一。
⑭　《南史》卷七五《顾欢传》；《南齐书》卷五四《顾欢传》。
⑮　（唐）韩愈：《论佛骨表》，载《韩昌黎文集校注》，上海古籍出版社1986年，第613、615页。
⑯　（宋）程颢、程颐：《河南程氏遗书》卷二上，载《二程集》，第24页。程颐又说："佛亦是西方贤者，方外山林之士"。见（宋）程颢、程颐：《河南程氏遗书》卷二十二上，载《二程集》，第292页。

道理，不利于中外文化交流，也不利于传统文化的更新"，"中国传统文化讲夷夏之别，也有排斥外来文化的狭隘民族主义"。⑥⑦ 荷兰汉学家许理和先生则提出，有些中国人之所以排斥佛教，是因为"在中国人中间有着很强烈的文化优越感和自足感"，而夷夏之辨所强调的"中国和夷狄的文化差别，意味着在自然素质或'种族'上存在根本差异，这要比单纯文化体系上或教理上的优越感来得更深"。⑥⑧ 其实，一代文豪柳宗元早已指出："浮图诚有不可斥者……果不信道而斥焉以夷，则将友恶来、盗跖，而贱季札、由余乎？非所谓去名求实者矣。"⑥⑨

就韩愈《原道》和《论佛骨表》中的辟佛言论，王先生批评说："总观韩愈辟佛的言论，纯从效用上观察，不从思想上立论，所以非常肤浅。"（173 页）事实上，历来学者大多如此看，例如韩愈的好友柳宗元当时就明确主张："浮图诚有不可斥者，往往与《易》、《论语》合，诚乐之，其于性情奭然，不与孔子异道……退之所罪者其迹也……退之忿其外而遗其中，是知石而不知韫玉也。"⑦⑩ 宋儒苏辙评论道："愈之学，朝夕从事于仁义礼智刑名度数之间，自形而上者愈所不如也。《原道》之作，遂指道德为虚位，而斥佛老与杨墨同科，岂为知道哉？"⑦⑪ 北宋名僧契嵩作《非韩子》三十篇，⑦⑫"欧阳修、李泰伯皆自叹不如，王安石、苏轼、黄庭坚等皆服其才识"（175 页）。宋儒罗大经明言："韩文

---

⑥⑦　牟钟鉴、张践：《中国宗教通史》（修订本），第 451、1216 页。
⑥⑧　许理和著，李四龙等译：《佛教征服中国》，江苏人民出版社 2003 年，第 335-336 页。
⑥⑨　（唐）柳宗元：《送僧浩初序》，载《柳宗元集》，第 673-674 页。浮图：佛教。
⑦⑩　（唐）柳宗元：《送僧浩初序》，载《柳宗元集》，第 673-674 页。
⑦⑪　见《东雅堂昌黎集注》卷十一《原道》，《文渊阁四库全书》本。
⑦⑫　载《镡津文集》卷十四至十六，《大正藏》第 52 册。

公、欧阳公皆不曾深看佛书,故但能攻其皮毛。"⑬元儒刘谧著《三教平心论》,对韩愈进行了有力的驳斥。明儒袁宏道说韩愈辟佛实质上是"攻其皮,嗜其髓"。⑭梁启超先生提出,韩愈排佛之议"虽庸妄可笑,抑亦东流极敝反动使然也"。⑮牟钟鉴、张践二先生同样认为,韩愈"只看到佛老与王权、儒学相矛盾的一面,看不到它们相通的一面,更不懂得儒学要复兴,只有吸收佛老,才能超越佛老,所以其反佛带有很大的片面性"。⑯许理和先生则提出,"功利主义在中国思想中根基很深⑰……在印度佛教中几乎不存在这个'功利性'问题",此乃佛教在中国遭遇排斥的重要原因之一。⑱这也是韩愈辟佛的一个主要原因。

当然,我们应该看到,韩愈辟佛,其实有其万不得已的深刻的社会历史背景和个体性原因,而其自身的很多作品则明显受到了佛教的相当影响。⑲陈寅恪先生认为,韩愈谏迎佛骨及掀起古文运动的起因,主要是安史之乱及藩镇割据导致社会动乱和文化失范,故"当时

---

⑬ (宋)罗大经:《鹤林玉露》卷十一,明刻本。对此反驳的观点,见熊赐履:《闲道录》卷八《吴宗周广崇正辨下》。

⑭ (明)袁宏道:《神祇园寺碑文》,载(明)袁宏道著,钱伯城笺校:《袁宏道集笺校》,上海古籍出版社1981年,第471页。

⑮ 梁启超:《佛学研究十八篇》,上海古籍出版社2001年,第12页。

⑯ 牟钟鉴、张践:《中国宗教通史》(修订本),第471页。

⑰ 可参见李泽厚先生的"实用理性"说。见李泽厚:《中国古代思想史论》,人民出版社1986年,第303页。

⑱ 许理和著,李四龙等译:《佛教征服中国》,江苏人民出版社2003年,第334页。

⑲ 见沈曾植:《海日楼札丛》,辽宁教育出版社1998年,第264—265页;陈寅恪:《论韩愈》,载《陈寅恪集·金明馆丛稿初编》,第329—331页;《饶宗颐二十世纪学术文集》第17册十二卷《诗学论集》,新文丰出版公司2003年,第123—127页;陈允吉:《古典文学佛教溯缘十论》,复旦大学出版社2002年,第129—164页。

后世莫不重其品节",他从六个方面"证明昌黎在唐代文化史上之特殊地位",其中至少有"建立道统,证明传授之渊源"、"排斥佛老,匡救政俗之弊害"、"呵诋释迦,申明夷夏之大防"等三方面直接与其辟佛主张内在相关。陈先生明言:"唐代之史可分前后两期,前期结束南北朝相承之旧局面,后期开启赵宋以降之新局面,关于政治社会经济者如此,关于文化学术者亦莫不如此。退之者,唐代文化学术史上承先启后、转旧为新关捩点之人物也。"⑧陈先生从社会历史发展的大背景中深入考察,故能以同情了解的超然态度,对韩愈做出高瞻远瞩的历史评价。而我们对陈先生同样应该努力同情了解,避免仅作表面化的简单理解。[81]

4. 就佛道两教的争端和冲突,王先生明确提出:"佛道两教,思想仪式既趋一致,何以复发生争端?这种争端,并不是由于两教本身而起,乃是一般有权势的人借此以行使他的权威。佛教所遭遇的'三武一宗'之厄,在佛教则张大其辞,自召其祸……在道教则利用帝王权威,表显其嫉妒的摧残。因此,道佛两教便发生了纷争"(119页),"佛道两教的互相水火,大多发动于道教的嫉妒;但是佛教虽屡遭摧残,不久仍恢复旧观,流传不断。在一般社会人士看来,这种争端,是两教的自身问题,与民间的宗教信仰,绝不发生任何影响,而且因佛教频受摧毁之故,民间的拥护佛教,反更出力。因为中国国民的宗教

---

⑧ 陈寅恪:《论韩愈》,载《陈寅恪集·金明馆丛稿初编》,第319-332页。
[81] 见黄乔生:《鲁迅、周作人与韩愈——兼及韩愈在中国文化史上的评价》,《鲁迅研究月刊》2004年第10期。黄先生在该文提出:"我们对也已经成为历史人物的陈寅恪应有同情理解。他不惜给韩愈以最高赞词,实是在浇自己的块垒。他看到中国古代文化受到严厉的批判,担心外国学说割裂或完全否定中国传统文化。但他的态度不能不说有些狭隘,他过于强调'不忘本来民族之地位',而不大注意'吸收输入外来之学说'。"

容纳性，不但认佛道二教可以并行不悖，即任何其他宗教，亦很容受不拒的。”（120—121 页）王先生又以历史上“三武一宗”毁佛的经过，为他的观点做出较为详细的论证。应该说，王先生的这些观点是符合历史事实的，也是经得起推敲的。学界主流一直持有相似的观点。[82]

汉魏之际的牟子《理惑论》开始谈到了佛教与道教的差别，其中说：“神仙之书，听之则洋洋盈耳，求其效，犹握风而捕影，是以大道之所不取，无为之所不贵，焉得同哉？”这里已经指出了道教的致命弱点，无形中抬高了佛教。自此就在中国宗教思想史上开启了旷日持久的道佛之争。以后道佛之争主要在两个方面，一是老子化胡说与《老子化胡经》的真伪问题，二是顾欢的《夷夏论》等引起的夷夏之辨和道佛高低之争。

相对而言，佛教“圆应无穷”，“忘功而功著”，[83]相对容易使人由

---

[82] 见《三国志·魏书·志第二十·释老》、《旧唐书》卷十八《武宗本纪》；梁启超：《佛学研究十八篇》，第 7 页；蒋维乔：《中国佛教史》，上海古籍出版社 2004 年，第 46-49、199-204 页；《汤用彤全集》第一卷《汉魏两晋南北朝佛教史》，河北人民出版社 2000 年，第 405-411 页；鎌田茂雄：《中国佛教通史》，关世谦译，高雄：佛光文化事业有限公司 2010 年，第三卷，第 356-397、539-559 页；赖永海：《中国佛性论》，中国青年出版社 1999 年，第 338 页；赖永海主编：《中国佛教通史》，江苏人民出版社 2010 年，第 2 卷第 62-65、101-103 页，第 5 卷第 229-233 页；陈寅恪：《崔浩与寇谦之》，载《陈寅恪集·金明馆丛稿初编》，第 120-158 页；牟钟鉴、胡孚琛、王葆玹主编：《道教通论——兼论道家学说》，齐鲁书社 1991 年，第 450-453、512 页；李养正原著，张继禹编订：《道教经史论稿》，华夏出版社 1995 年，第 355-362 页；卿希泰主编：《中国道教史》（修订本），四川人民出版社 1996 年，第一卷第 444-459 页，第二卷第 366-368 页；任继愈主编：《中国道教史》（增订本），上海人民出版社 2001 年，第 219-254、299-301 页；牟钟鉴、张践：《中国宗教通史》（修订本），第 457-460、493-494 页；张荣明：《信仰的考古：中国宗教思想史纲要》，南开大学出版社 2010 年，第 147 页；张践：《中国古代政教关系史》，第 1226 页。

[83] 明僧绍：《正二教论》，载《弘明集》卷六。

此超越世间琐事的缠绕,洞察宇宙万物的真相,获得心灵的提升和净化,而道教所讲的羽化升仙很难使人信服,显示出道教的致命不足。在佛道两教的论争中,道教人士的夜郎自大、狭隘偏执和残忍无情暴露无遗,遭到了普遍的批评,而佛教相形之下则高出一筹,获得了更为深入的同情了解和更为广泛的由衷认同。[84]柳宗元指出:"佛之道,大而多容,凡有志乎物外而耻制于世者,则思入焉。"[85]梁启超先生同样提出:"有放万丈光焰于历史上者焉,则佛教是也。六朝三唐数百年中,志高行洁、学渊识博之士,悉相率而入于佛教之范围",[86]"唐代头等人才,都站在佛教方面。"[87]

5. 宋明理学与佛老的内在思想关联,是中国学术思想史上的一大论题。王先生就此参考了林科棠先生的《宋儒与佛教》等已有成果,进行了较为全面的探讨,阐述了许多切中肯綮的观点。他认为:"宋代理学,虽明言反对佛老,而其思想,实已充满佛老质素"(126页),"也有一样不可为讳的地方,就是他们(指二程、张载、朱子)自己所讨论的理气心性,大概都是含着一点佛学色彩,所以有人说他们'坐在禅床上骂禅',这也是不无理由的"(175页),"他(周敦颐)的学说,是满有佛老的质素"(177页);张载虽然对佛教有所批评,"但是他自己的学说,却又与佛理相通"(179页);"至于朱熹,学虽祖述程颐,但他对于佛理的批评,理障更甚,远不如张载、程颢等透澈……实在搔不着佛教痒处"(181页);"理学是中国的形而上学,历宋元明

---

[84] 见牟钟鉴、张践:《中国宗教通史》(修订本),第443-464页。
[85] (唐)柳宗元:《送玄举归幽泉寺序》,载《柳宗元集》,第682页。
[86] 梁启超:《论中国学术思想变迁之大势》,上海古籍出版社2001年,第81页。
[87] 梁启超:《儒家哲学》第四章,载梁启超:《饮冰室合集·专集之一百三》,中华书局1989年,第36页。

而至清,不下数百家,然总不出上列几家的范围。他们虽多有批评佛教的话,但是所讨论的理气心性,都带着佛教的气味"(183页)。但王先生说"所谓理学,就是儒佛混同的表现"(133页)、"理学是出发于宗教思想,或说是宗教与哲学混合的结晶,都无不可"(183页),不如说"理学是儒佛融通(或三教会通)的表现"、"理学是宗教与哲学贯通的结晶"更为妥当。

宋明理学远绍先秦儒学,近承韩愈李翱,融汇佛老核心,是儒家学者面对佛老挑战而长期反思的思想成果,是中国学术思想之逻辑发展的时代结晶,是中国古典哲学演进的又一巅峰。陈寅恪先生以其"夙所擅长,殆足以凌驾乾嘉诸公"的"尺幅千里之妙境",[88]深刻地指出:"中国自秦以后,迄于今日,其思想之演变历程,至繁至久。要之,只为一大事因缘,即新儒学之产生,及其传衍而已……凡新儒家之学说,几无不有道教,或与道教有关之佛教为之先导。"[89]因此,宋明理学与佛道两家及中国古代哲学有着密切的内在关联,著名史学家吕思勉先生就此断言:"不知佛学之大要,不可以言宋学。不知中国古代哲学之大要,亦不可以言宋学也。"[90]

对于佛道两家,宋儒的感情是十分复杂的。一方面,佛道两家确实在很多地方超越于儒家之上,特别是在本体论、心性论、修养论和境界论等领域,佛道两家达到了儒家无法企及的高度,具有难以抗拒

---

[88] 萧公权:《迹园文录》,联经出版公司1983年,第388页。引自汪荣祖:《陈寅恪评传》,百花洲文艺出版社1997年,第87页。
[89] 陈寅恪:《冯友兰〈中国哲学史〉下册审查报告》,载《陈寅恪集·金明馆丛稿二编》,第282—284页。
[90] 吕思勉:《理学纲要》,东方出版社1996年,第3—4页。

的思想魅力,[91]使得大多数儒家学者也不得不承认"佛说直有高妙处"(程颐语),[92]并甘于多年浸润其中,以至于连宋儒的著名代表人物张载、程颢,也曾经"访诸释、老,累年究极其说",[93]"出入于老、释者几十年",[94]其思想中带有佛老的深刻烙印,就是情理之中的事了。章太炎先生即明言"程朱陆王,固以禅宗为其根本。"[95]另一方面,儒家学者明显局限的心胸识度、天赋刻骨的传统认同感、历史使命感和民族主义情怀,使他们在面对佛道两家(尤其是佛教)的挑战时,本能地以所谓的夷夏之防而采取了拒斥的态度。因此,宋儒对于佛道两家的评说常常是隔靴搔痒、自相矛盾、语无伦次的。南宋吕祖谦对攻击佛、道"尤甚"[96]的朱子直言其"专意外攘,而内修工夫或少",[97]陆九渊也叹惜道"朱元晦泰山乔岳,可惜学不见道,枉费精神,遂自担阁",[98]朱子自己也说"熹于释氏之说,盖尝师其人,尊其道,求之亦切

---

[91] 宋代理学大师二程竟然提出:"学者于释氏之说,直须如淫声美色以远之,不尔,则骎骎然入于其中矣。"见(宋)程颢、程颐:《河南程氏遗书》卷二上,载《二程集》,第25页。宋代理学集大成者朱子同样明言:"今之不为禅学者,只是未曾到那深处;才到那深处,定走入禅去也。譬如人在淮河上立,不知不觉走入番界去定也。"见(宋)黎靖德编:《朱子语类》卷十八,中华书局1983年,第415页。

[92] 《河南程氏外书》卷十二,载《二程集》,第425页。程颐弟子杨时也说:"学者所以不免求之释老,为其有高明处。"见《龟山集》卷十一、《宋元学案》卷二十五。

[93] 《宋史》卷四二七《张载传》。

[94] (宋)程颐:《明道先生行状》,载《二程集·河南程氏文集》卷十一,第638页。

[95] 章太炎:《建立宗教论》,载陈平原编校:《中国现代学术经典·章太炎卷》,河北教育出版社1996年,第584页。

[96] 陈荣捷:《朱子新探索》,华东师范大学出版社2007年,第422页。

[97] 《东莱吕太史文集》卷七《与朱侍讲第六书》,《续金华丛书》本,第9页。

[98] (宋)陆九渊:《陆九渊集》卷三十四《语录上》,中华书局1980年,第414页。担阁:耽搁。

至矣,然未能有得",⁹⁹章太炎先生则直言"洛闽儒言,至为浅薄"。⁑
对于宋儒辟佛,梁启超先生"不能曲恕",⑩梁漱溟先生认为宋儒"不
够通达"。⑩ 陈寅恪先生则极深研几,提出了独具陈氏风格的超凡卓
识:"宋儒若程若朱,皆深通佛教者,既喜其义理之高见详尽,足以救
中国之缺失,而又忧其用夷变夏也,乃求得两全之法,避其名而居其
实,取其珠而还其椟,采佛理之精粹,以之注解四书五经,名为阐明古
学,实则吸取异教,声言尊孔辟佛,实则佛之义理已浸渍濡染,与儒教
之宗传合而为一。此先儒爱国济世之苦心,至可尊敬而曲谅之者也。
故佛教实有功于中国甚大……自得佛教之裨助,而中国之学问,立时
增长元气,别开生面。"⑩对于如此鞭辟入里的真知卓见,相信读者会
拍案惊奇,颇有先得我心的深深触动吧。

三教关系是中国思想史乃至文化史上的大问题。学术界及社会
各界就此各持己见,是非纷纭。被誉为"业精六艺、才备九能"的"通
儒"饶宗颐先生就此总结道:"三教如何调协,六代以来,已成宗教上
之主要论题,向来有齐、不齐之异论……三教固不能强齐,然发为不
齐之论者,多意存轩轾,非会通之旨也。"⑩

尽管三教之间多有纷争,但三教会通、三教一致仍然是中国思想

---

⑨⁹ 《朱文公文集》卷三十《答汪尚书》。
⑩ 章太炎:《建立宗教论》,载陈平原编校:《中国现代学术经典·章太炎卷》,第583页。"洛闽"指程颢、程颐、朱子。
⑩ 梁启超:《清代学术概论》三,东方出版社1996年,第8页。
⑩ 见艾恺采访,梁漱溟口述,一耽学堂整理:《这个世界会好吗:梁漱溟晚年口述》,东方出版中心2006年,第30页。
⑩ 见《吴宓日记》第二册,三联书店1998年,第100-104页。
⑩ 饶宗颐:《中国宗教思想史新页》,北京大学出版社2000年,第165-166页。

史的主流。被清末大儒廖季平先生誉为"文如桶底脱"[105]的蒙文通先生就此指出:"三教之说,溯其源固各不同,不可得而合;其末流相为取益,又似不可得而分。"[106]任继愈先生同样明言:"三教合一,则是中国思想史、中国宗教史的发展过程和最终归宿。"[107]这是因为,中国文化一向主张"和曰常",[108]"和为贵","君子和而不同",[109]长期受此熏陶,使得中国人一向欣赏"厚德载物"、恢弘博大的格局和气象,具有博采众长、会通天下的智慧和雅量。[110]《周易·系辞下》载孔子曰:"天下何思何虑?天下同归而殊涂,一致而百虑,天下何思何虑?"马一浮先生就此发挥道:"盖大量者用之即同,小机者执之即异。总从一性起用,机见差别,因有多途。若能举体全该,用处自无差忒,读书至此,庶可大而化之矣。"[111]因此,对于古今中外的一切思想,我们应该努力摒弃门户之见,"漫汗通观儒释道,从容涵化印中西",[112]以平和宽容的博大胸怀虚心涵泳,切己体察,以"坐集千古之智,折中其

---

[105] 见蒙默:《蒙文通〈佛道散论〉前言》,载蒙文通:《佛道散论》,商务印书馆2011年,第1页。

[106] 蒙文通:《道教史琐谈》,载蒙文通:《佛道散论》,第133页。

[107] 任继愈:《唐宋以后的三教合一思潮》,载任继愈:《汉唐佛教思想论集》,第295页。

[108] 《老子》五十五章。王本原作"知和曰常",此从楚简本,见荆门市博物馆编:《郭店楚墓竹简》,文物出版社1998年,第113页。

[109] 《论语》之《学而》、《子路》。

[110] 以致于英国思想家罗素提出:"如果在这个世界上有'骄傲到不屑打仗'的民族,那就是中国。中国人天生宽容而友爱、以礼待人,希望别人也投桃报李。只要中国人愿意,他们可以成为天下最强大的国家。但是,他们所追求的只是自由,而不是支配。"见罗素著,秦悦译:《中国问题》第11章,学林出版社1996年,第154页。

[111] 马一浮:《复性书院讲录》卷一《读书法》,山东人民出版社1998年,第26页。

[112] 此是萧萐父先生在1993年纪念汤用彤先生百年诞辰时所写祝颂诗中的一句话。见萧萐父:《吹沙三集》,巴蜀书社2007年,第237页。

间",⑬乃至进一步融会贯通,推陈出新。

6. 在此书的末尾,在谈到宗教思想的新趋势时,王先生敏锐地指出:"从积极方面看,各宗教都趋向到实际生活方面去努力","一般基督教徒的思想,都从天堂地狱的宣传中,改移其目光,到实际的社会服务,很觉悟得'人生宗教'建设的需要。宗教是为人生而有的,离了人生,便无所谓宗教,竭力把宗教应用到人生上去。"(252页)

按照王先生的观点,宗教是文化的一部分,所以历史上宗教思想由群神而超神,由超神而泛神、一神或无神的发展,都是整个社会思想文化的折射。作为一位亲历时代巨变的基督徒,王先生进而支持并投入到"人生宗教"的建设中,认为宗教包括基督教应该去除其非人生的教义,更加关注人的现实生活。⑭

作为一位卓越的基督教学者,王先生确实把握住了近现代宗教思想发展的脉搏。除了基督教界"天主教中国化"、"儒化基督教"、"佛化基督教"、"神学本色化"等"人生宗教"建设的努力外,当时在佛教界,也已有现代中国"佛教界里最出类拔萃的一人"⑮太虚大师在大力提倡"人生佛教",主要是为了对治当时佛教内部的诸多弊病,回应社会对佛教的种种偏见,努力建立以五戒十善、"人成即佛成"理念为基础的现代佛教。1983年,中国佛教协会前任会长赵朴初老居士在《中国佛教协会三十年》的报告中指出:"提

---

⑬ (明)方以智:《通雅》卷首之一《音义杂论》。
⑭ 王兴:《王治心:中国基督教本色化运动的先锋与杰出的教会史学家》,《中国宗教》总105·106期。
⑮ 黄夏年:《〈法相唯识学〉述评》,载太虚:《法相唯识学》,商务印书馆2011年,第906页。

倡人间佛教思想",是解决当今中国佛教向何处去的基本途径,[116]首次明确提出以人间佛教作为中国佛教发展的基本方向,将弘扬人间佛教置于整个中国佛教发展的指导地位。印顺法师主张佛在人间,倡导人间佛教不但是为了对治"鬼神"佛教的弊端,而且是为了排拒天人化佛陀的异说,以达到显示正法的目的。星云大师则主张,一切佛教皆是人间佛教,人间佛教起源于释迦牟尼佛,是佛法在世间的真实体现。[117] 在道教界,1933 年,张竹铭医师在上海创办《扬善半月刊》,特辟"答读者问专栏",陈撄宁先生利用这个阵地,大力提倡"仙学",主张"信仰道教,即所以保身;弘扬道教,即所以救国",[118]与志同道合的道教人士创建中华全国道教会,首次改变秘而不宣的道教传统模式,而采用现代方式向社会介绍道教思想,成为道教现代转型的一道引人注目的风景。伊斯兰教界也有同样方向的努力。民国初年北京"清真学社"的成立肇其端,以后上海、南京、青海、甘肃等地亦有现代形式的伊斯兰教机构相继成立。这些机构对于经典翻译、报刊发行以至学术研究都做了大量工作。[119] 虽然诸家说法不一,但是他们的观点都有一个共同特征,那就是"人生宗教"并不是宗教的简单世俗化、普及化,而是引导宗教思想融入社会人生,达到以宗教思想服务现实社会、化解人生痛苦、提升生命质量的目的,诚如印顺法师在评论太虚大师的"人生佛教"思

---

[116] 赵朴初:《中国佛教协会三十年》,《法音》1983 年第 6 期。

[117] 学愚:《近代佛教发展的两次转型——以参与佛教为例》,载《佛学百年国际学术研讨会论文集》,武汉大学 2006 年 10 月,第 397 页。

[118] 陈撄宁:《道教与养生》,华文出版社 2000 年,第 10 页。

[119] 见何光沪:《中国宗教学百年》,《学术界》2003 年第 3 期。

想时所说:"惟其平常,乃见伟大!"[120]

在此书中,还有许多精彩的思想观点,例如"在承袭的西周时代,关系最大的人,要算周公这个人了;他不但在宗教思想上有极大的关系,简直是中国上古文化史上的主角"(52—53 页),"把古代有意志的天,根本上加以否定的,要算道家的老庄一派了"(55页),"历史上态度最明了而承认灵魂不灭的,首先要算墨子"(123页),"谁也不能否认,千余年来佛教思想最普遍于中国社会的,就是念佛与参禅的两种修行方法"(128 页),"从太平天国的本身上看,他们太把宗教当做一种工具,这是他们失败的最大原因"(240页),"迷信必须破除,宗教不一定要打倒,而且也不必打倒","科学也是这样,它能利人,但也能杀人"(247 页),"信仰科学万能的人,想把科学来替代宗教;同时有信仰美育的人,想把美育来替代宗教;信仰主义的人,想把主义来替代宗教。我们都认为是不可能的","宗教与科学,是互相为用,而必须并存的,不过宗教是先信后证,科学是先证后信的不同罢了。"(248 页)相信读者在学习此书的过程中,还会有更多新的发现和触动。

三、瑕不掩瑜,嘉惠学林

王先生此书尽管颇多优长,并且具有重要的学术价值,但是作为开山之作,其中难免也有一些尚待完善之处。陈增辉先生在为王先生的另一论著《中国基督教史纲》写的书评中,曾经从史料、体

---

[120] 释印顺:《太虚法师年谱》前言,宗教文化出版社 1995 年。

裁和错误三个方面指出该书的缺失,认为该书在史料上"大半取次料编成,原料未充分利用";在体裁上的问题有:材料分配及取舍之详略失当,次序紊乱重复,不注出处;而且错谬甚多,其显要者有事实之误、引证之不当、人名、年月、数字、书名之误、印刷之错误、列举参考书不规范等12类。[121] 这些缺失在此书中同样是普遍存在的,下面稍作具体说明。

1. 材料取舍有些欠妥

由于时间仓促和学术领域限制,王先生在撰写此书时,颇多使用二手材料,原始材料运用较为不足;即使是在二手材料的运用上,也有一些取舍欠妥的情况。例如第五章第四节第三小节在讲到程明道与佛教的关系时,第四小节在讲到玄奘大师时,均有多处失误,参见书中脚注。

2. 内容详略有所失当

在内容详略分配上,此书有较多地方颇为失当。例如:

1)第四章讲"魏晋南北朝时的宗教思想",其中第四节第一小节讲"灵魂存灭的讨论"时,用了整整2页讲范缜的《神灭论》,并且有大段引用和论述(121—124页),而在讲"神不灭论"时却只有半页,对慧远和郑道子的有关思想只是一笔带过,对于反驳范缜的许多学者、作品和言论,却仅仅提了一下萧琛、曹思文和沈约和他们的几篇论文的名字(122、125页),其他皆不置一词。这种明显的偏向很容易误导读者,使人误以为范缜是一个重要思想家,他的观点很值得重视,而与之持相反立场的学者不太重要,几乎可以忽

---

[121] 见徐以骅:《教会史学家王治心与他的〈中国基督教史纲〉》,载王治心:《中国基督教史纲》,正文前第11—12页。

略。遗憾的是,这一偏向不仅王先生有,而且大多数学者都有,以致于至今许多教科书还是如此人云亦云。

实际上完全不是这样,甚至可能恰恰相反。针对范缜所言"人生如树花同发,随风而堕,自有拂帘幌坠于茵席之上,自有关篱墙落于粪溷之中。坠茵席者,殿下是也;落粪溷者,下官是也。贵贱虽复殊途,因果竟在何处?"⑫台湾学者韦政通先生一针见血地指出:"范缜的一番话,它的意思只是王充所说的'天地合气,人偶自生',这种想法并没有经验和清晰的思考来支持,只是比因果报应还更消极的信念,根本没有对子良的问题提出相应而合理的答辩。他反对因果是事实,但他没有表现出对他所要反对的有任何了解。"⑬

2)第五章是讲"唐宋元时的宗教思想",其中第二、三、五节以整节的篇幅讲景教、回教和也里可温教,分别用了15、15、10页,而在讲唐宋元时期影响广远、造诣宏深的佛教和道教时,却只在第一节第二小节和第四节第二至五小节叙述,而且其中包含了"辟佛的言论与反驳"和"理学与佛教的关系"等边缘性内容,一共才只有不到22页。

还有一个明显的欠妥之处是,第五章在讲到景教和回教时,都用了相当的篇幅专门介绍其教义,而此书全书对佛教和道教的教义却没有一段简短的说明,只是在讲到有关的人物和作品时一笔带过。

当然,此书的这种详略失当和明显偏向,应该不是王先生有意

---

⑫ 《梁书》卷四八《范缜传》;《南史》卷五七《范云传》附《范缜传》。

⑬ 韦政通:《中国思想史》,上海书店出版社2003年,第483页。

为之,而是参考文献、知识背景、天赋夙习等因素于不知不觉中导致的,因为王先生在此书自序中曾经申明:"我个人研究这个问题,纯用客观的态度来考察过去的思想变迁,并不含着主观的提倡或宣传的意味,力求避免畸轻畸重的偏见,容许有因材料的关系,详略不很匀称,但这不是作者故意如此。"

3. 有些说法尚可斟酌

由于中国宗教思想史博大精深,任何人都不可能穷尽其中的所有内容,王先生也不例外。因此,此书虽然有许多卓见,但其中也有一些说法尚可斟酌。例如:

1)此书对道教偏见较深,不仅篇幅少得可怜,所述内容颇为有限,即使在这非常有限的论述中,也没有给予道教应有的肯定和允当的评价。例如说"道教,终究不过是一种法术,算不得纯粹的宗教"(11页),"道教除老庄外,学理浅薄,迷信甚多,远不如佛理高深,故虽一时得帝王的信仰提倡,偶有一时的兴盛,然不久即消声匿迹,并无特别发旺的机会,这是道教本身不良的缘故。"(192页)

王先生的这些说法,可能是受到了历史上相关说法的影响,所以导致了明显的失当。《三国志·魏书》卷八《张鲁传》曰:"祖父陵,客蜀,学道鹄鸣山中,造作道书以惑百姓,从受道者出五斗米,故世号米贼。"南朝宋人谢镇之提出:"道家经籍简陋,多生穿凿,至如《灵宝》、《妙真》,采撮《法华》,制用尤拙。"[124]中国文论一代宗师南朝齐梁人刘勰直言:"若乃神仙小道,名为五通,福极生天,体尽飞腾,神通而未免有漏,寿远而不能无终,功非饵药,德沿业修,于是愚狡方士,伪托遂滋。张陵米贼,述记升天;葛玄野竖,著传仙

---

[124] 谢镇之:《重书与顾道士》,载《弘明集》卷六。

公。愚斯惑矣,智可罔与?"㉕唐代高僧释法琳也曾明言:"自名道士,而实是学佛家僧法邪,学又不专,盖是图龙画虎之俦耳,何不去鹿巾、释黄褐、剃须发、染袈裟而归依世尊耶?"㉖南宋朱子指出:"道书中有《真诰》,末后有《道授》篇,却是窃《四十二章经》之意为之。"㉗梁启超先生更是说,道教"很无聊","对于民族毫无利益"。㉘蒋维乔先生认为:"老子言无为自然,佛教言空无相,语虽相近,而宗教之组织,理论之说明,经典之体裁,道教俱不及佛教远甚。道士之模拟佛徒口吻,亦势所必然。"㉙

㉕ 刘勰:《灭惑论》,载《弘明集》卷八。
㉖ (唐)法琳:《辩正论》卷六《内九箴篇第六·内异方同制指八》。
㉗ (宋)黎靖德编:《朱子语类》卷一二六,中华书局1983年,第3010页。
㉘ 梁启超:《中国历史研究法补编》,载梁启超:《中国历史研究法》,东方出版社1996年,第304页。
㉙ 见蒋维乔:《中国佛教史》,第45页。这种观点在近现代学界依然很通行,如许地山:《道教史》,上海古籍出版社1999年,第3页;傅勤家:《中国道教史》,商务印书馆1998年影印版,第76、155页;约翰·B.诺斯、戴维·S.诺斯著,江熙泰等译:《人类的宗教》,四川人民出版社2005年,第363-364页。被誉为汉学研究的"伟大的外行"的德国社会学家马克斯·韦伯认为:"道教是一种绝对反理性的、坦率地说是一种非常低下的巫术性长生术、治疗学与消灾术。"马克斯·韦伯著,洪天富译:《儒教与道教》,江苏人民出版社1995年,第222页。日本学者小柳司气太先生研究发现:"道经多模仿佛典……模拟剽窃,一至于此,若说破之,殊觉滑稽。"见傅勤家:《中国道教史》,第156页。华裔澳大利亚著名学者柳存仁先生,举道经《太上三十部尊经》里的《太清境经下》抄袭佛经《无量寿经》为例,有力地说明:"像这一类道经抄袭佛经的地方,实在还有很多。"见柳存仁:《道教史探源》,北京大学出版社2000年,第188页。余英时先生从中国思想史的高度明确指出:"道教与佛教之间的关系从来是十分复杂的,一方面是互相竞争,互相冲突,另一方面又互相交涉。但以互相交涉言,主要是道教吸取佛教的教义、戒律、仪式等以为己用。这当然是因为佛教的组织远较中国本土的宗教为发达。"见余英时:《士与中国文化》,上海人民出版社2003年,第408页。范文澜先生甚至在1963年还说:"道教固然是妖妄的宗教,但是,妖妄里面还含有一部分可取的成分。"见范文澜:《中国通史简编》(修订本)第二编,人民出版社1964年,第427页。

诚然,道家及道教本身确实内容繁富,意旨玄远,派别林立,良莠不齐,诚如中国文论的划时代重镇刘勰所说:"道家立法,厥品有三:上标老子,次述神仙,下袭张陵。"[130]南北朝时期的目录学家阮孝绪在其《七录》里,把道分为方外道和方内道。宋元之际史学泰斗马端临也指出:"道家之术,杂而多端,先儒之论备矣。盖清净一说也,炼养一说也,服食又一说也,符箓又一说也,经典科教又一说也。"[131]其中的"道家"显然是涵盖道教在内的。许地山先生则提出:"'道'的内容极其复杂……可分为思想方面底道与宗教方面底道。"[132]

道家与道教在英文里也是一个词 Taoism,甚至有的汉学家也认为"历史上各种形式的 Taoism 基本上都是统一的",[133]但另有学者则主张道家与道教"有着本质的区别"。[134] 美国宗教学家约翰·B. 诺斯和戴维·S. 诺斯兄弟,在其为美国各大学广泛采用的宗教教科书中,将道教专列章节,进行了较为平实的论述,并且区分了"作为一种哲学的道家"和"作为巫术和宗教的道教"。[135]

而由于人们普遍将道家及道教各派混为一谈,因此,道教中的

---

[130] 刘勰:《灭惑论》,载《弘明集》卷八。

[131] (宋元)马端临:《文献通考》卷二百二十五,中华书局1986年,第1810－1811页。牟钟鉴先生指出:"世人以马端临'杂而多端'之评语诟病道教,实不知马氏此评仅指道教内部层次多重、教派纷衍,非谓道教无主题宗旨、与别家混淆不显也,此事不可不辨。"见牟钟鉴:《道教精神略论》,《中国孔子网》。

[132] 许地山:《道教史》,第2页。

[133] 例如马伯乐、葛兰言、康德谟和施舟人等。

[134] 尤其是 A. C. Graham, Herrlee G. Creel 等。见米尔恰·伊利亚德著,晏可佳等译:《宗教思想史》,上海社会科学院出版社2004年,第480页。

[135] 约翰·B. 诺斯、戴维·S. 诺斯著,江熙泰等译:《人类的宗教》第九章第二节。

提要钩玄　高屋建瓴——王治心先生《中国宗教思想史大纲》读后

某些难以为人理解的内容和一些违背常理的法术,严重影响了道教乃至整个道家的形象,使其受到普遍的质疑甚至排斥,甚至在道教界内部也不得不常常自我调整,如北魏寇谦之在"清整道教"之时,即明确主张"除去三张伪法、租米钱税及男女合气之术。大道清虚,岂有斯事?专以礼度为首,而加之以服食闭炼"。[136] 但是,平心而论,对于道家及道教,应该一分为二,综合观察,避免以偏概全,盲目推崇或简单否定,都是不理性的偏激态度。而且道家及道教在中国思想史乃至文化史上的独特地位,是谁也不能否认的。鲁迅先生早已指出:"前曾言中国根柢全在道教,此说近颇广行。以此读史,有多种问题可以迎刃而解。"[137]享誉全球的中国科技史泰斗李约瑟博士认为,道家思想体系"对于了解全部中国科学技术是极其重要的","中国如果没有道家思想,就会象是一棵某些深根已经烂掉了的大树。这些树根今天仍然生机勃勃。"[138]

王先生在论及唐宋元宗教时说:"这时候的道教,无非复演汉魏以来的金丹服食符箓……等等迷信,没有什么思想上、学术上、宗教上的贡献。"(192页)这种说法显然是不符合历史事实的。实

---

[136]　《魏书》卷一一四《释老志》。

[137]　《1918年8月20日致许寿裳》,载《鲁迅全集》第11卷,人民文学出版社1981年,第353页。许多人以为其中的"中国根柢全在道教"一语是对道教的肯定,其实未必如此。见邢东田:《应当如何理解鲁迅先生"中国根柢全在道教"之说——与卿希泰教授商榷》,《学术界》2003年第6期。

[138]　李约瑟:《中国科学技术史》第二卷《科学思想史》,科学出版社、上海古籍出版社1990年,第35—37、178页。江晓原先生提出:"他对中国文明的热爱既已成为某种宗教式的热情,到时候难免会对研究态度的客观性有所影响。李约瑟的不少失误,都有一个共同的来源,那就是他对中国道教及道家学说的过分热爱——热爱到了妨碍他进行客观研究的地步。"见江晓原:《李约瑟给中国人带来了什么》,《西安交通大学学报(社会科学版)》1999年第3期。

际上,隋唐至两宋,道教受到统治者的利用和大力扶持,在各个方面都有很大发展,是道教史上的兴盛时期,尤其在理论方面具有显著的成就。许多著名的道教学者,如唐之孙思邈、成玄英、李荣、王玄览、司马承祯、吴筠、李筌,五代十国的杜光庭、彭晓、谭峭、闾丘方远,宋代的陈抟、张伯端、陈景元、贾善翔、白玉蟾、王重阳、丘处机等,都是道教史乃至中国学术思想史上有较大影响的人物,特别是以成玄英、李荣为代表的重玄派,钟离权和吕洞宾等的内丹道,王重阳创立的全真道,对当时和以后道教理论的发展都产生了重大的影响。[139]

2)王先生在比较各种不同思想时常常用"相同"、"毫无区别"等字眼,例如说孔子的"仁",子思的"诚","与佛教的佛性真如,基督教的上帝,没有什么两样"(74页),第四章第四节第二小节所言"僧如契嵩,尤力求儒佛调和,所著《辅教篇》,与宋儒理论完全相同"(126页),"庄子的忘生死,即老子的无我,无我的理想境界,是一个'老死不相往来'的古代社会,与佛国天堂同一意义"(99页),张载的《西铭》"从我们现在看来,实在与基督教的博爱精神,毫无区别"(179页)。这些说法,恐怕不符合诸家原意。

尽管可以说诸家观点殊途同归,但大同之中也有小异,是否大同姑且不论,因此,不能简单加以混同。明代大儒王阳明早已指出:"自古圣贤因时立教,虽若不同,其用功大指无或少异。《书》谓'惟精惟一',《易》谓'敬以直内,义以方外',孔子谓'格致诚正,博文约礼',曾子谓'忠恕',子思谓'尊德性而道问学',孟子谓'集义养气,求其放心',虽若人自为说,有不可强同者,而求其要领归宿,

---

[139] 卿希泰主编:《中国道教》第一卷,知识出版社1994年,第40-51页。

提要钩玄　高屋建瓴——王治心先生《中国宗教思想史大纲》读后

合若符契,何者？夫道一而已。道同则心同,心同则学同。其卒不同者,皆邪说也。"⑭⑩儒家思想之间尚且"有不可强同者",何况是不同学派、不同宗教之间呢？

当然,万事开头难。近现代史学和宗教学泰斗陈垣先生早已指出："凡事,创者难为功,因者易为力,著书亦然。"⑭⑪王先生在社会动乱不安、民生朝不保夕和参考文献严重缺乏的艰苦条件下,以短短三年多的时间,利用教学之余撰成此书,其中艰辛可想而知。因此,尽管此书尚有不少有待斟酌完善的地方,而且出版已经八十多年,但是瑕不掩瑜,此书至今仍然有着不容忽略的重要学术价值。陈增辉先生曾经明言,王先生的《中国基督教史纲》,作为在基督教通史领域"国人第一部作品,其创始之功不可讳矣"。⑭⑫ 我们同样可以明确指出,王先生的《中国宗教思想史大纲》,作为在中国宗教史领域的国人第一部作品,其创始之功不可讳矣。

治史难,治宗教史尤难,治中国宗教史更是难上加难。这是因为中国宗教史历史悠远,⑭⑬史料浩瀚,纷繁复杂,义理深邃,在全世界罕见其匹,加之宗教本身即具有浓重的个体性、丰富性、体验性和神秘性,更使其理解难度超出想象,所以历来对此众说纷纭,莫

---

⑭⑩　（明）王守仁：《王阳明全集》卷七《示弟立志说》,上海古籍出版社1992年,第261页。

⑭⑪　陈垣：《中国佛教史籍概论》,中华书局1962年,第14页。

⑭⑫　见徐以骅：《教会史学家王治心与他的〈中国基督教史纲〉》,载王治心：《中国基督教史纲》,正文前第12页。

⑭⑬　德国哲学大师黑格尔也说："历史必须从中华帝国说起,因为根据史书的记载,中国实在是最古老的国家。"见黑格尔著,王造时译：《历史哲学》,三联书店1956年,第160页。

衷一是，非有深厚的素养和高明的天赋，恐难以在此领域有所作为。

中国现代学术巨擘陈寅恪先生指出："中国史学莫盛于宋，而宋代史家之著述，于宗教往往疏略，此不独由于意执之偏蔽，亦其知见之狭陋有以致之。元明及清，治史者之学识更不逮宋，故严格言之，中国乙部之中，几无完善之宗教史。然其有之，实自近岁新会陈援庵先生之著述始。"[144]的确，现代意义上的中国宗教史，正是由陈垣、梁启超、胡适、蒙文通、陈寅恪、汤用彤、蒋维乔、黄忏华、刘师培、刘咸炘、许地山、傅勤家、陈国符等一大批前辈学者，筚路蓝缕、艰辛奠基和勇猛开拓的。王先生就是其中重要的一位。

王先生此书正是中国宗教思想史的开山之作，由于作者具备了深厚的国学素养，秉承着虔诚的宗教情怀，把握了启蒙和救亡的历史脉搏，回应了"中国向何处去"的时代主题，所以此书一出版，很快就在学术界产生了重大的反响。它曾多次再版，以致于时任中华基督教协进会总干事的陈文渊先生，在1940年就说此书"早已脍炙人口，风行海内"。[145] 因此，此书的优长和重要学术价值早已是有目共睹、毋庸置疑的，至今仍然堪称是"一部学识相当渊博的大作"，[146]是中国宗教史领域不可多得的奠基性佳构，我们完全可以期待，此书将继续发人神智，嘉惠学林。

---

[144] 陈寅恪：《陈垣〈明季滇黔佛教考〉序》，载《陈寅恪集·金明馆丛稿二编》，第272页。

[145] 陈文渊：《王治心〈中国基督教史纲〉序》，载王治心：《中国基督教史纲》。

[146] 雷立柏：《论基督之大与小：1900-1950年华人知识分子眼中的基督教》，社会科学文献出版社2000年，第175页。